STRESSFREI AN- UND ABLEGEN

Perfekte Manöver für Segler und Motorbootfahrer

DUNCAN WELLS

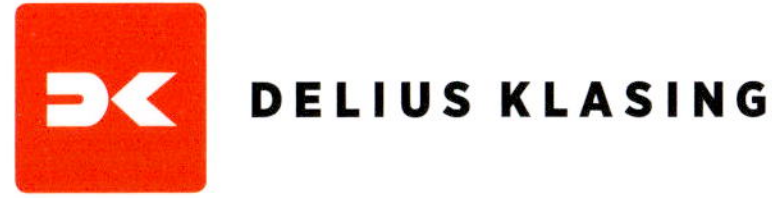

Bibliografische Information der Deutschen Nationalbibliothek
Die Deutsche Nationalbibliothek verzeichnet diese Publikation
in der Deutschen Nationalbibliografie; detaillierte bibliografische
Daten sind im Internet über http://dnb.dnb.de abrufbar.

2. Auflage
ISBN 978-3-667-12018-2
Die Rechte für die deutsche Ausgabe liegen bei der
Delius Klasing Verlag GmbH, Bielefeld

Aus dem Englischen von Egmont M. Friedl
Lektorat: Felix Wagner
Titelgestaltung: Felix Kempf, www.fx68.de
Layout: Susan McIntyre / Gabriele Engel
Printed in India 2024

Delius Klasing Verlag, Siekerwall 21, D - 33602 Bielefeld
Tel.: 0521/559-0, Fax: 0521/559-115
E-Mail: info@delius-klasing.de
www.delius-klasing.de

FARBSCHEMA

- Segelyachten
- Motoryachten
- Segel- und Motoryachten

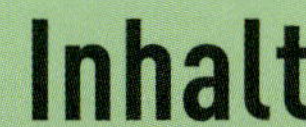

Inhalt

Dieses Buch zeigt die wichtigsten Abschnitte aus den Bänden »Stressfrei Segeln« und »Stressfrei Motorbootfahren« in einer komprimierten Kurzfassung mit zahlreichen Bildfolgen, sodass in jeder Situation eine geeignete Technik ausgewählt werden kann, um ohne Stress an- oder abzulegen.

Beim Ablegen ist die Ausgangssituation zu bedenken:

- Wie ist das Boot vertäut (Box oder längsseits)?
- Wie verhält sich das Boot unter Motor?
- Wie reagiert das Boot auf Strom und Wind?
- Was sind die vorherrschenden Bedingungen (Gezeitenstrom, Wind)?

Man schlägt die Seite im Buch auf, die der Situation entspricht, und hat die empfohlene Vorgehensweise direkt vor Augen.

Zum Anlegen müssen die Art des Liegeplatzes und die vorherrschenden Bedingungen bereits im Vorfeld bedacht werden, um ein geeignetes Manöver zu fahren.

Ebenso werden zahlreiche Tipps und Tricks gezeigt, wobei mein wichtigster Ratschlag ist, nicht gegen die äußeren Bedingungen anzukämpfen, sondern sie zum eigenen Vorteil zu nutzen. Manchmal ist es am besten, abzuwarten und Tee zu trinken, bis die Bedingungen sich zu Ihren Gunsten wenden. Und zögern Sie nicht, um Hilfe zu bitten. Hafenmeister sind stets sehr hilfsbereit und wissen, was sie tun.

Läuft man einen unbekannten Hafen an, sollte man einen Liegeplatz wählen, der gegen den Strom angesteuert werden kann. Gleichzeitig muss man auch den Wind berücksichtigen, der je nach Richtung das Boot gegen den Steg treiben oder es vom Steg oder Liegeplatz abhalten kann, und man muss wissen, wie man bei Windversatz gegensteuert. Grundsätzlich sollte man sich möglichst in Luv halten, um Raum für die Abdrift des Bootes zur Verfügung zu haben.

Auf Segelyachten können alle gezeigten Techniken zum An- und Ablegen auch von nur einer Person aus dem Cockpit heraus durchgeführt werden. Bei Motoryachten sind für manche der gezeigten Manöver zwei Personen notwendig.

Darstellung der Windrichtung: 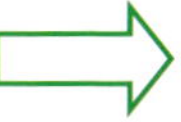

Darstellung der Windstärke:

kräftiger Wind bis 20 Knoten 

schwacher Wind unter 10 Knoten 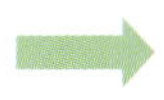

Wie stark der Wind das Boot abtreiben lässt, hängt in großem Maß davon ab, ob der Wind seitlich auf das Boot trifft – was den stärksten Effekt hat und das Boot an den Steg drücken oder von ihm abhalten kann – oder ob der Wind von vorn oder achtern kommt, wobei die Abdrift durch den Wind geringer ausfällt.

Darstellung des Gezeitenstroms: 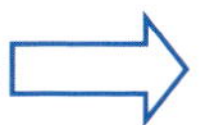

FARBSCHEMA

Segelyachten
Motoryachten
Segel- und Motoryachten

BELEGEN AN EINER KLAMPE MIT DER OXO-METHODE

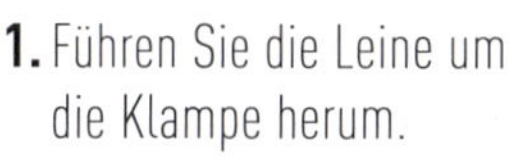

1. Führen Sie die Leine um die Klampe herum.

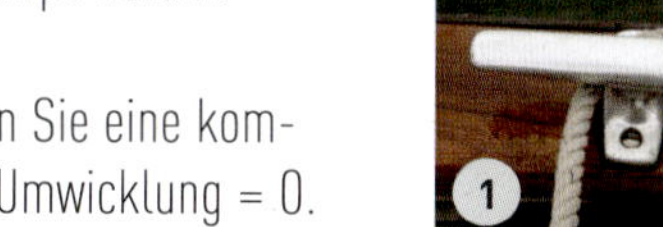

2. Machen Sie eine komplette Umwicklung = O.

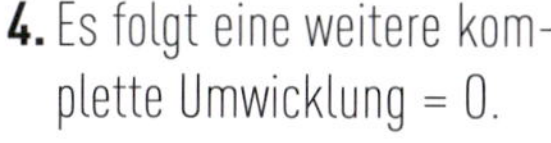

3. Führen Sie die Leine über Kreuz, dann nochmal über Kreuz = X.

4. Es folgt eine weitere komplette Umwicklung = O.

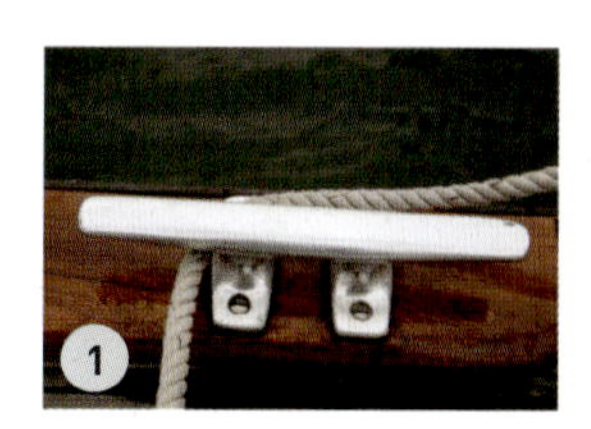

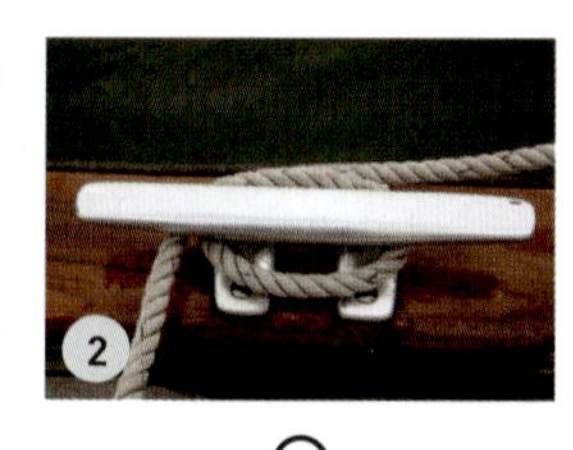

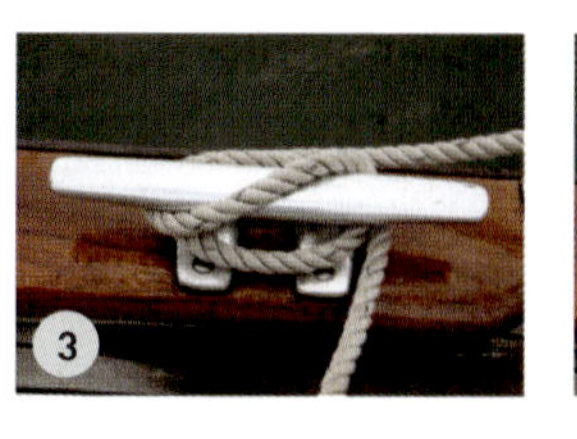

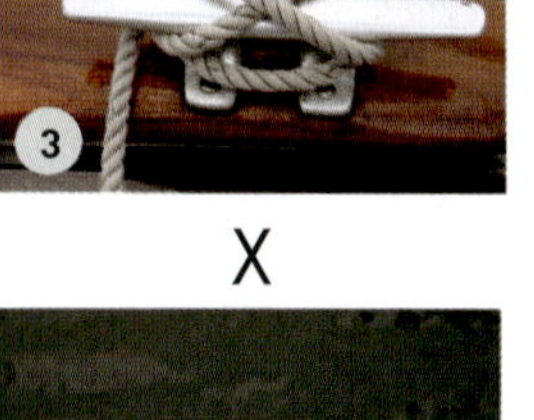

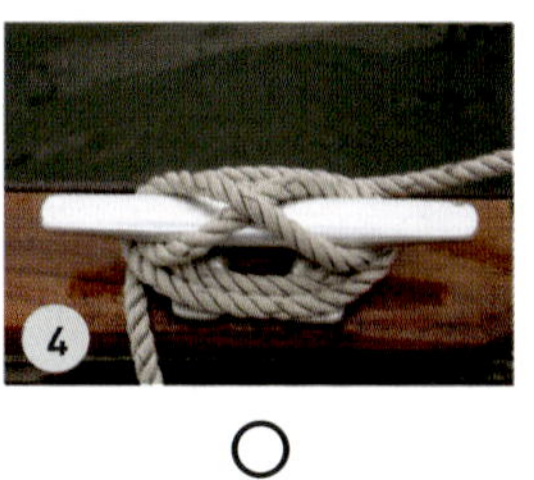

O X O

Mit zusätzlichem Kopfschlag nach dem zweiten O.

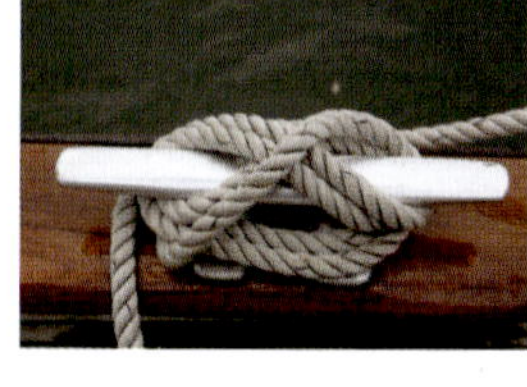

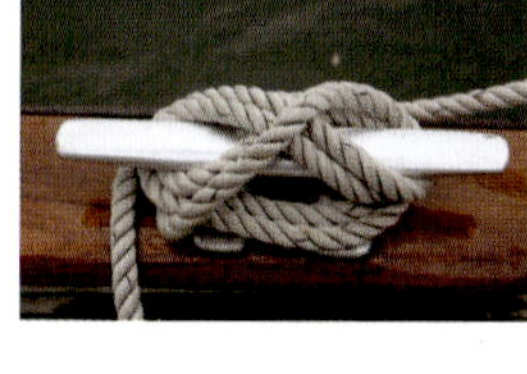

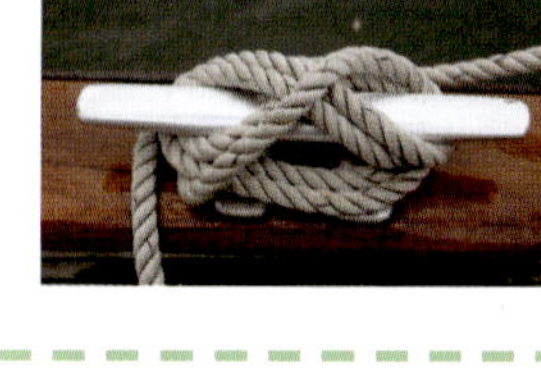

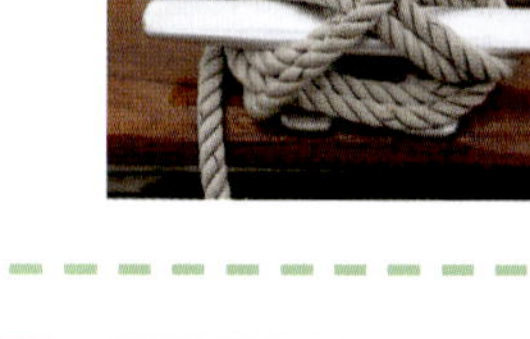

Oder der Kopfschlag wird direkt nach dem X gelegt.

---

1. Führen Sie die Leine um die Klampe herum.

2. Machen Sie eine komplette Umwicklung = O.

3. Führen Sie die Leine über Kreuz, dann nochmal über Kreuz = X.

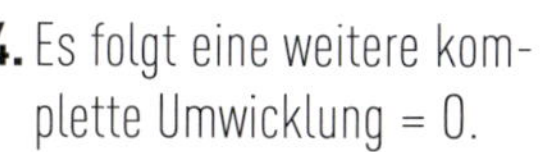

4. Es folgt eine weitere komplette Umwicklung = O.

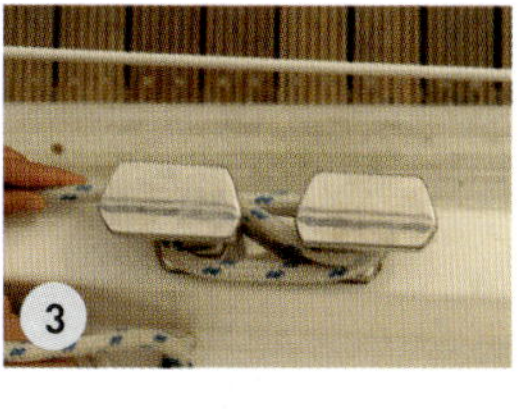

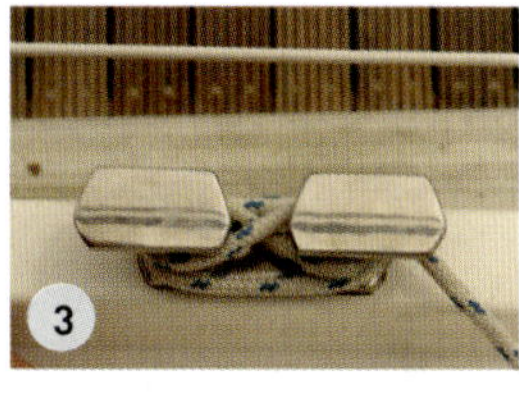

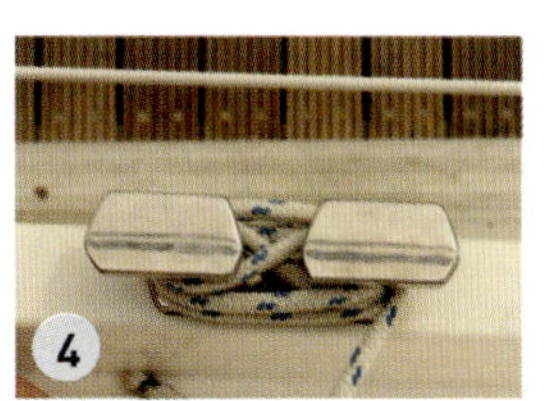

O X O

Mit zusätzlichem Kopfschlag nach dem zweiten O.

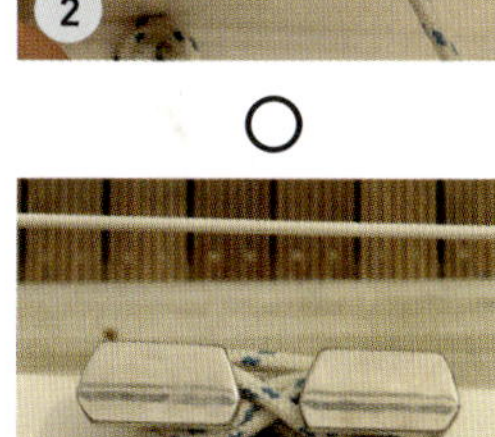

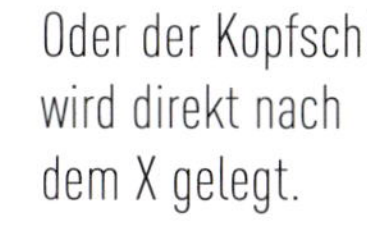

Oder der Kopfschlag wird direkt nach dem X gelegt.

EINE KLAMPE TEILEN

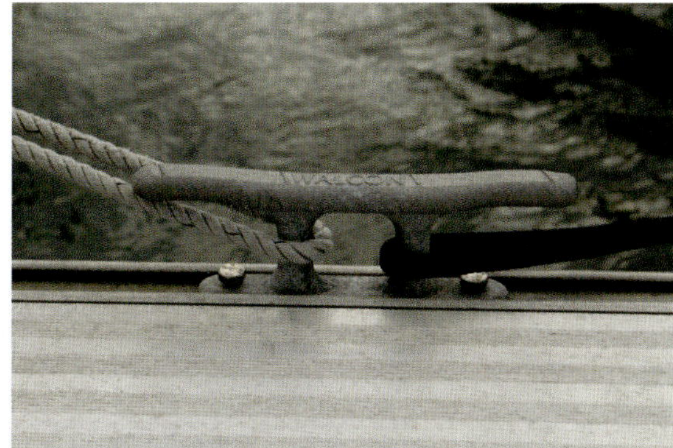

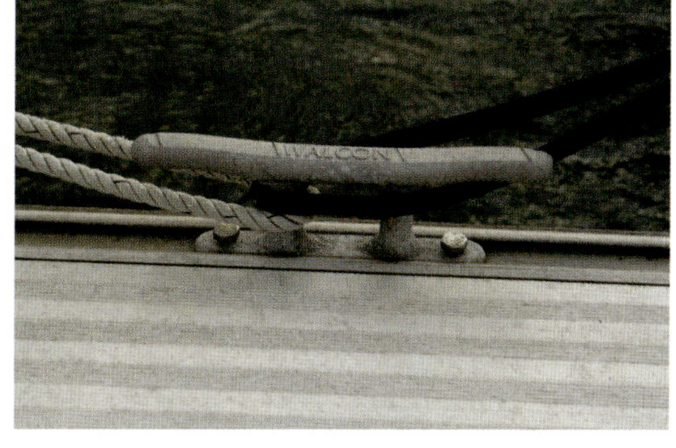

Manchmal muss an einer bereits mehrfach belegten Klampe noch Platz für den eigenen Festmacher gefunden werden.

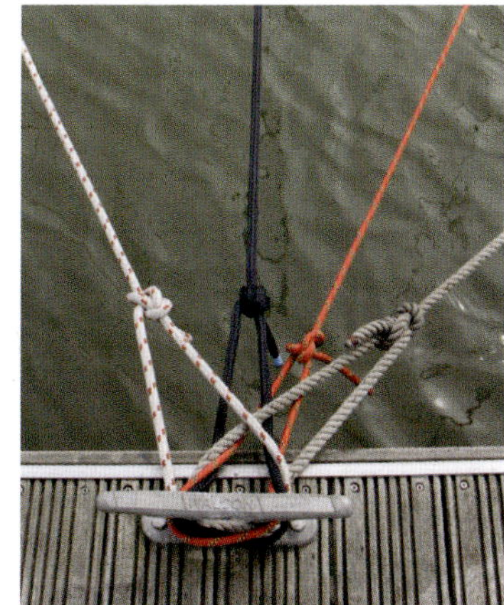

Machen Sie einen Palstek ans Ende Ihrer Leine, stecken Sie sie unter den anderen durch, und legen Sie sie dann über die Klampe.

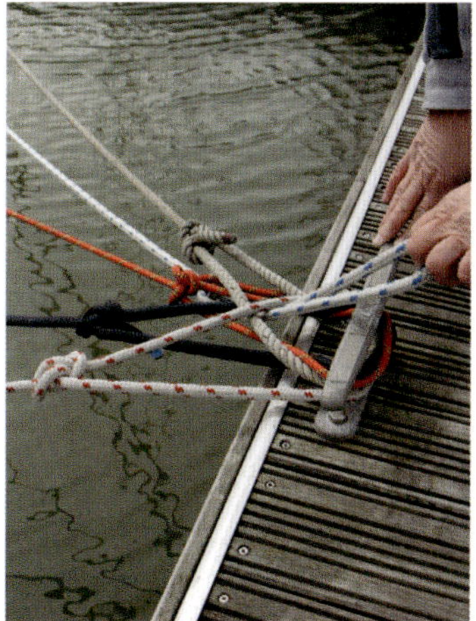

Wer so belegt, gestattet anderen, ihre Festmacher leichter zu lösen.

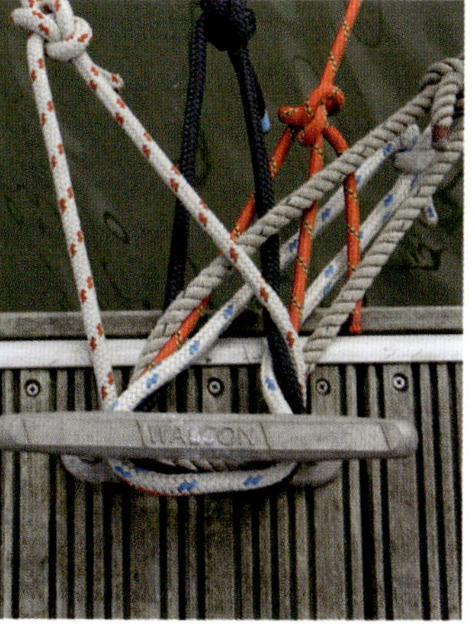

LASSO-TECHNIK

Eine Leine mit der Lasso-Technik werfen zu können, kann auf Booten äußerst nützlich sein.

So klappt es mit dem Lasso-Wurf:

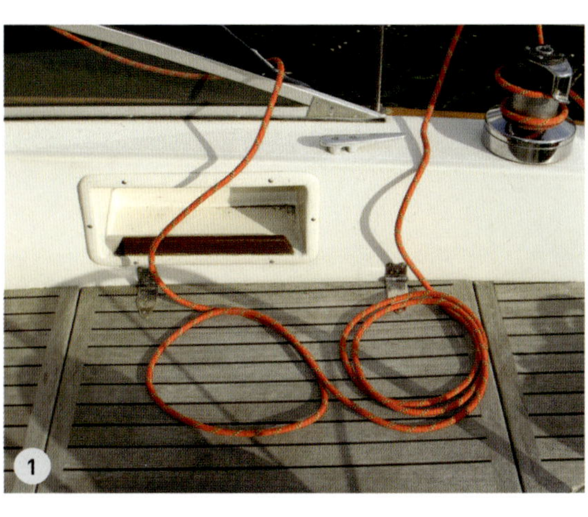

1. Sauber in zwei Buchten aufschießen.

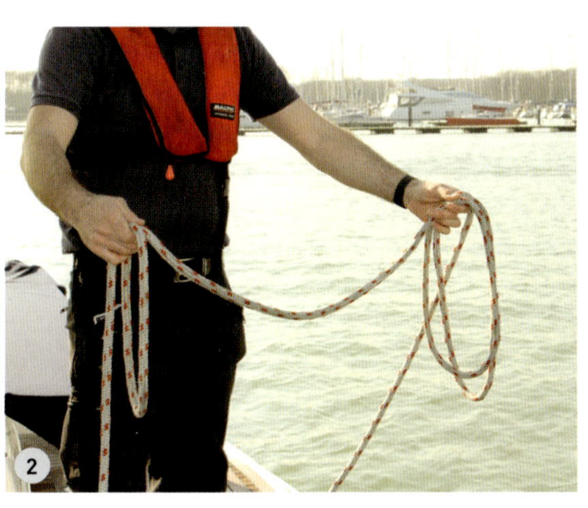

2. Ein Ende ist an Bord belegt, und zwischen den Buchten verläuft nur eine Part.

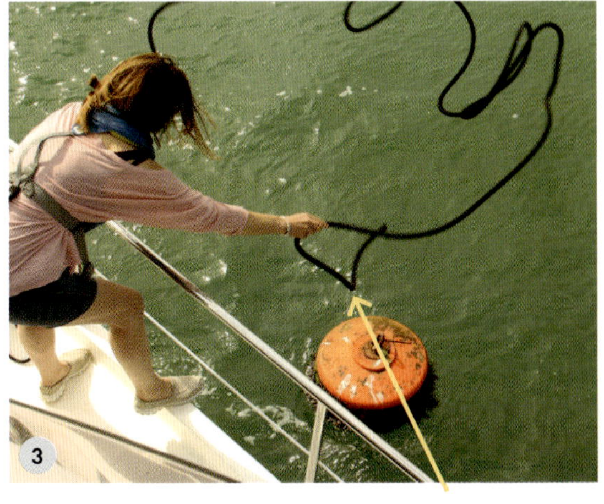

3. Hoch und weit werfen. Das Ende nicht loslassen!

SEILBUND AUFSCHIESSEN

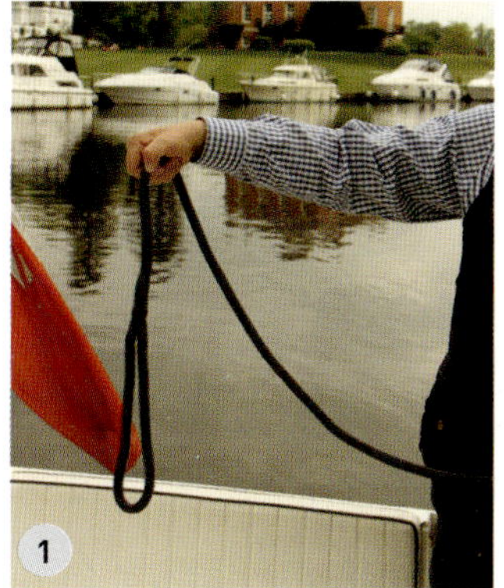

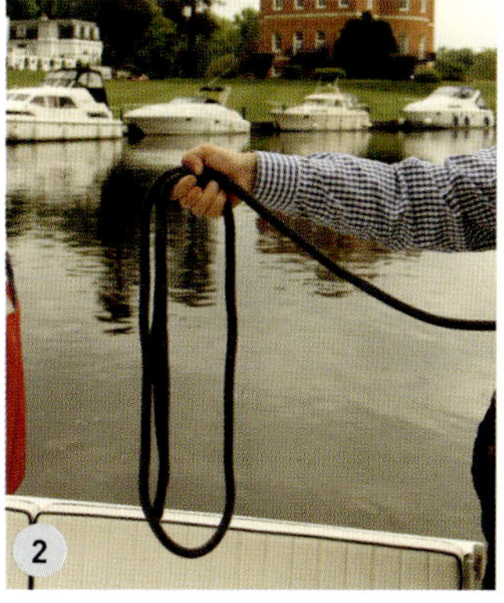

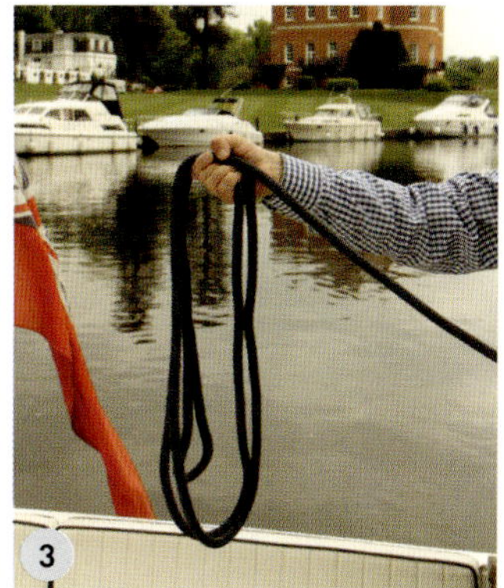

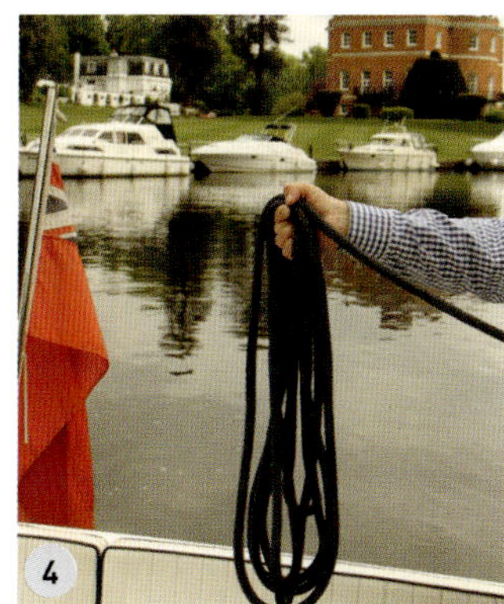

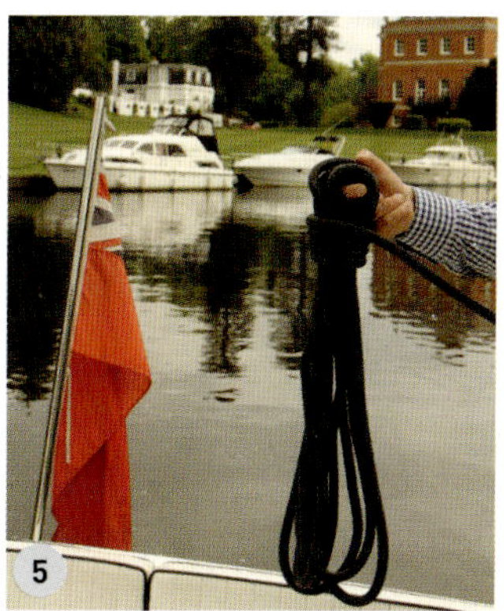

Und der Abschluss:

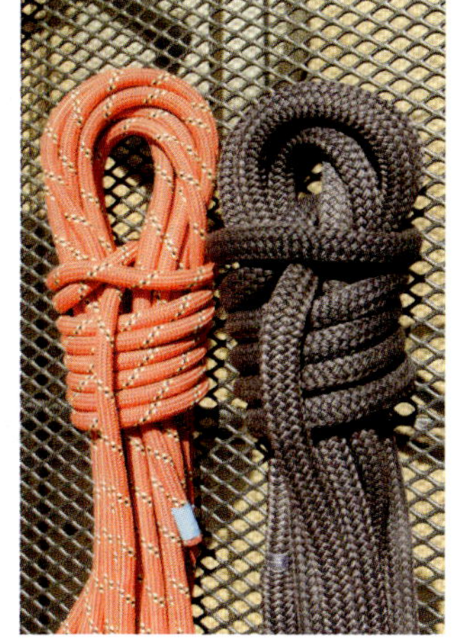

Klassische Methode

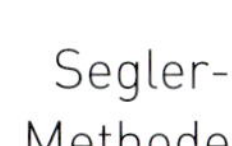

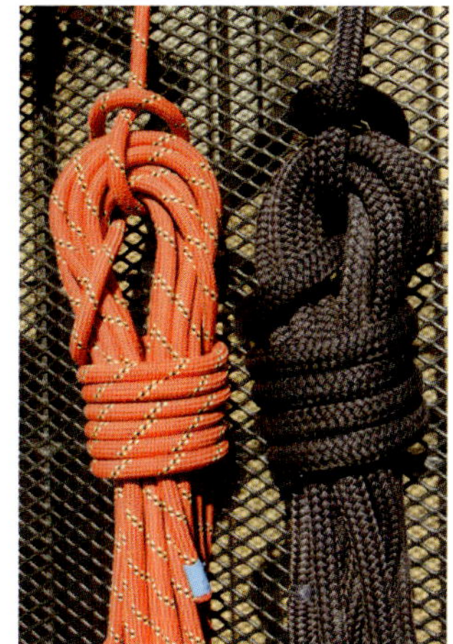

Segler-Methode

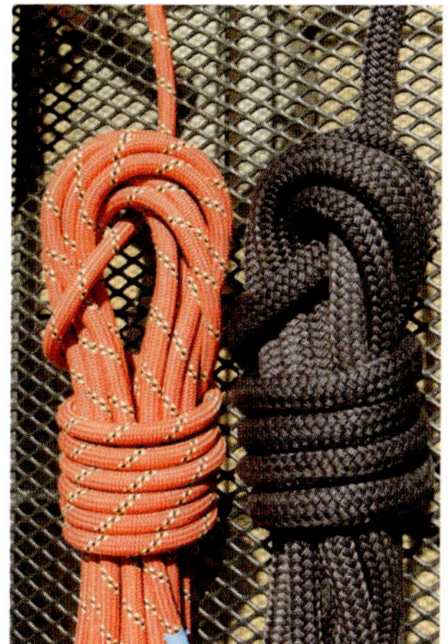

Navy-Methode

FENDER AUSBRINGEN

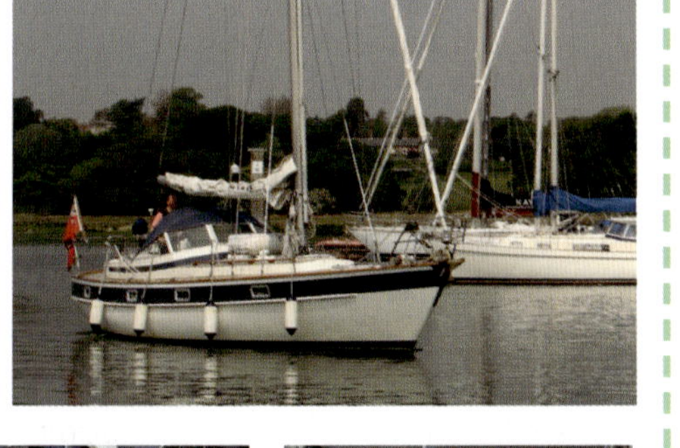

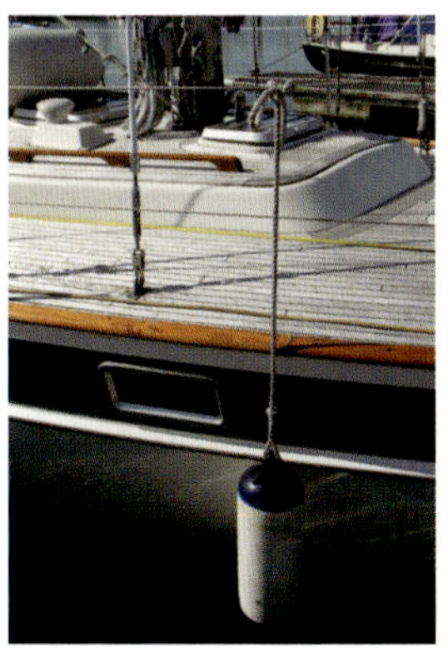

Ein Fender auf Steghöhe wird zu ...

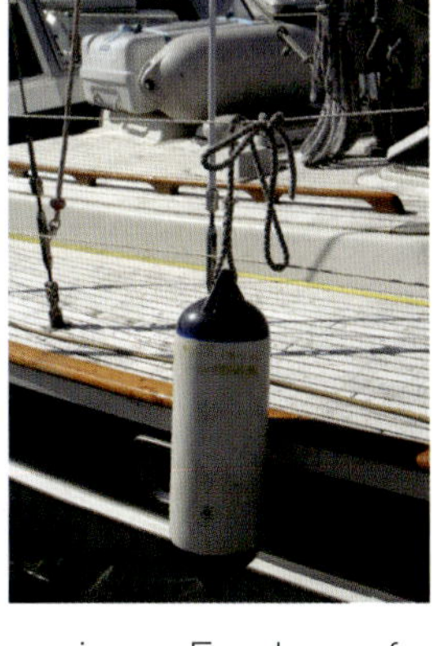

... einem Fender auf Deckshöhe, um im Päckchen oder neben einem Nachbarboot zu liegen, wenn ...

... man ihn unter dem unteren Relingsdraht durchzieht und über den oberen wieder heraushängt.

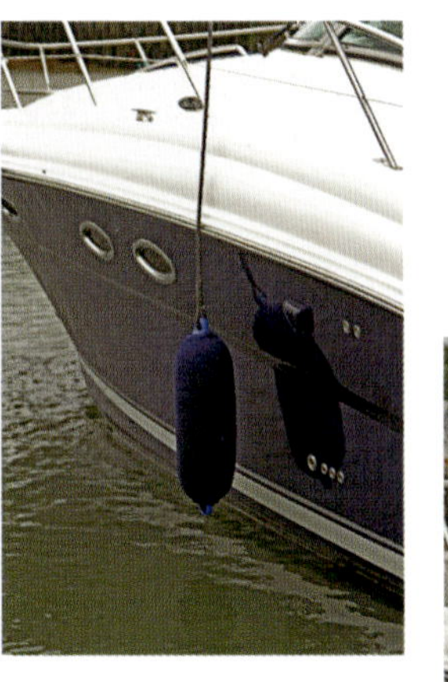

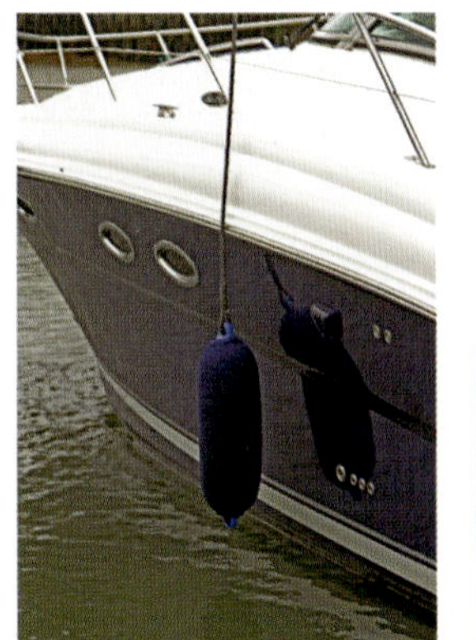

Dieser Fender ist knapp über dem Wasser auf Höhe des Stegs ausgebracht.

Einmal unter dem unteren Relings- draht durchgezogen und wieder über die Reling gehängt, wird er blitzschnell zu ...

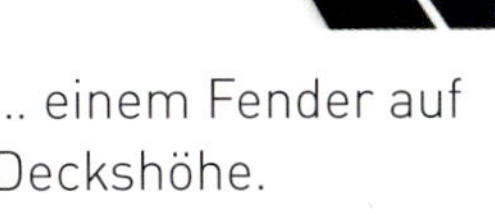

... einem Fender auf Deckshöhe.

FESTMACHEN

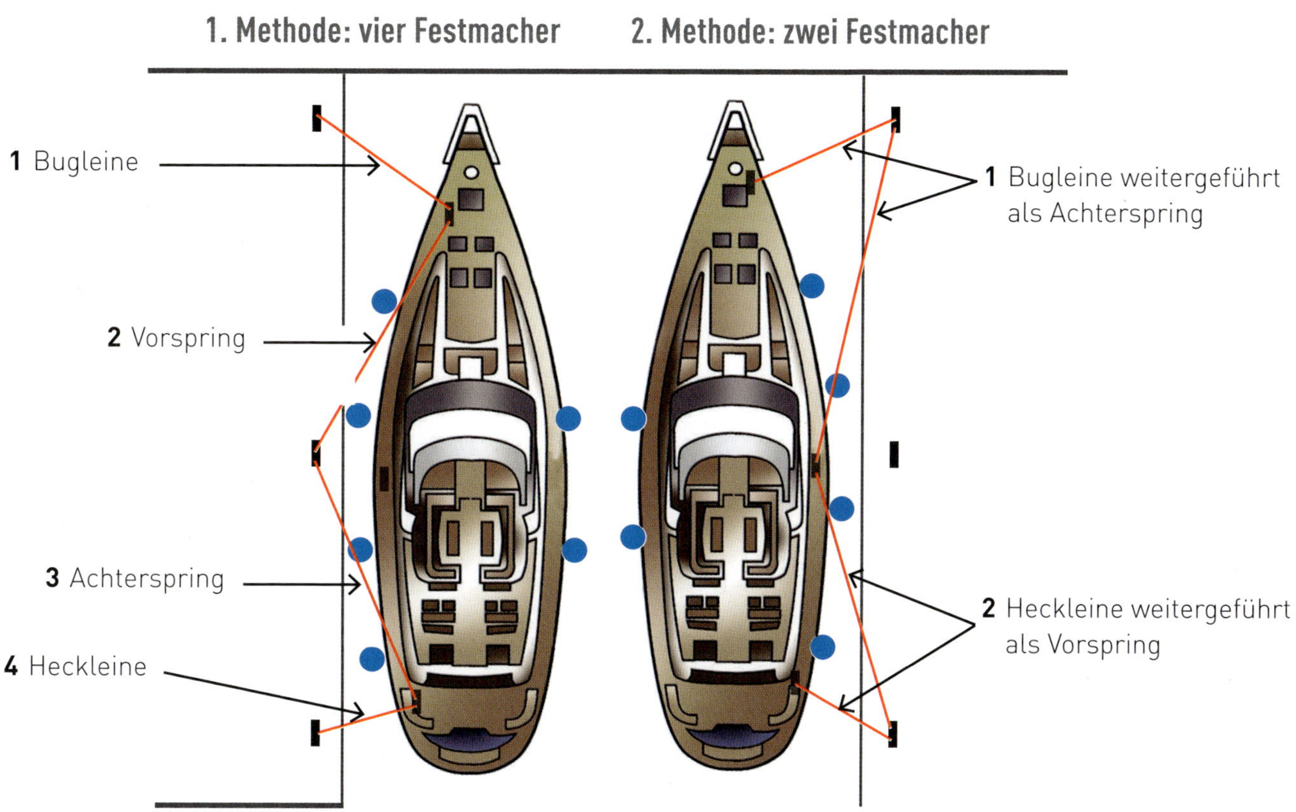

Denken Sie an Ihre Crew.

Mit vier Festmachern (ein Festmacher pro Aufgabe) sind die Längen geringer und die Leinen dadurch leichter zu handhaben als bei zwei langen Festmachern, die vier Aufgaben erfüllen müssen.

FESTMACHEN

1. Methode: vier Festmacher

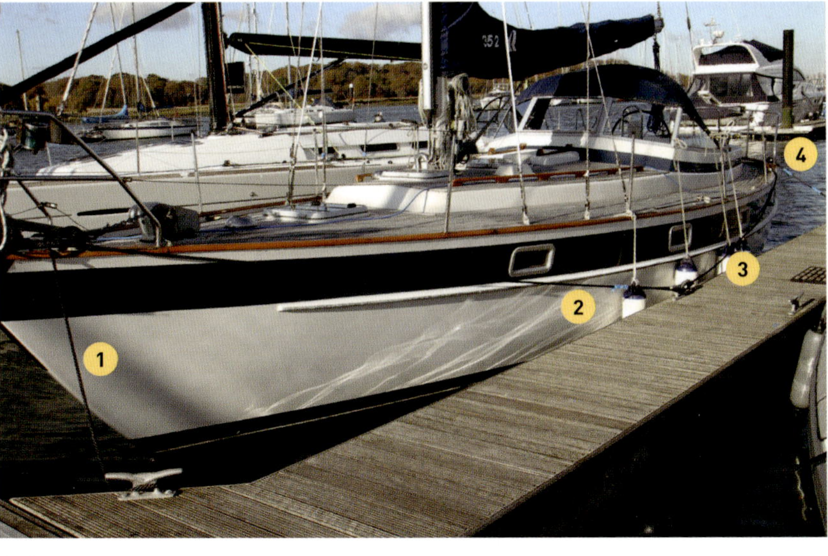

1 Bugleine
2 Vorspring verläuft vom Bug zur mittleren Klampe am Steg
3 Achterspring verläuft vom Heck zur mittleren Klampe am Steg
4 Heckleine

2. Methode: zwei Festmacher

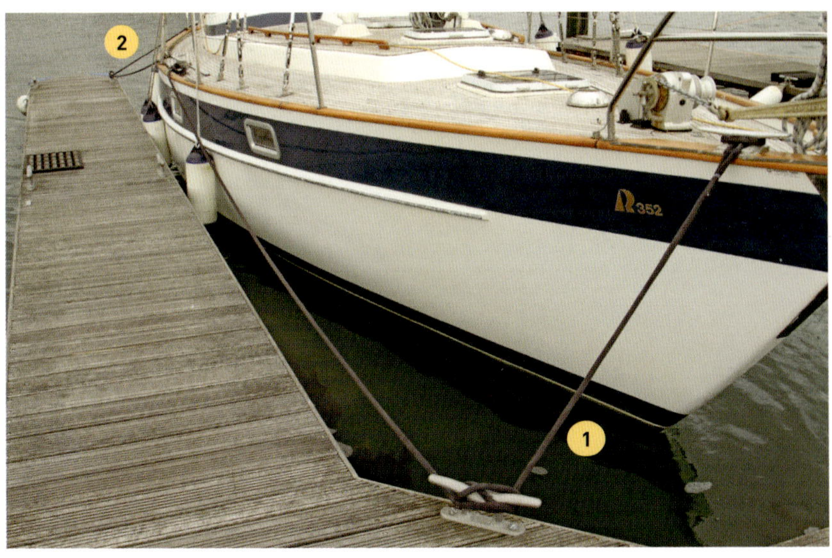

1 Vom Bug zum Steg und weiter zur Springklampe an Bord
2 Vom Heck zum Steg und weiter zur Springklampe an Bord

Springs vom Bug oder vom Heck zu einer mittleren Klampe am Steg verhindern, dass sich das Boot zum Steg dreht und halten es sehr gut parallel zum Steg.

FESTMACHEN

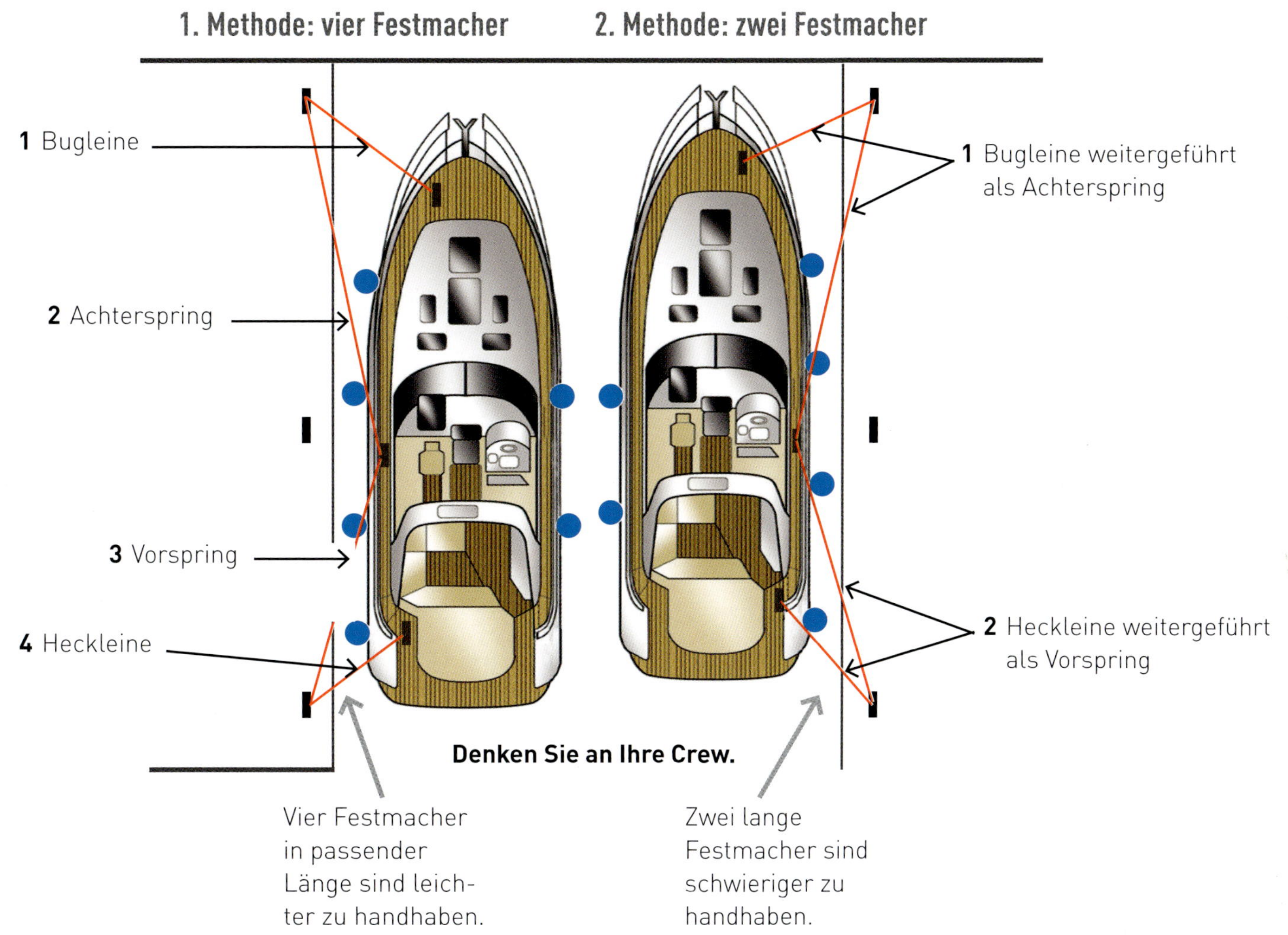
1. Methode: vier Festmacher
2. Methode: zwei Festmacher
1 Bugleine
2 Achterspring
3 Vorspring
4 Heckleine
1 Bugleine weitergeführt als Achterspring
2 Heckleine weitergeführt als Vorspring
Denken Sie an Ihre Crew.
Vier Festmacher in passender Länge sind leichter zu handhaben.
Zwei lange Festmacher sind schwieriger zu handhaben.

FESTMACHEN

1. Methode: vier Festmacher (eine Leine pro Aufgabe)

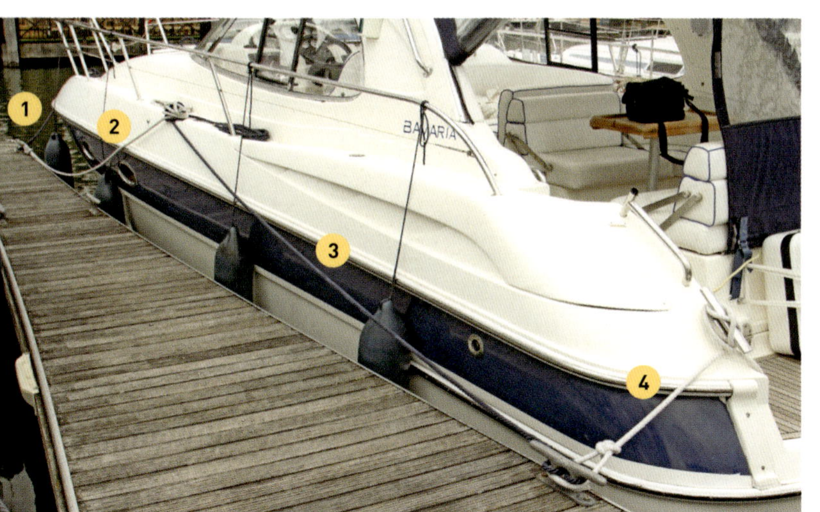

1 Bugleine
2 Achterspring vom Stegende zur Springklampe an Bord
3 Vorspring vom Steganfang zur Springklampe an Bord
4 Heckleine

2. Methode: zwei Festmacher

1 Vom Bug zum Steg und weiter als Achterspring zur Klampe mittschiffs
2 Vom Heck zum Steg und weiter als Vorspring zur Klampe mittschiffs

Motorboote verdrehen sich nicht so leicht am Steg, da ihre Bordwand meist gerader und damit über eine größere Länge parallel zum Steg verläuft.

NAUTISCHE BEGRIFFE RUND UMS BOOT

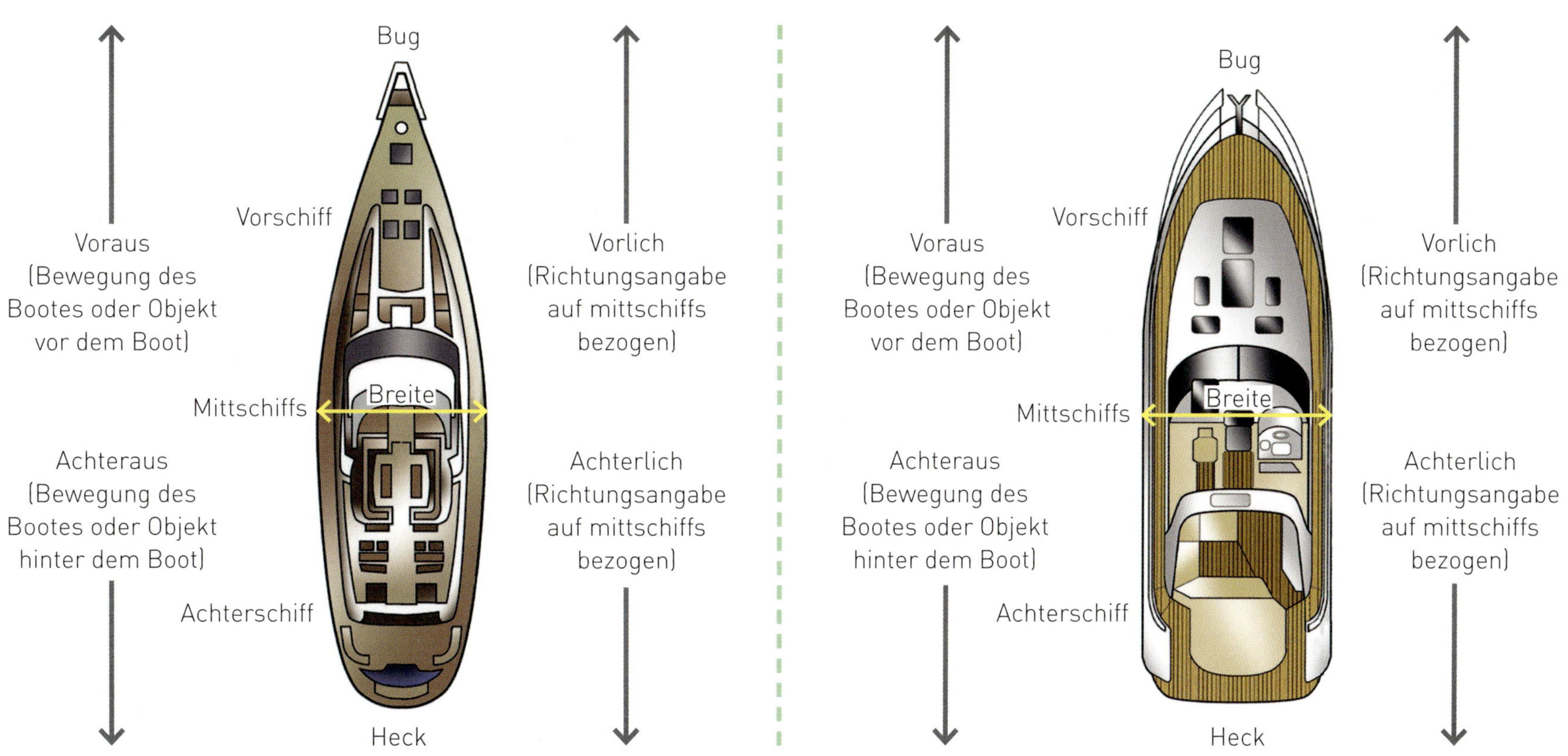

WINDRICHTUNG UND WINDSTÄRKE

- Die **Windrichtung** gibt an, aus welcher Richtung der Wind kommt.
- Ein Nordwind weht aus Norden.

- Der **atmosphärische** oder **wahre Wind** ist auf einen ortsfesten Punkt bezogen.
- **Linksdrehender** oder **rückdrehender Wind** ändert seine Richtung gegen den Uhrzeigersinn. Man sagt: Der Wind krimpt.
- **Rechtsdrehender Wind** ändert seine Richtung im Uhrzeigersinn. Auf der Nordhalbkugel kann man auch von ausschießendem Wind sprechen.

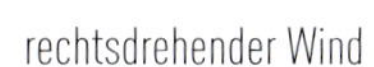

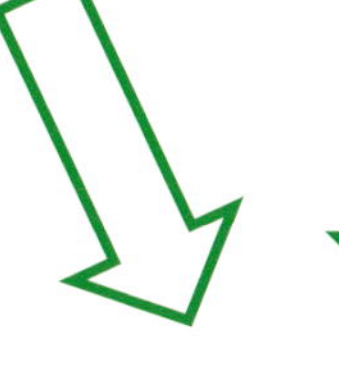

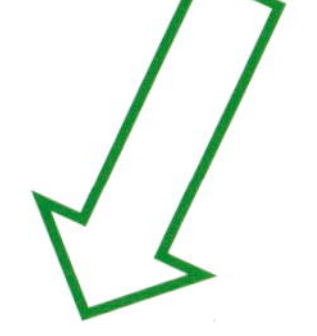
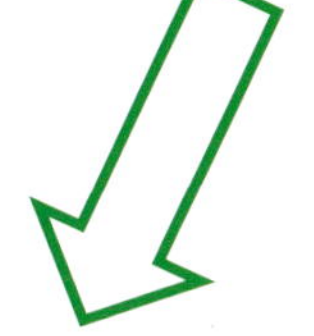

- Die **Windgeschwindigkeit** gibt der Wassersportler in Knoten an, und die **Windstärke** wird in Beaufort gemessen.

- Weht der Wind über die Erdoberfläche, wird er durch die Reibung abgeschwächt sowie abgelenkt. Auf der Nordhalbkugel wird er linksdrehend abgelenkt, und zwar 15° über See und 30° über Land.

Windstärke und Höhe

Die Windgeschwindigkeit ist im Masttopp höher als an Deck. Je näher an der Erdoberfläche, desto stärker wird Wind durch Reibung abgebremst und abgelenkt.

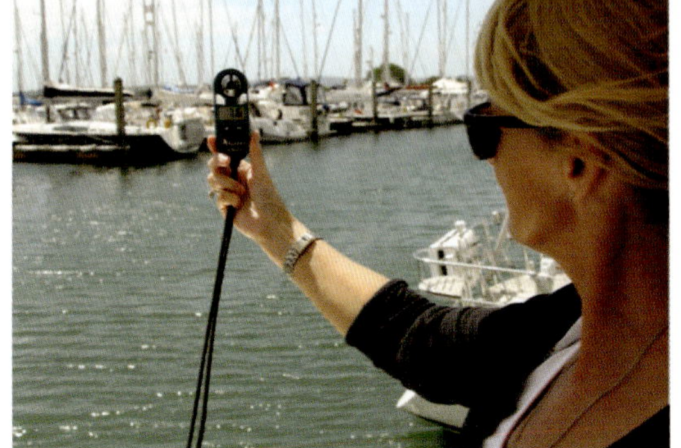

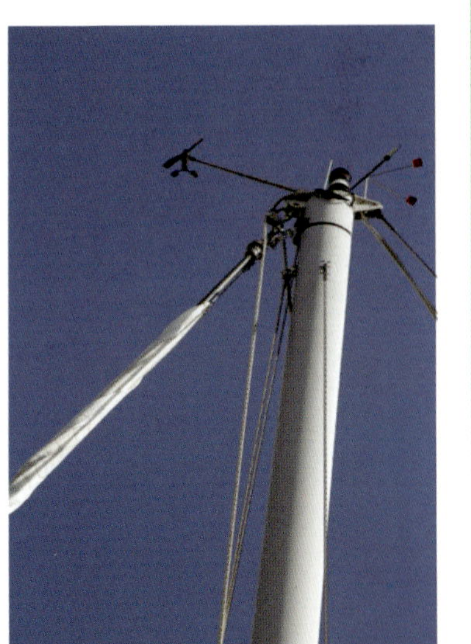

STÄRKE DES GEZEITENSTROMS ABSCHÄTZEN

1. Werfen Sie ein kleines, zusammengeknülltes Stück Küchenrolle* am Bug ins Wasser.

2. Stoppen Sie die Sekunden, die es bis zum Heck braucht.

3. Berechnen Sie die Geschwindigkeit des Gezeitenstroms mit der Formel.

Beispiel:

Bootslänge 10 Meter

Gestoppte Zeit 12 Sekunden

$$\frac{10}{6} = 1{,}6 \text{ Knoten}$$

* Küchenrolle ist gut geeignet, weil sie untergeht, aber gut sichtbar bleibt und sich später im Wasser auflöst. Kleine Zweige oder vorbeitreibende Blätter sind ebenfalls geeignet.

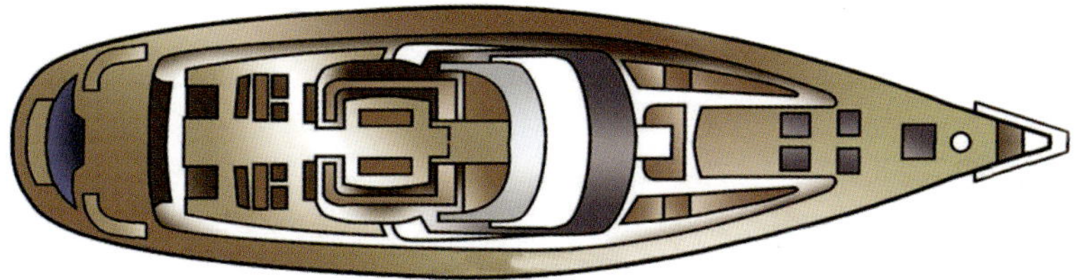

Bootslänge in Meter ÷ (Sekunden ÷ 2) = Geschwindigkeit in Knoten

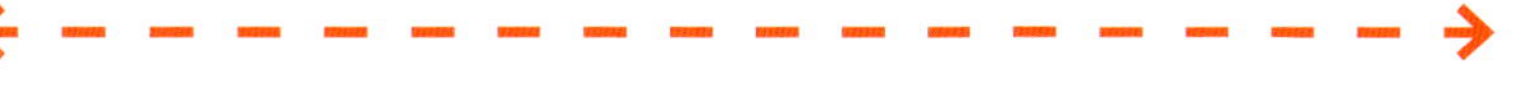

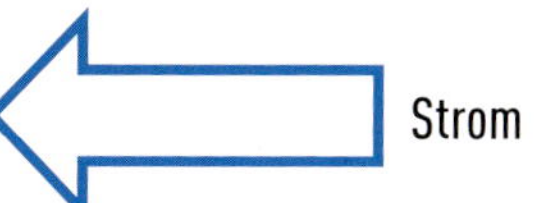

Bootslänge in m geteilt durch die Hälfte der Sekunden ergibt Geschwindigkeit in kn.

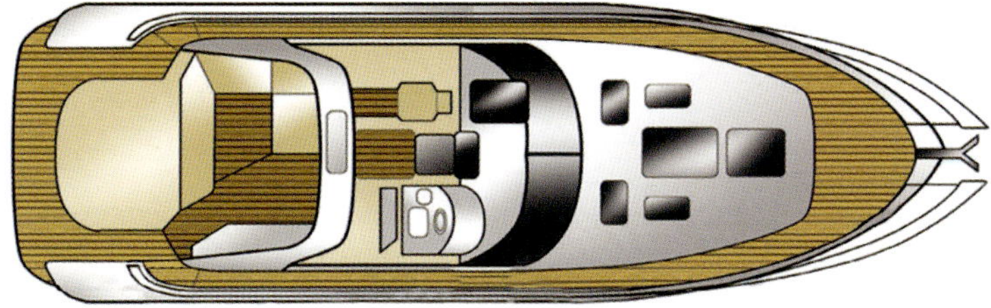

WIND GEGEN STROM – WAS WIRKT SICH STÄRKER AUS?

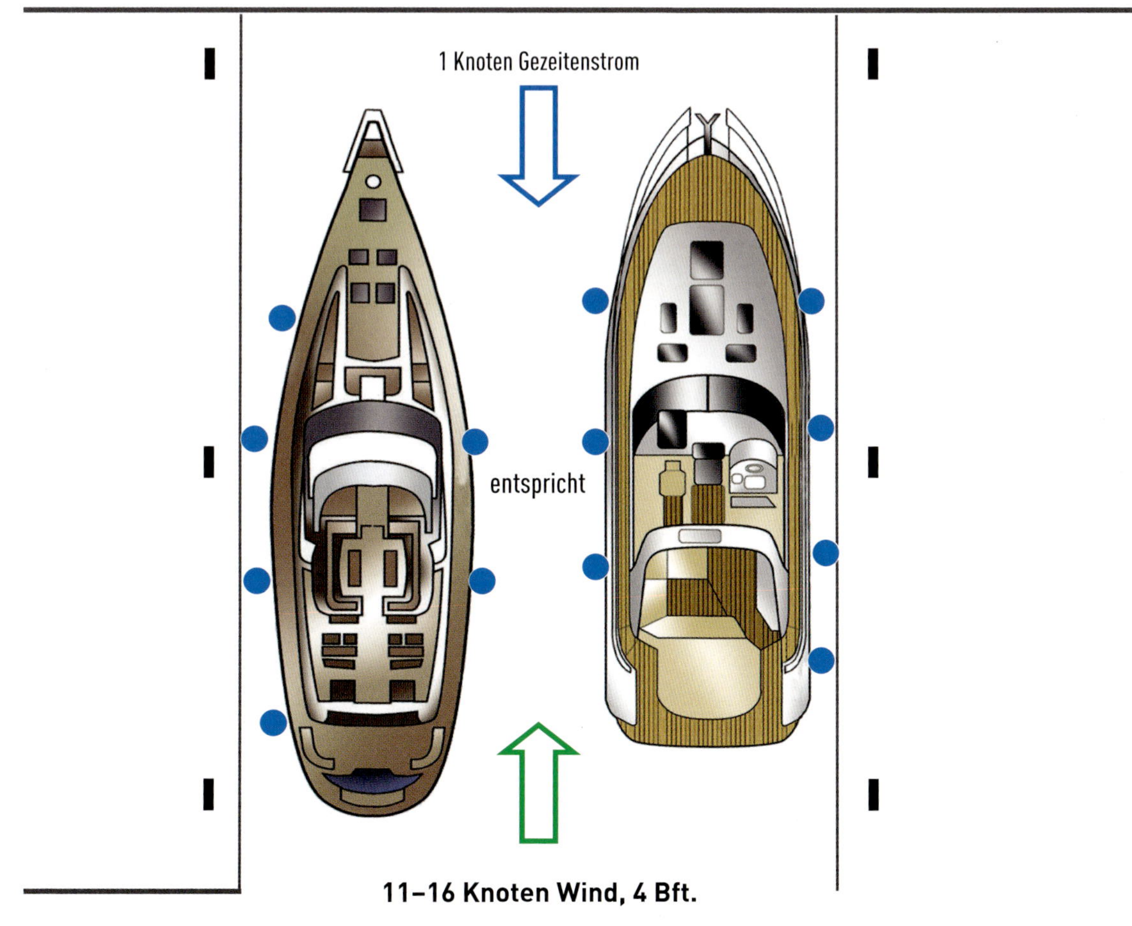

BOOTE STEUERN ÜBER DAS HECK

Lenkt man bei einem Auto nach rechts, folgt es den Vorderrädern und fährt nach rechts. Dreht man aber das Steuer bei einem Boot nach rechts, also nach Steuerbord (Pinne nach Backbord), wird nicht der Bug nach rechts, sondern das Heck nach links gedreht, wodurch die Richtungsänderung entsteht.

Droht man mit der Backbordseite zu nah an ein Hindernis zu gelangen, wäre es deshalb falsch, das Ruder nach Steuerbord zu legen, denn dadurch würde das Heck nur noch weiter nach Backbord ausgelenkt werden, und man würde mit dem Hindernis kollidieren. Es mag ungewohnt sein, aber um einem Hindernis an Backbord auszuweichen, muss man nach Backbord lenken, um sich mit dem Heck vom Hindernis zu entfernen, aufstoppen und rückwärts aus der Gefahrensituation steuern.

Der Punkt, um den ein Boot in Vorwärtsfahrt dreht, liegt etwa ein Drittel seiner Länge hinter dem Bug, bei Rückwärtsfahrt etwa ein Drittel der Bootslänge vor dem Heck.

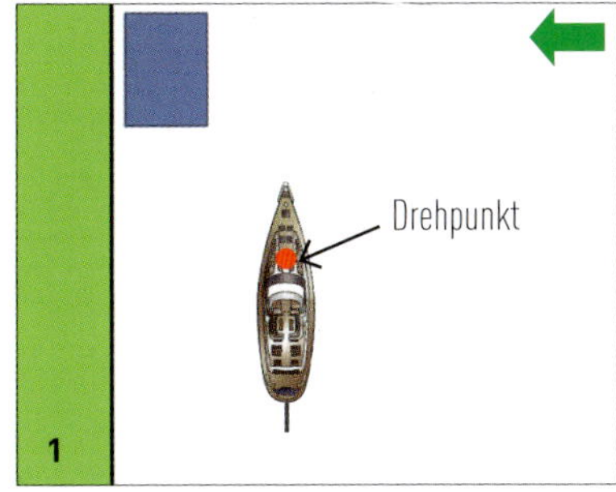

Der Wind drückt das Boot zum Hindernis.

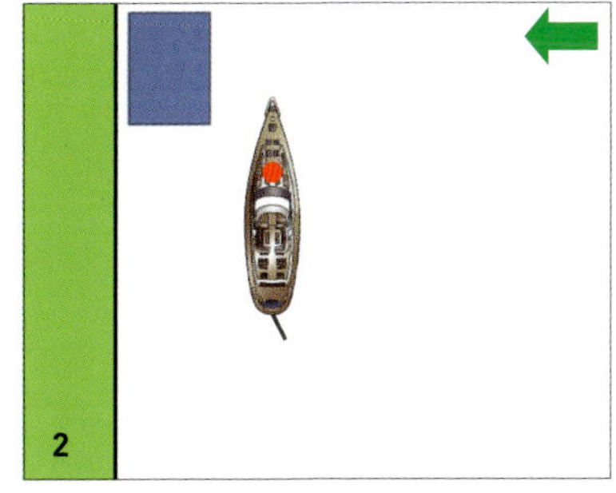

Zum Ausweichen nach Steuerbord lenken?

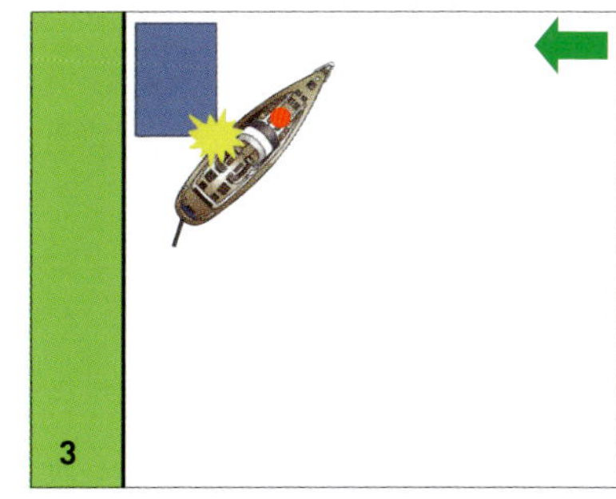

Besser nicht!

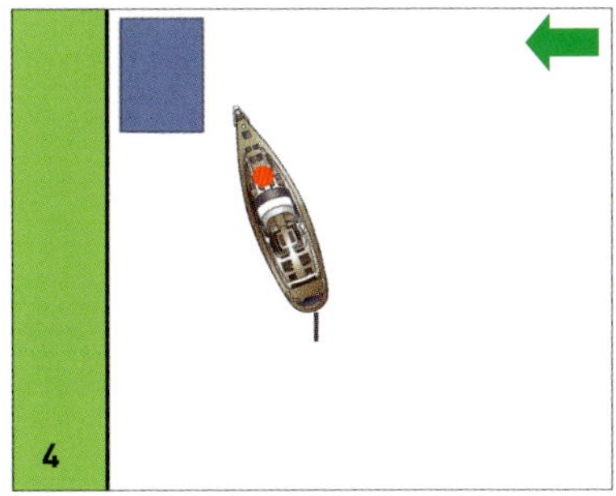

Zum Ausweichen nach Backbord steuern ...

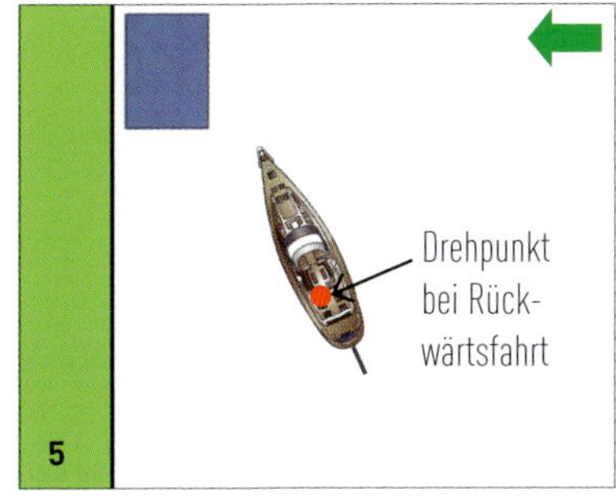

... und Schub zurück geben.

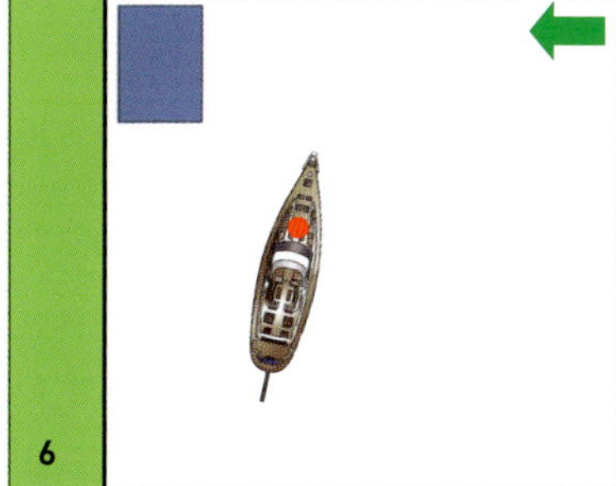

Fahrt voraus und gegen den Wind vorhalten.

BOOTE STEUERN ÜBER DAS HECK

Lenkt man bei einem Auto nach rechts, folgt es den Vorderrädern und fährt nach rechts. Dreht man aber das Steuer bei einem Boot nach rechts, also nach Steuerbord (Pinne nach Backbord), wird nicht der Bug nach rechts, sondern das Heck nach links gedreht, wodurch die Richtungsänderung entsteht.

Droht man mit der Backbordseite zu nah an ein Hindernis zu gelangen, wäre es deshalb falsch, das Ruder nach Steuerbord zu legen, denn dadurch würde das Heck nur noch weiter nach Backbord ausgelenkt werden, und man würde mit dem Hindernis kollidieren. Es mag ungewohnt sein, aber um einem Hindernis an Backbord auszuweichen, muss man nach Backbord lenken, um sich mit dem Heck vom Hindernis zu entfernen, aufstoppen und rückwärts aus der Gefahrensituation steuern.

Der Punkt, um den ein Boot in Vorwärtsfahrt dreht, liegt etwa ein Drittel seiner Länge hinter dem Bug, bei Rückwärtsfahrt etwa ein Drittel der Bootslänge vor dem Heck.

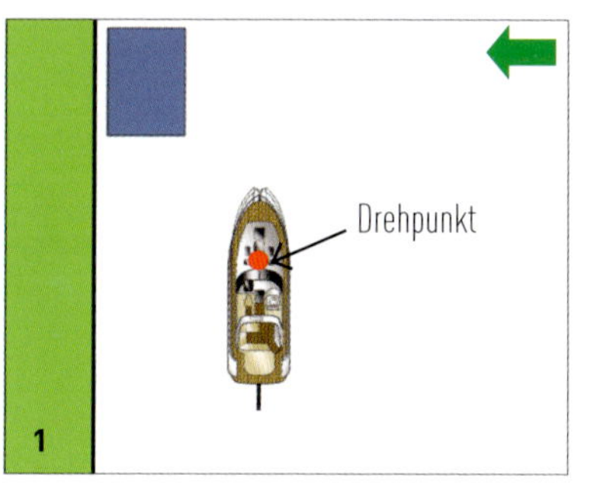

Der Wind drückt das Boot zum Hindernis.

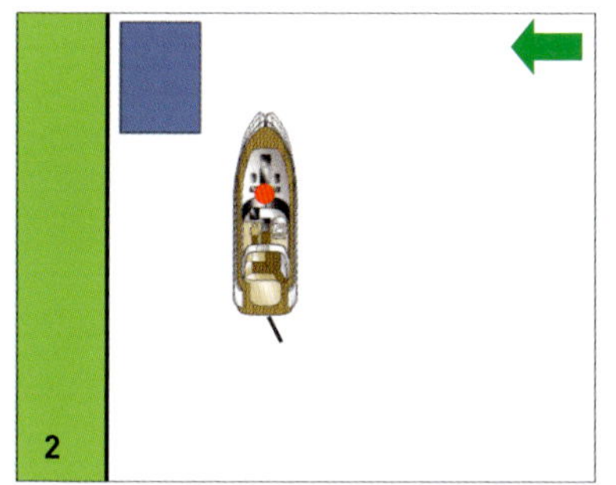

Zum Ausweichen nach Steuerbord lenken?

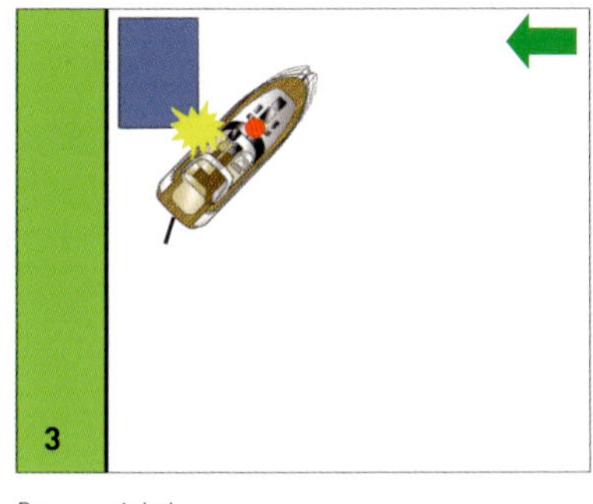

Besser nicht!

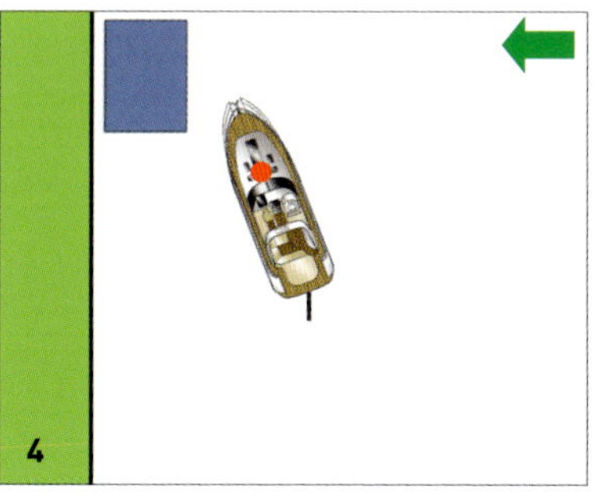

Zum Ausweichen nach Backbord steuern ...

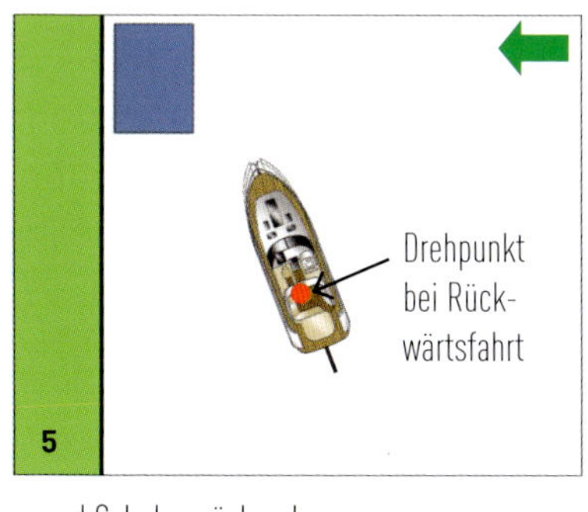

... und Schub zurück geben.

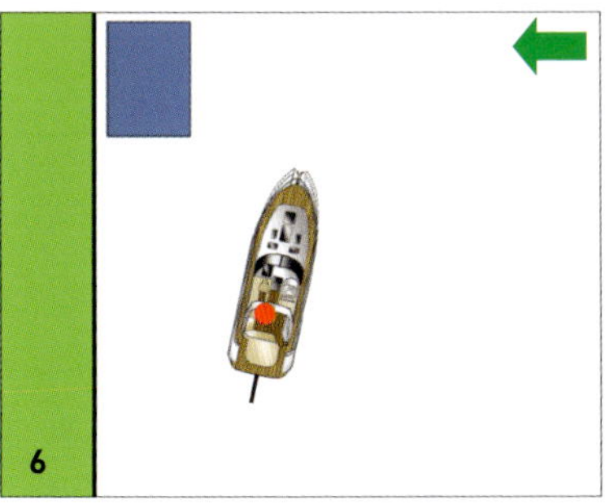

Fahrt voraus und gegen den Wind vorhalten.

ZU WELCHER SEITE WIRKT DER RADEFFEKT? – EINMOTORIGER ANTRIEB

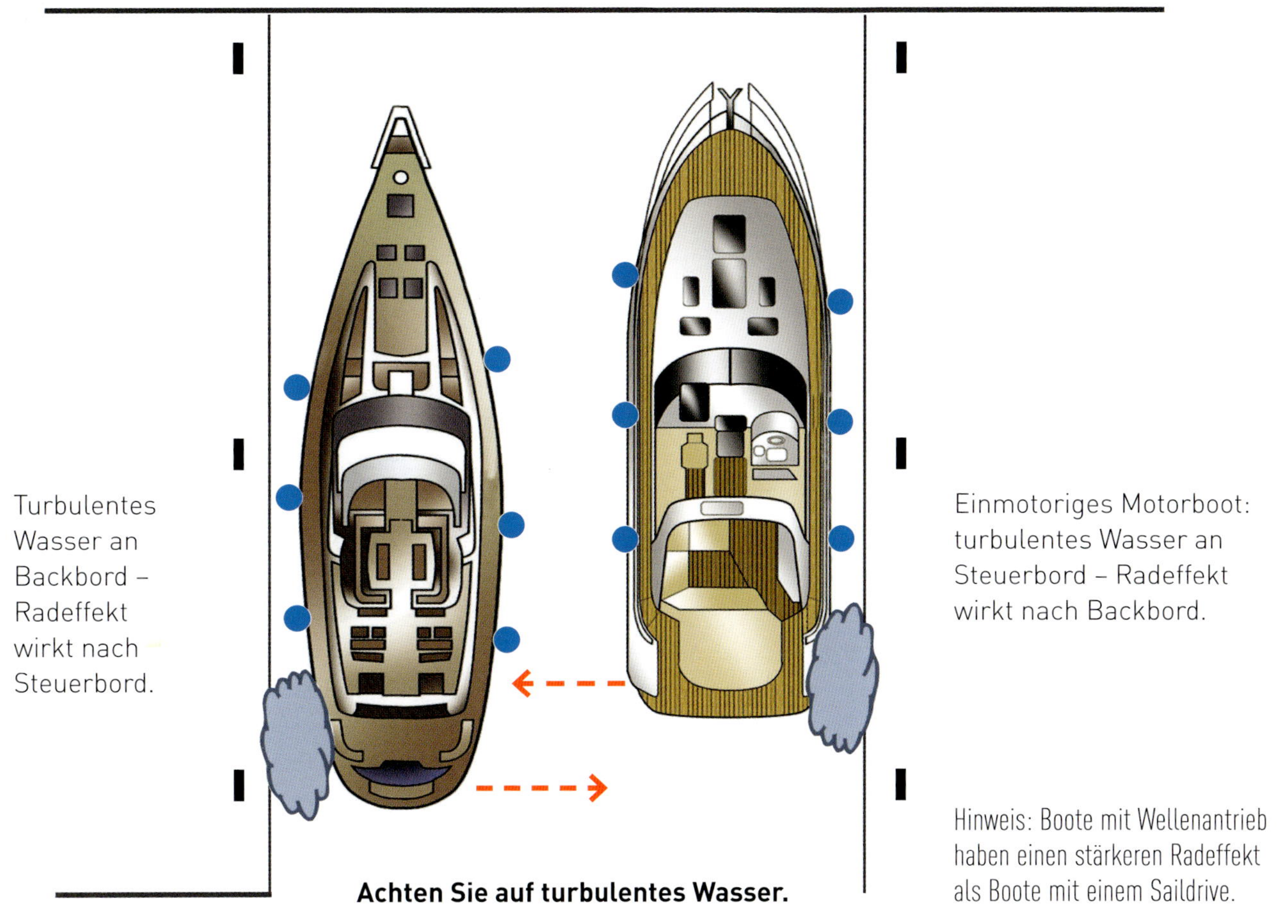

Achten Sie auf turbulentes Wasser.

Hinweis: Boote mit Wellenantrieb haben einen stärkeren Radeffekt als Boote mit einem Saildrive.

RADEFFEKT-ÜBERSICHT – WOHIN BEWEGEN SICH DER BUG UND DAS HECK?

Einmotoriges Motorboot mit Radeffekt bei Rückwärtsfahrt nach Steuerbord

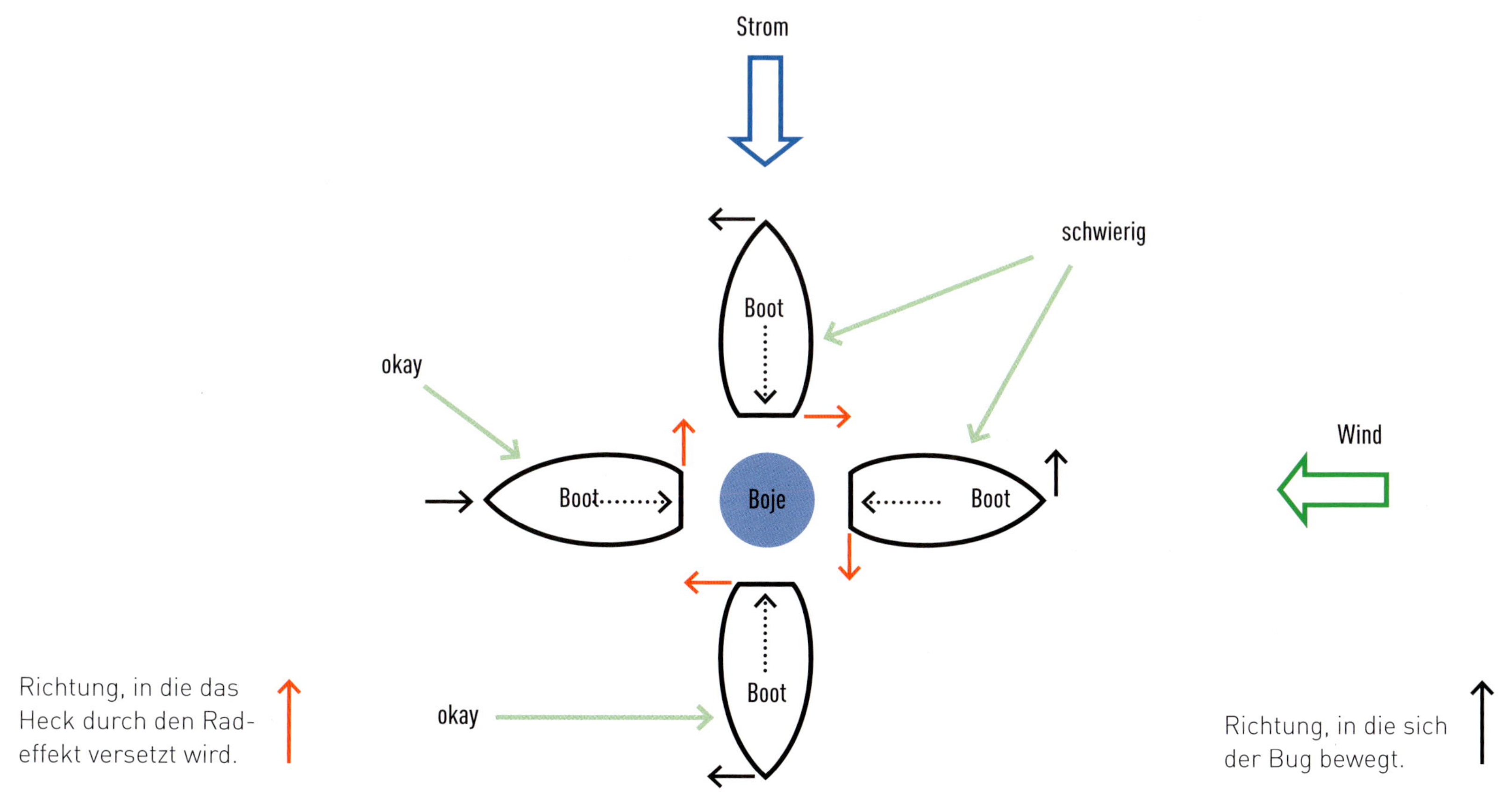

RADEFFEKT BEI ZWEIMOTORIGEN BOOTEN

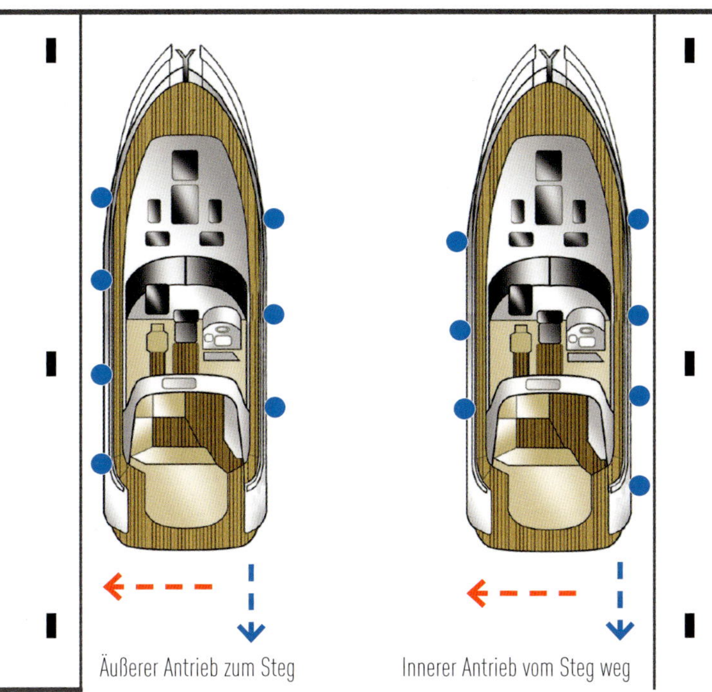

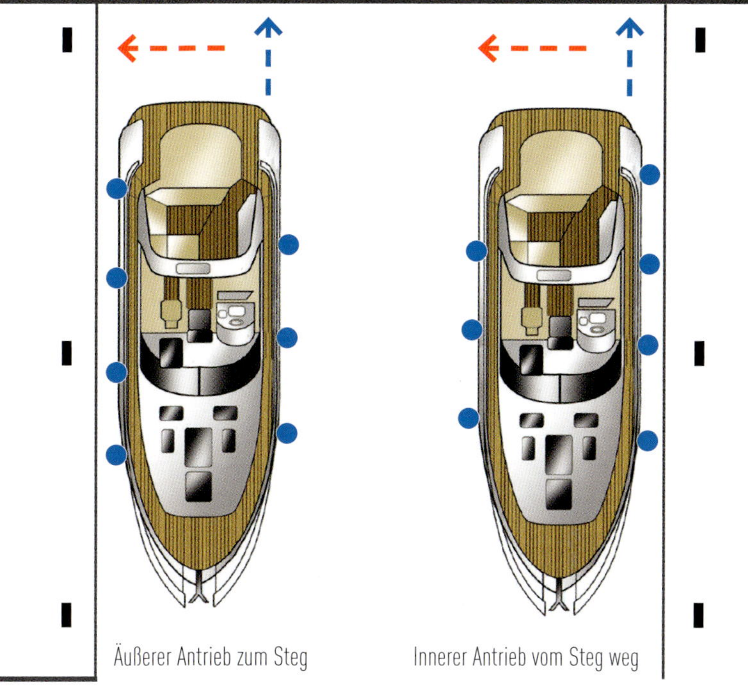

1. Es ist üblich, dass der dem Steg abgewandte Antrieb bei Rückwärtsschub das Heck zum Steg hin versetzt.

2. Der Antrieb an der Seite des Stegs versetzt das Heck bei Rückwärtsschub vom Steg weg.

1. Es ist üblich, dass der dem Steg abgewandte Antrieb bei Rückwärtsschub das Heck zum Steg hin versetzt.

2. Der Antrieb an der Seite des Stegs versetzt das Heck bei Rückwärtsschub vom Steg weg.

BOOTE MIT DOPPELRUDER – OHNE BUGSTRAHLRUDER

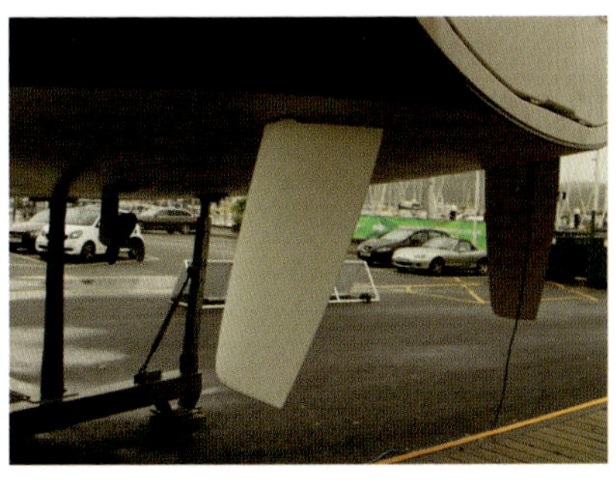

Die Manövrierfähigkeit einmotoriger Boote hängt von der Anströmung des Ruders ab. Das Ruder kann vom Propellerstrom oder durch die Fahrt durchs Wasser angeströmt werden.

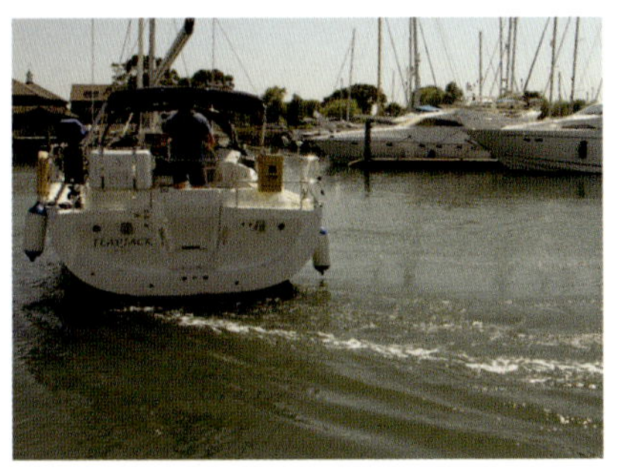

Da der Propeller die Ruderblätter bei Booten mit Doppelruder nicht direkt anströmen kann, ist die Fahrt durchs Wasser besonders wichtig, um Ruderwirkung zu erzielen.

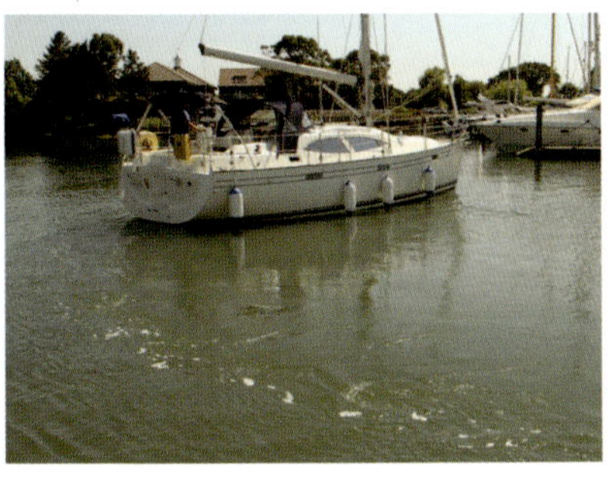

Um auf engem Raum zu manövrieren, muss der Radeffekt ausgenutzt werden. Bei Rückwärtsschub wird das Heck versetzt. Dadurch kann zu einer Seite eine besonders enge Drehung ausgeführt werden. Ein Bugstrahlruder ist ebenfalls sehr hilfreich.

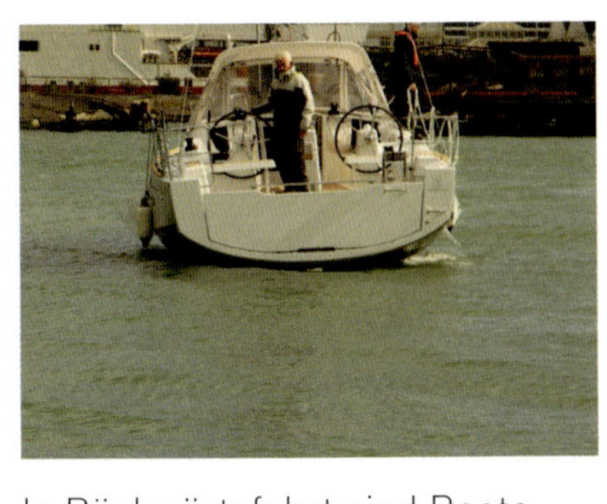

In Rückwärtsfahrt sind Boote mit Doppelruder in der Regel sehr manövrierfähig, solange die Ruderblätter durch die Fahrt gut und gleichmäßig angeströmt werden.

FAHRT DURCHS WASSER
Strömung an Rumpf und Ruder

2 Knoten Fahrt durchs Wasser
gegen Strom von 1 Knoten
= 1 Knoten Fahrt über Grund

2 Knoten Fahrt durchs Wasser
+ Strom von 1 Knoten
= 3 Knoten Fahrt über Grund
= zu schnell, Aufstoppen schwierig

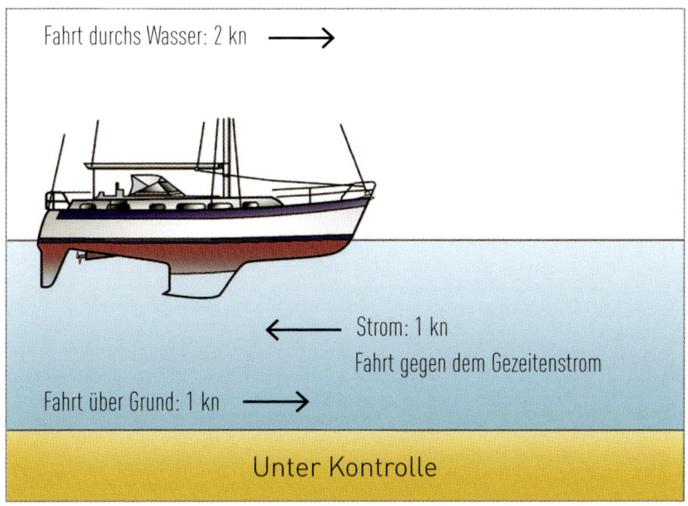

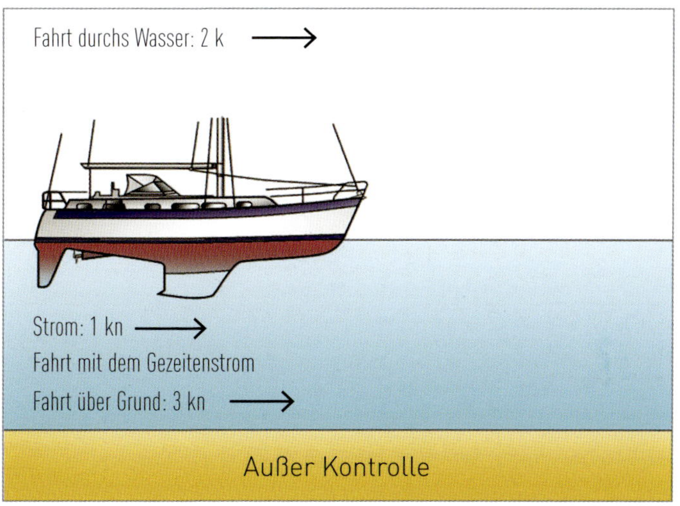

FAHRT DURCHS WASSER

Strömung an Rumpf und Ruder

2 Knoten Fahrt durchs Wasser
gegen Strom von 1 Knoten
= 1 Knoten Fahrt über Grund

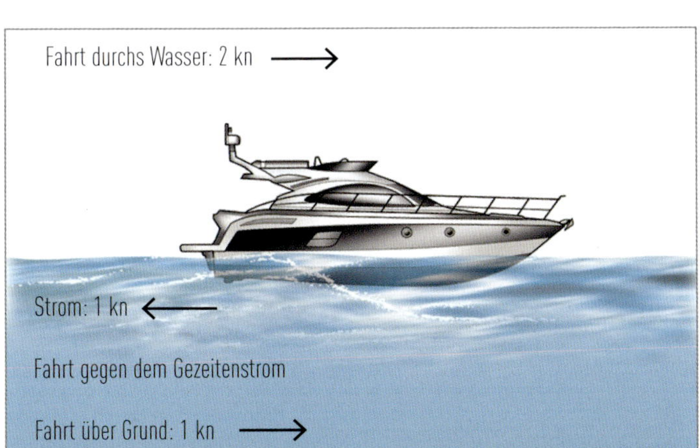

2 Knoten Fahrt durchs Wasser
+ Strom von 1 Knoten
= 3 Knoten Fahrt über Grund
= zu schnell, Aufstoppen schwierig

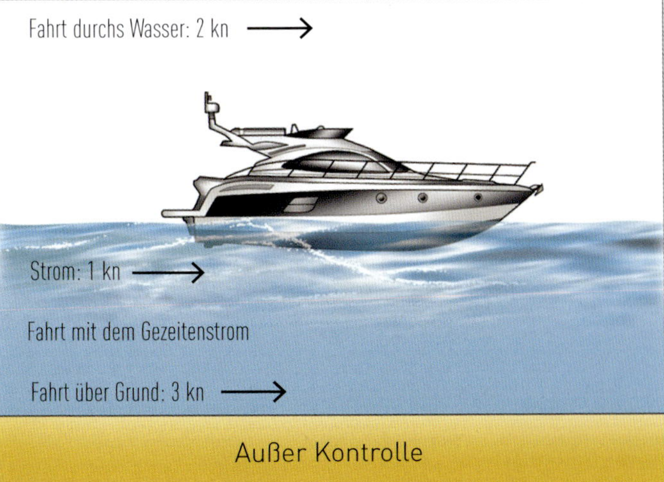

STRASSENRÄUBERSTEK

Mit Zugrichtung so gebunden, dass er von der Seeseite aus gelöst werden kann.

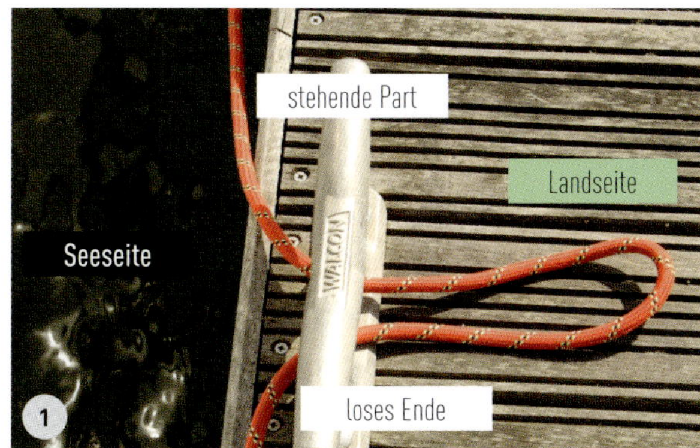

1. Führen Sie eine Bucht von unten um den Befestigungspunkt herum – hier ist es eine Klampe.

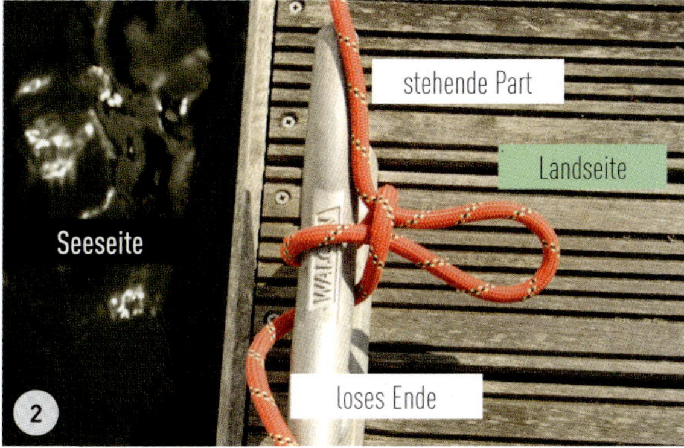

2. Durch diese Bucht stecken Sie eine Bucht aus der stehenden Part und ziehen sie mit dem losen Ende fest.

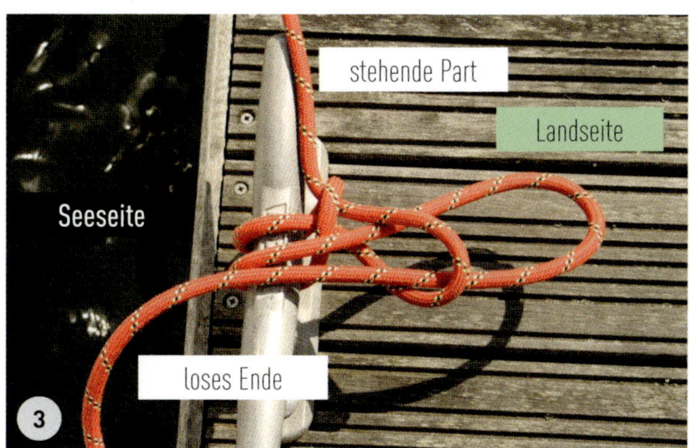

3. Dann stecken Sie eine Bucht aus dem losen Ende durch die verbliebene Bucht und ...

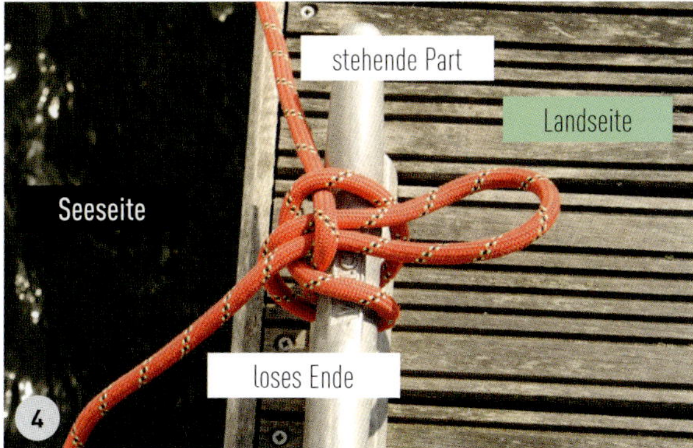

4. ... ziehen sie mit der stehenden Part fest. Zum Lösen des Straßenräubersteks genügt ein Ruck am losen Ende.

DWARS LAUFEN

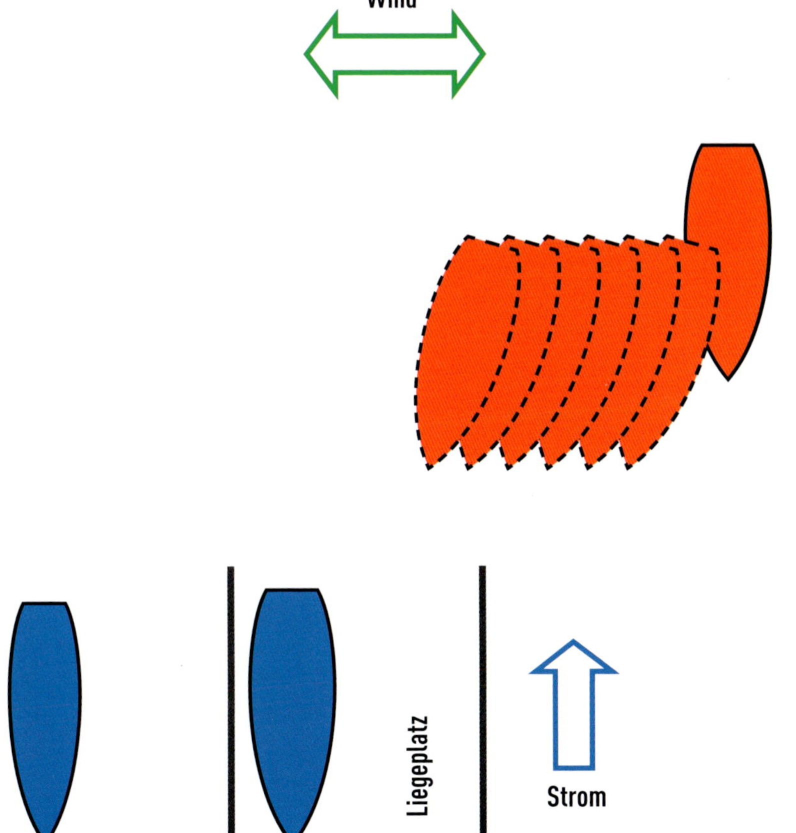

DWARS LAUFEN

Dwars laufen heißt, das Boot mithilfe der Strömung quer zu versetzen. Hier wird es in der Mitte des Flusses mit leichtem Schub voraus quer zur Strömung gestellt. Dadurch wird es seitlich bis ans Ufer versetzt, ohne Fahrt voraus zu machen.

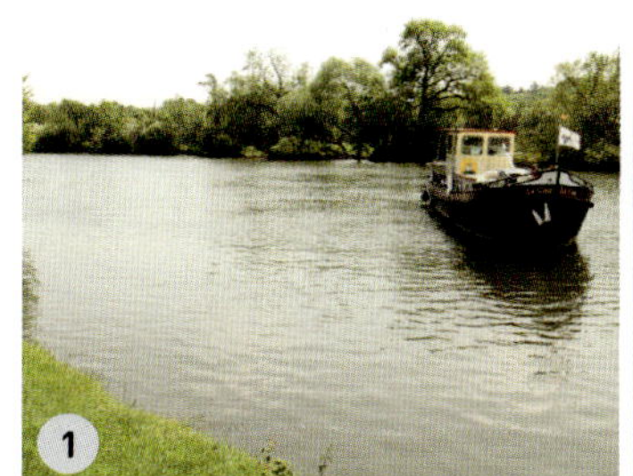

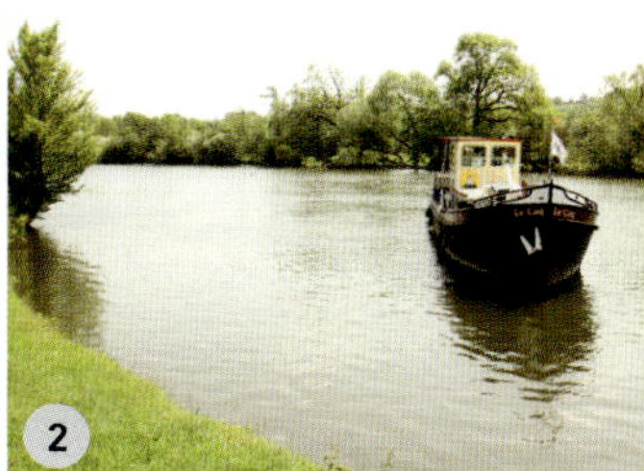

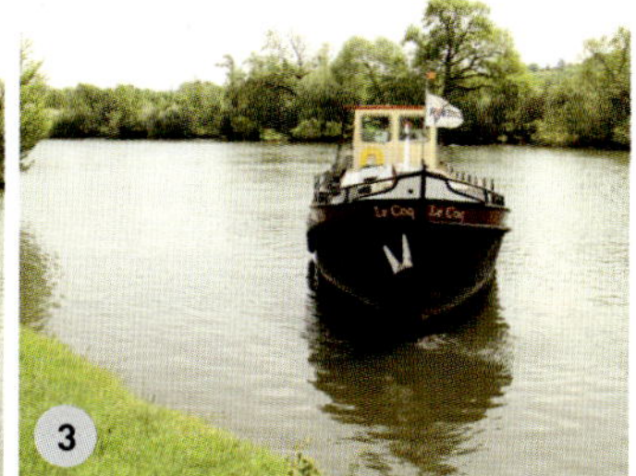

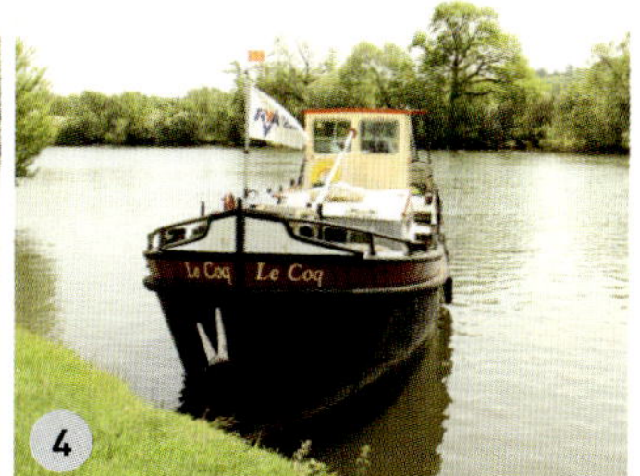

Das Segelboot hat vom Liegeplatz abgelegt und wird leicht seitlich zum von vorn kommendem Gezeitenstrom gestellt. Bei leichtem Schub voraus läuft es dwars bis zum Fahrwasser, ohne Fahrt voraus zu machen.

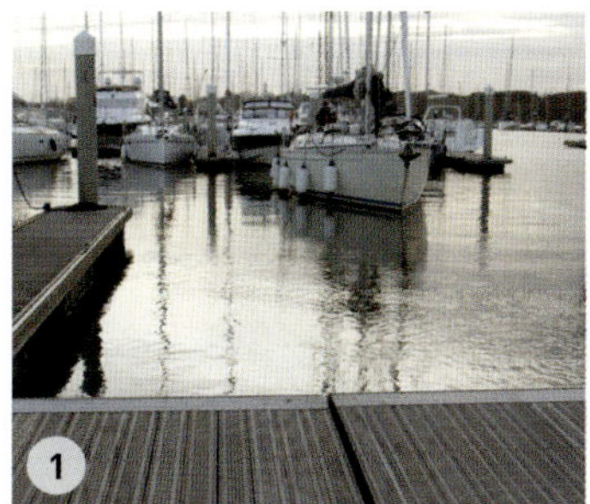

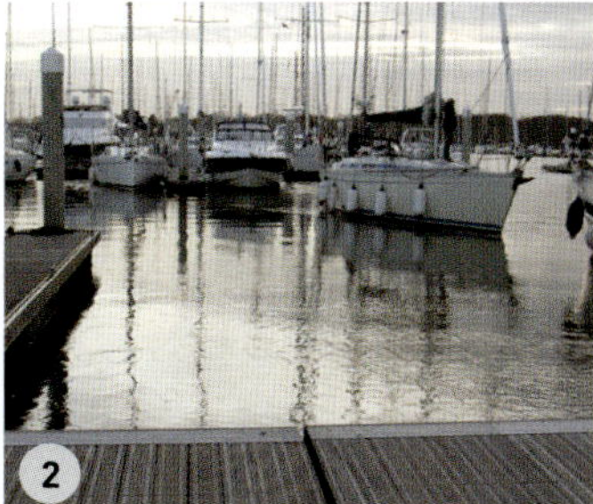

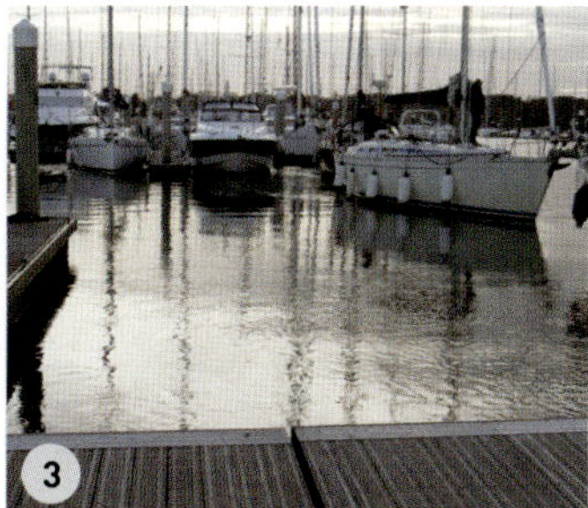

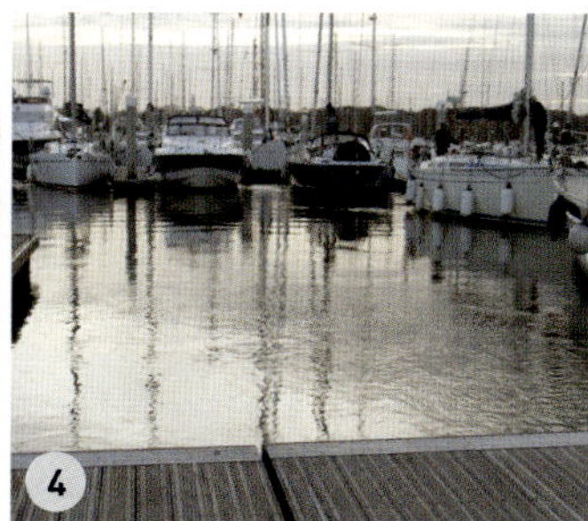

SEITLICH VERSETZEN – ZWEIMOTORIGE BOOTE

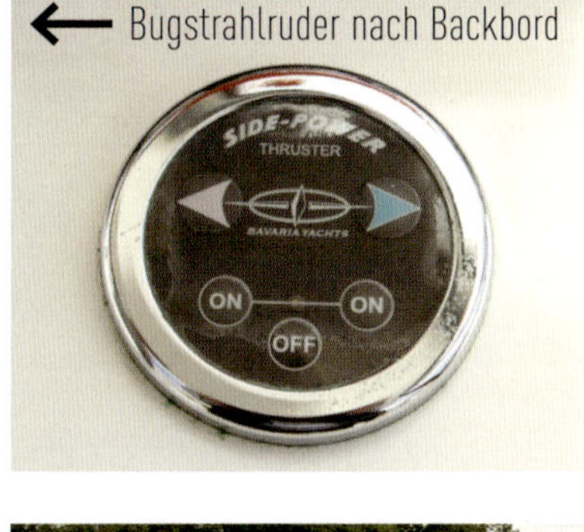

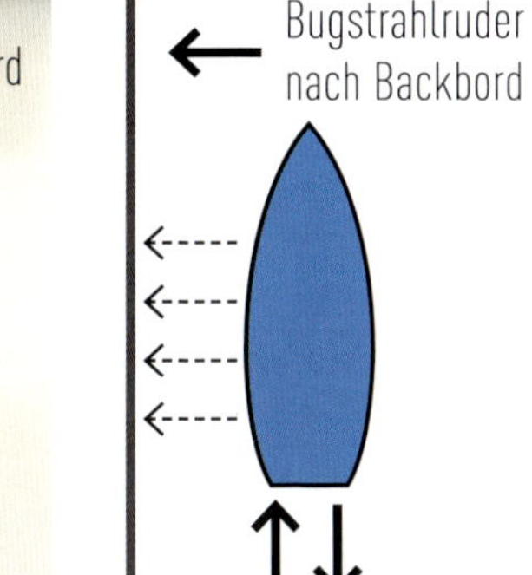

- Backbord-Maschine Schub voraus
- Steuerbord-Maschine Schub zurück
- Bugstrahlruder drückt den Bug nach Backbord

Das Boot wird seitlich nach Backbord versetzt. Regulieren Sie die Motordrehzahl (Ein- und Auskuppeln im Standgas reicht meist aus) und das Bugstrahlruder, damit keine Fahrt voraus oder zurück entsteht.

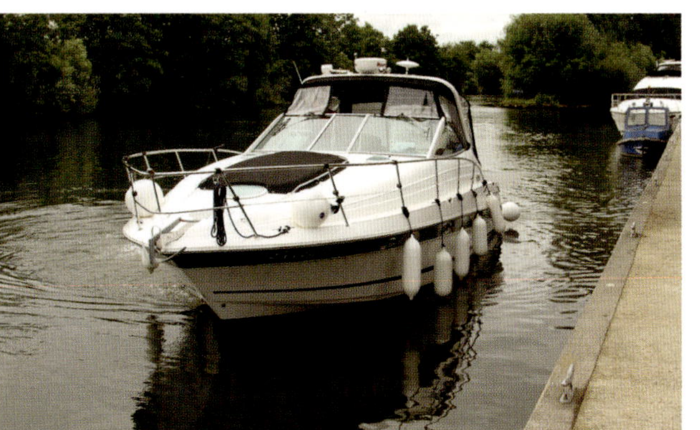

Seitlich an die Anlegestelle.

SEITLICH VERSETZEN – EINMOTORIGE BOOTE

Legen Sie Ruder hart Backbord, und geben Sie Schub voraus. Der vom Ruder abgelenkte Propellerstrom versetzt das Heck nach Steuerbord. Bugstrahlruder nach Steuerbord drückt den Bug nach Steuerbord. Passen Sie den Schub der Maschine dem Bugstrahlruder an, sodass das Boot möglichst wenig Fahrt voraus oder zurück aufnimmt und nur seitlich versetzt wird.

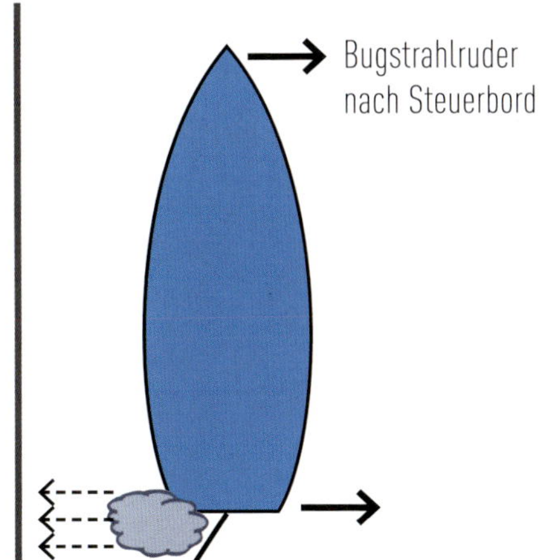

MOTORCHECK

Beim An- und Ablegen muss man sich auf die Zuverlässigkeit der Motoren verlassen können. Dazu ist deren regelmäßige Wartung notwendig.

Motorcheck: Einmal **WÖK** ...

W Wasser: Überprüfen Sie den Kühlwasserfilter* und den Ausgleichsbehälter.
Ö Öl: Kontrollieren Sie das Motoröl und von Zeit zu Zeit das Getriebeöl.
K Keilriemen: Zustand und Spannung in Ordnung? Er sollte sich mittig nicht mehr als 1,5 cm eindrücken lassen.

... und einmal **BLA**

B Batterie: Ladezustand in Ordnung? Batteriepole frei von Ablagerungen?
L Leckagen: Ist alles am Motor dicht? Ölverlust? Wasserverlust?
A Auspuff: Kommt bei laufendem Motor Kühlwasser aus dem Auspuff?

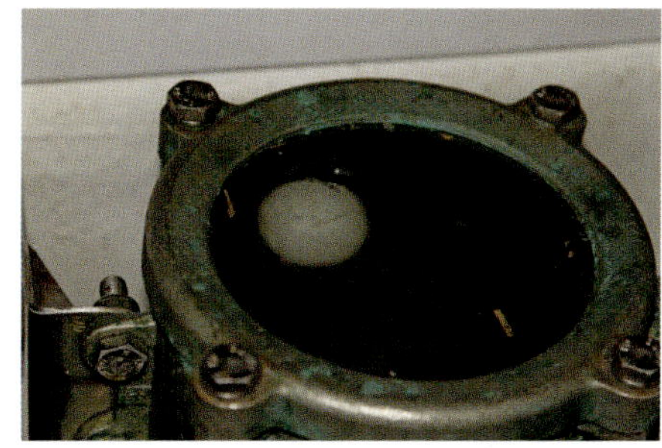

Ein Tischtennisball im Wasserfilter zeigt gut sichtbar an, dass Wasser durch den Filter fließt.

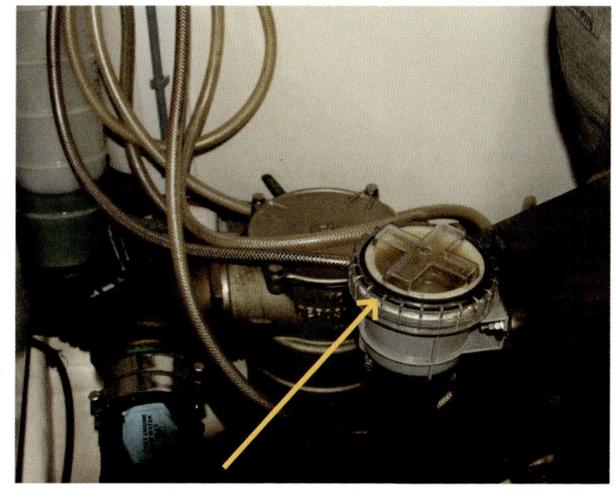

*Achten Sie beim Abnehmen des Deckels am Wasserfilter darauf, dass der O-Ring nicht verloren geht.

Ohne O-Ring:
- Luft wird angesaugt.
- Kühlwasser fließt nicht mehr.
- Motor überhitzt.

DEN EIGENEN LIEGEPLATZ OPTIMIEREN

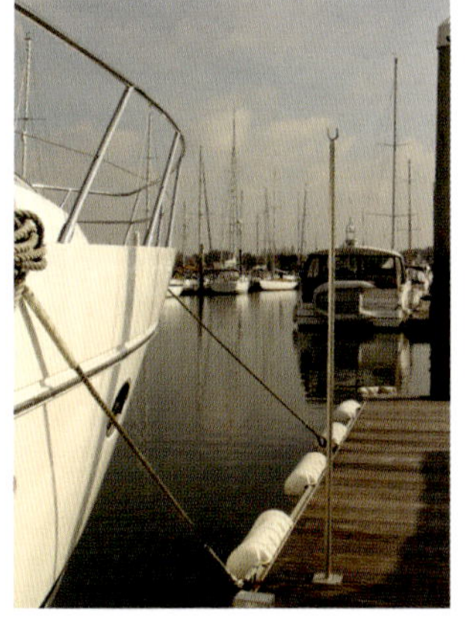

Festmacher auf Stangen ablegen, damit sie gut erreichbar sind.

Motorboote und Segelboote sind keine idealen Nachbarn.

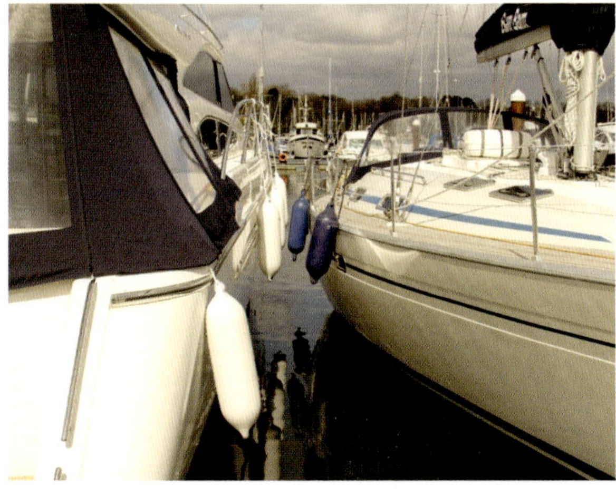

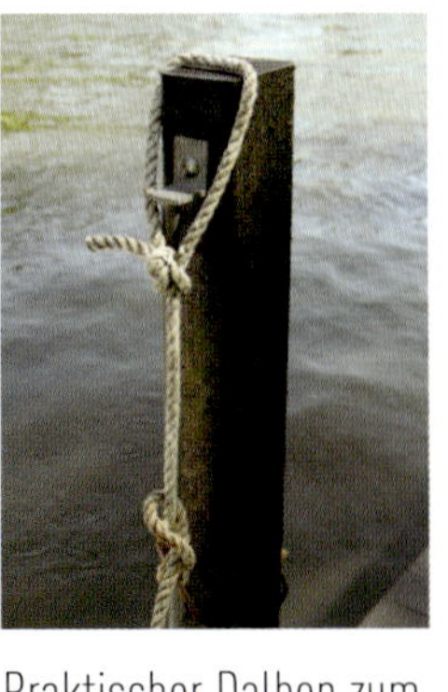

Praktischer Dalben zum Ablegen einer Festmacherleine.

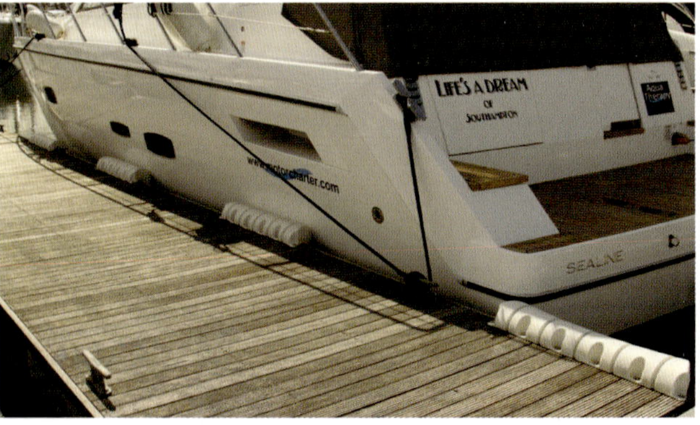

Mit Stegfendern muss man keine Fender an Bord raushängen.

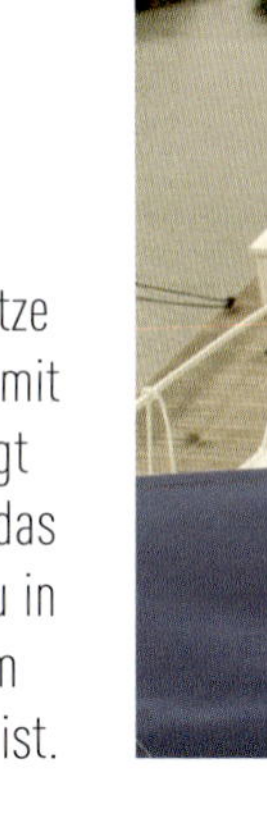

Relingsstütze in Peilung mit Dalben zeigt hier, dass das Boot genau in Position am Liegeplatz ist.

ES GEHT AUCH OHNE SPRINGKLAMPEN

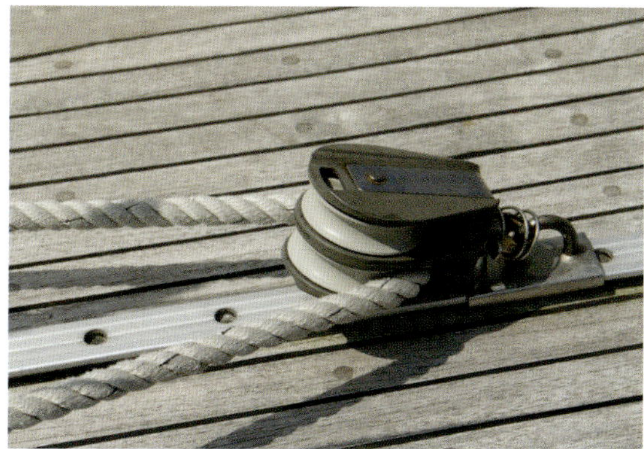

Block auf der Genuaschiene

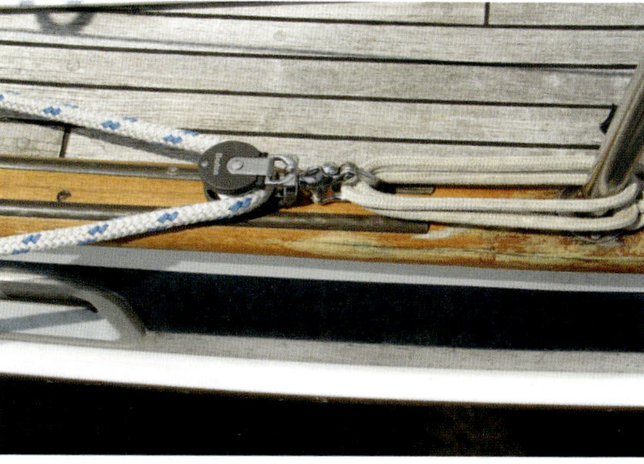

Snatch-Block am Relingsfuß

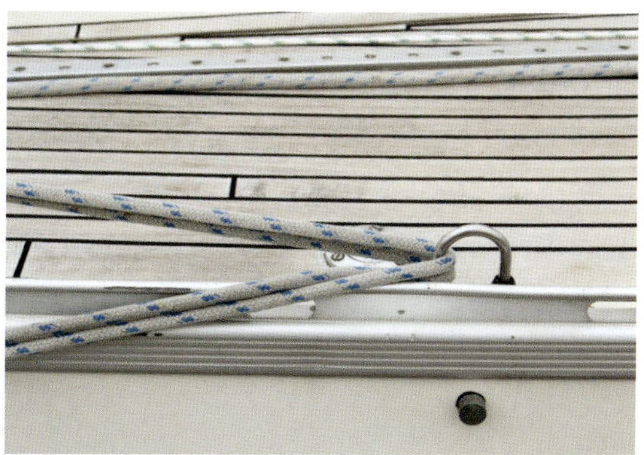

D-Ring mittschiffs

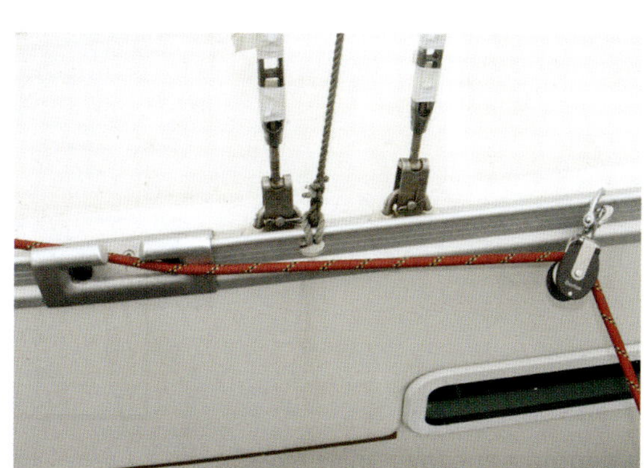

Snatch-Block an der Fußleiste

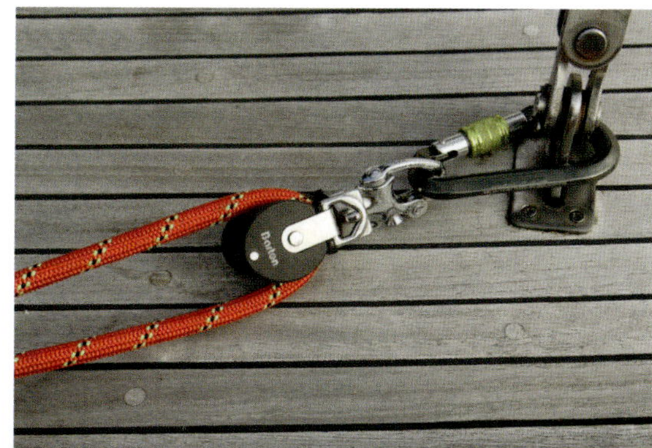

Snatch-Block mit Karabiner am Pütting

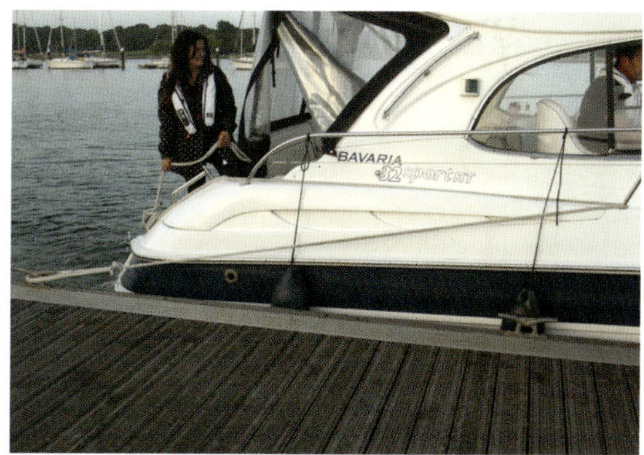

Relingsstütze als Mittschiffsklampe

ABLEGEN – ABLANDIGER WIND – RÜCKWÄRTS AUS DER BOX

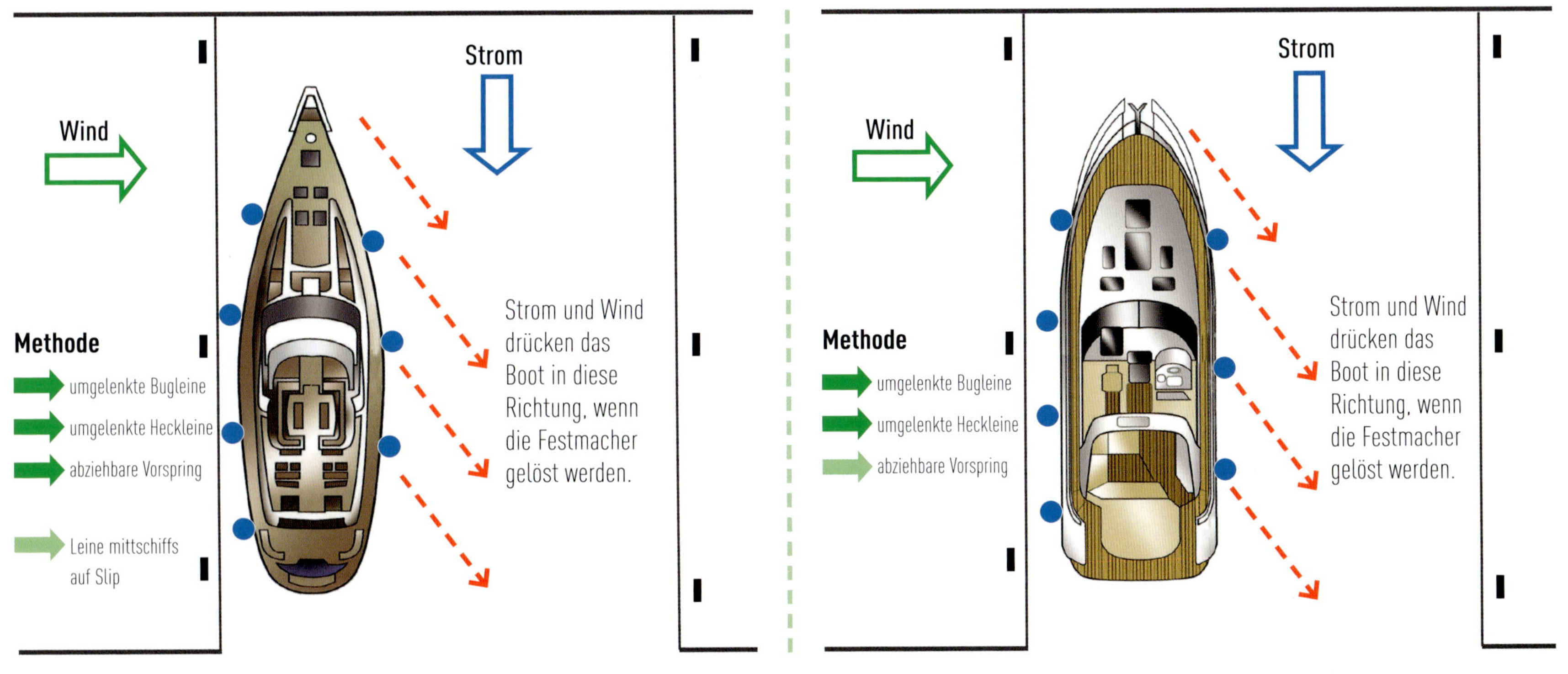

ABLEGEN – ABLANDIGER WIND – VORWÄRTS AUS DER BOX

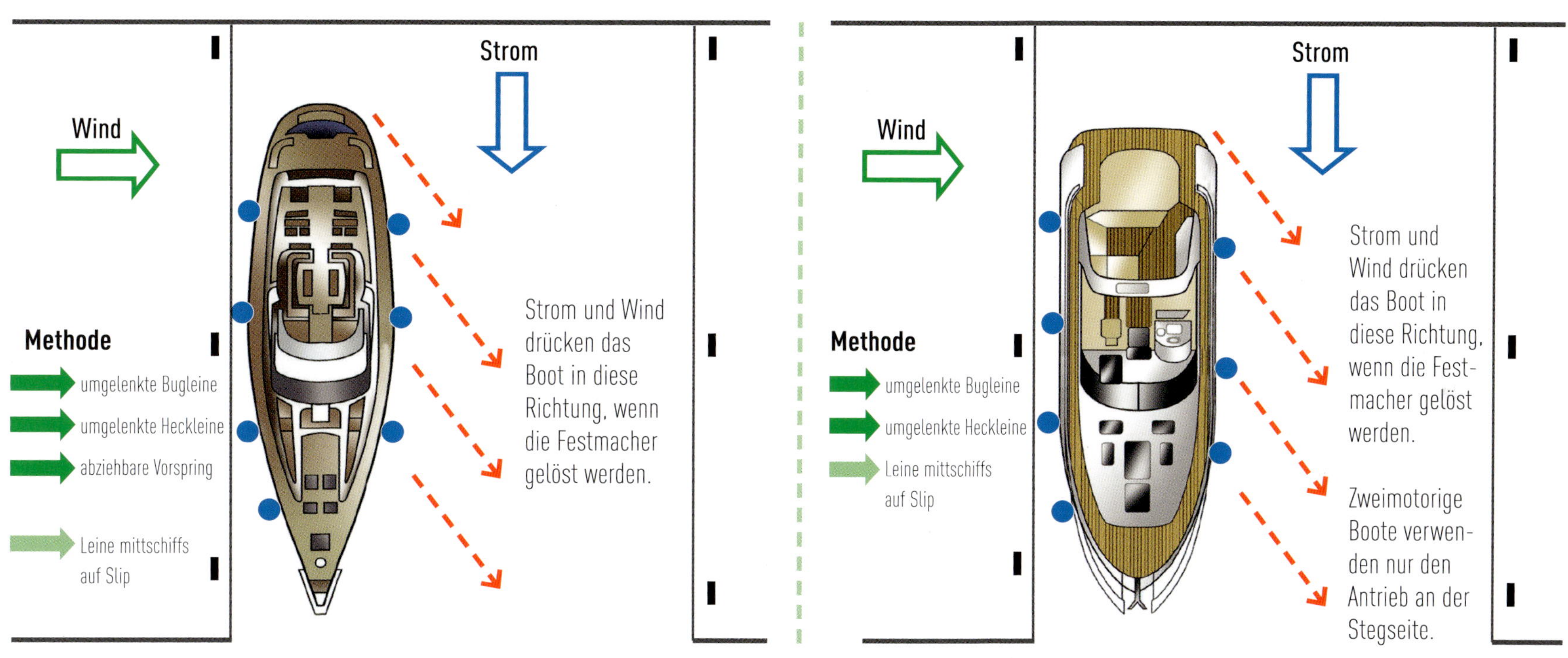

ABLEGEN – AUFLANDIGER WIND – RÜCKWÄRTS AUS DER BOX

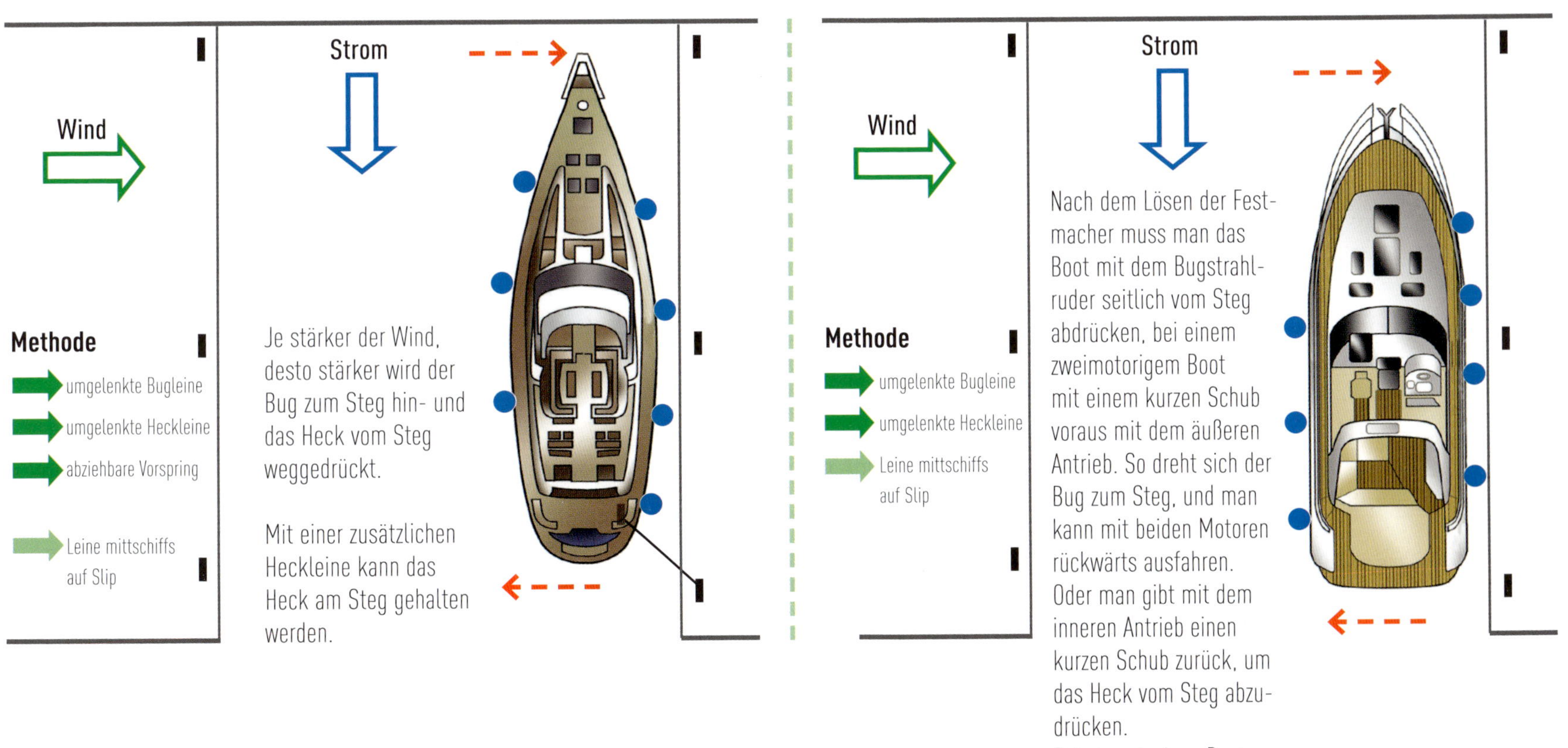

Je stärker der Wind, desto stärker wird der Bug zum Steg hin- und das Heck vom Steg weggedrückt.

Mit einer zusätzlichen Heckleine kann das Heck am Steg gehalten werden.

Nach dem Lösen der Festmacher muss man das Boot mit dem Bugstrahlruder seitlich vom Steg abdrücken, bei einem zweimotorigem Boot mit einem kurzen Schub voraus mit dem äußeren Antrieb. So dreht sich der Bug zum Steg, und man kann mit beiden Motoren rückwärts ausfahren. Oder man gibt mit dem inneren Antrieb einen kurzen Schub zurück, um das Heck vom Steg abzudrücken.
Bei einmotorigen Booten hilft der Radeffekt.

STROM VON VORN

Strom von vorn schiebt das Boot rückwärts aus der Box. Mit Schub voraus hat man dann gegen den Strom gute Kontrolle, um in das Fahrwasser abzudrehen.

Fahrwasser

Strom

Bei geringem Gezeitenstrom kann der Wind einen stärkeren Effekt ausüben.

STROM VON ACHTERN

Bei Strom von achtern muss man möglichst weit rückwärts gegen den Strom ausfahren, bevor man Schub voraus gibt. Dann muss man nämlich schneller als der Strom fahren, um Fahrt durchs Wasser zu machen und damit Kontrolle über das Boot zu haben. Oder man dreht rückwärts vom Liegeplatz bis ins Fahrwasser ab.

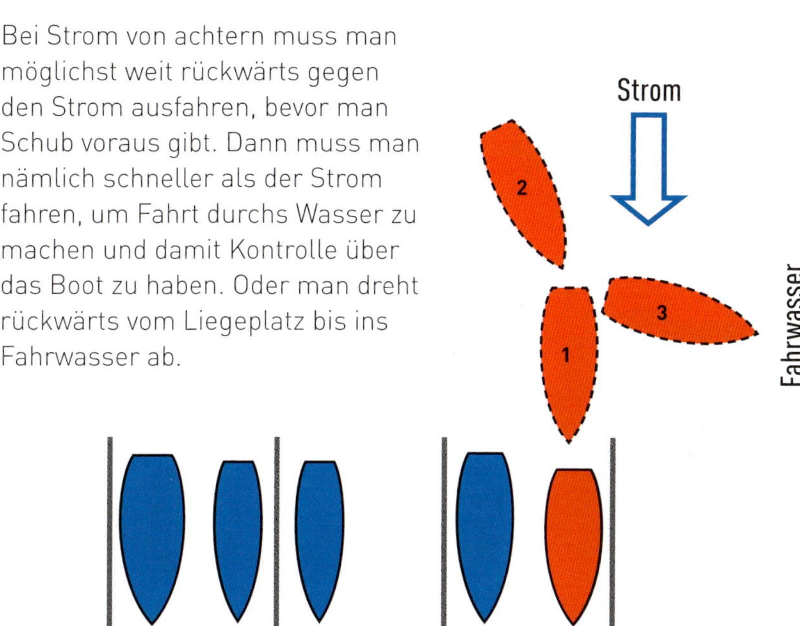

Bei geringem Gezeitenstrom kann der Wind einen stärkeren Effekt ausüben.

SPRING, HAHNEPOT, LEINEN AUF SLIP

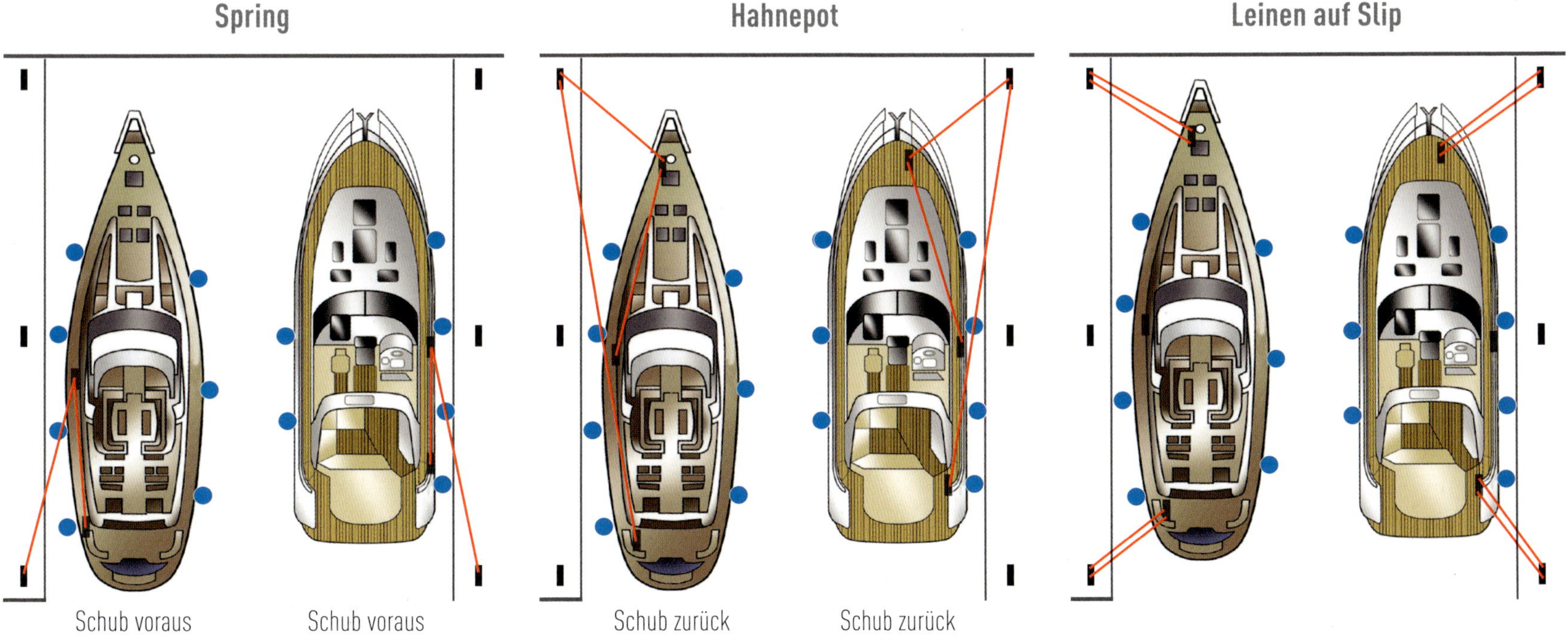

Eine Spring führt zu einem einzigen Punkt an Bord.

Eine Hahnepot oder umgelenkte Leine führt zu zwei Punkten an Bord.

Eine Leine auf Slip ist um eine Klampe oder einen Poller am Steg herumgelegt und zurück zum Boot geführt, sodass ein Ende von Bord aus gelöst und die Leine abgezogen werden kann.

EINDAMPFEN IN DIE SPRING MITTSCHIFFS

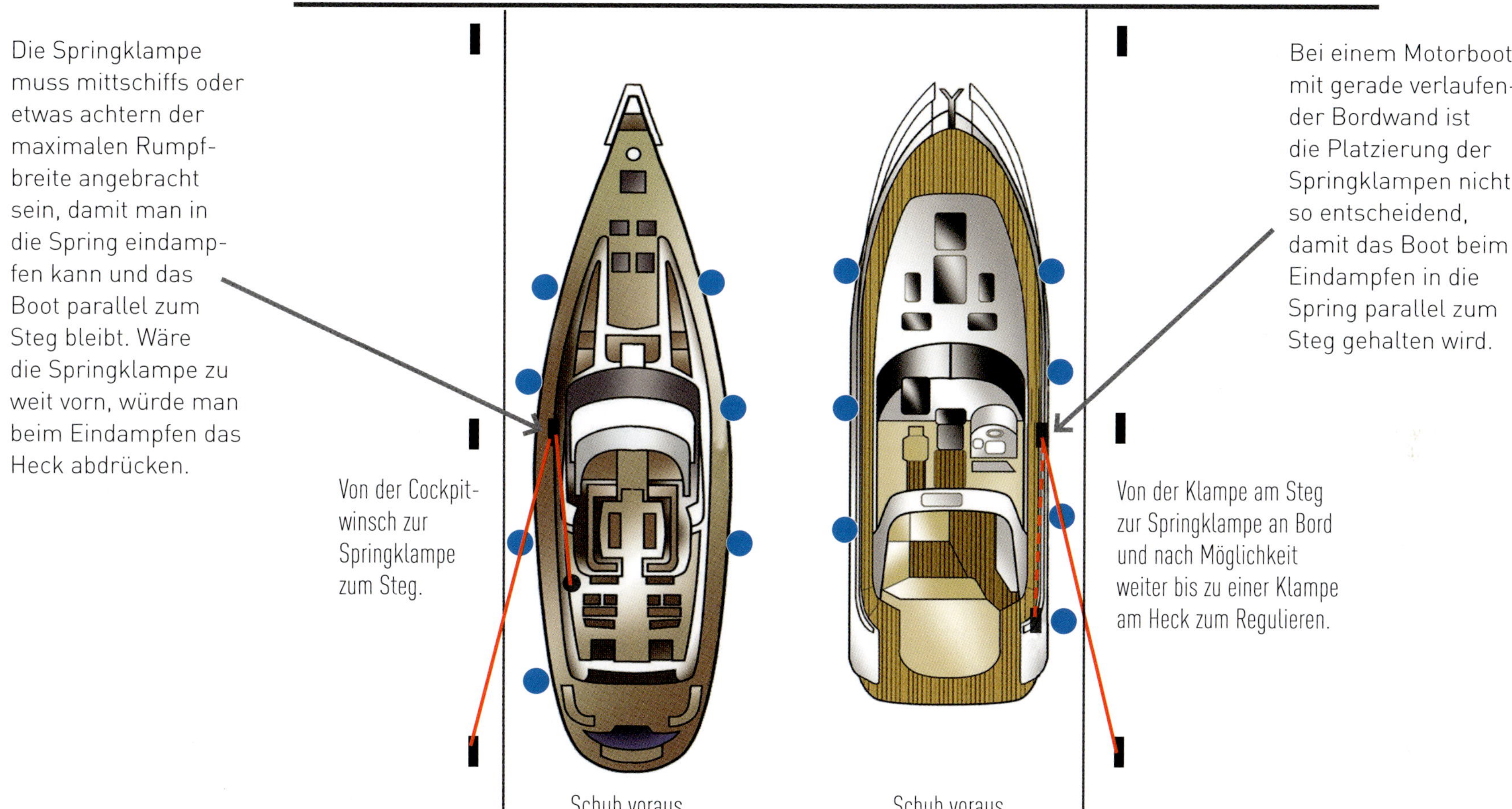

EINDAMPFEN IN DIE SPRING MITTSCHIFFS

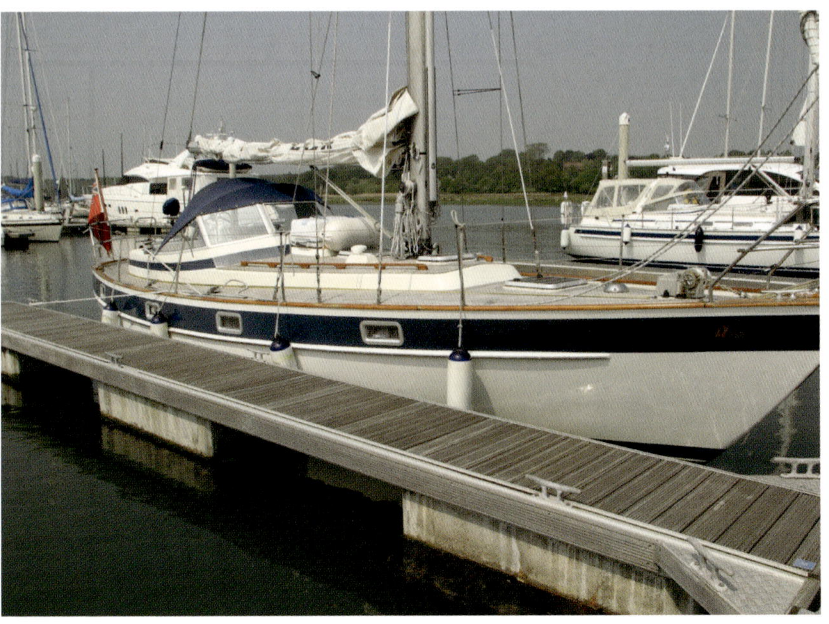

Mit Schub voraus in die Mittschiffspring eindampfen, um das Boot längsseits zu halten.

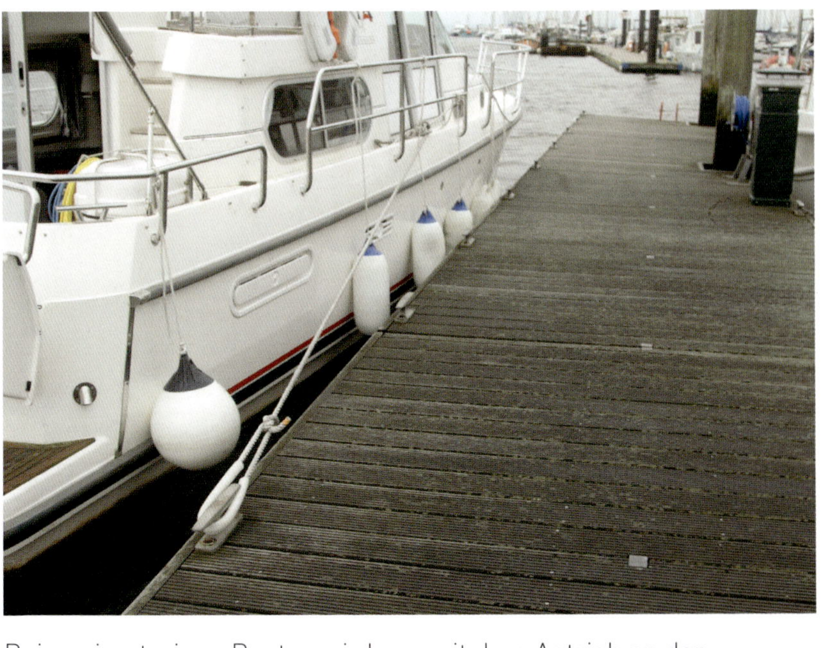

Bei zweimotorigen Booten wird nur mit dem Antrieb an der Stegseite Schub voraus gegeben.

HECK ABDRÜCKEN – VORSPRING AUF SLIP

- Führen Sie eine Leine vom Bug zu einer mittleren Klampe am Steg und wieder zurück.
- Bringen Sie genügend Fender am Bug aus. Geben Sie Schub voraus, um das Heck abzudrücken, oder verwenden Sie das Heckstrahlruder.
- Slippen Sie die Leine, und fahren Sie rückwärts gegen den Strom aus dem Liegeplatz.

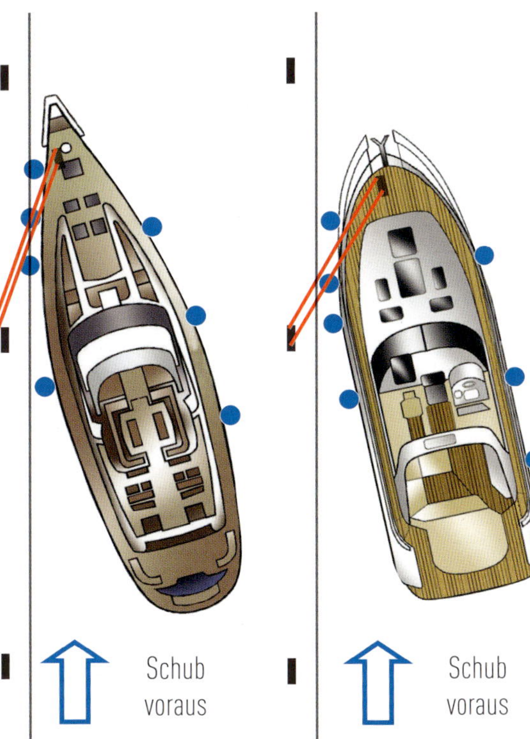

BUG ABDRÜCKEN – ACHTERSPRING AUF SLIP

- Führen Sie eine Leine vom Heck zu einer mittleren Klampe am Steg und wieder zurück.
- Bringen Sie genügend Fender am Heck aus. Geben Sie Schub zurück, um den Bug abzudrücken, oder verwenden Sie das Bugstrahlruder.
- Slippen Sie die Leine, und fahren Sie vorwärts gegen den Strom aus dem Liegeplatz.

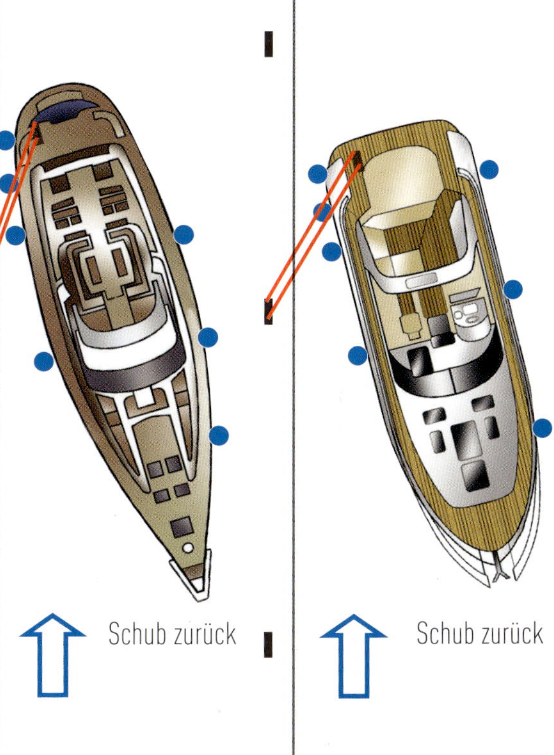

BUG ABDRÜCKEN – ACHTERSPRING AUF SLIP

Dampfen Sie rückwärts in die auf Slip gesetzte Achterspring ein, um den Bug in den Gezeitenstrom abzudrücken. Die Achterspring führt von einer Klampe am Heck zu einer mittleren Klampe am Steg und wieder zurück.

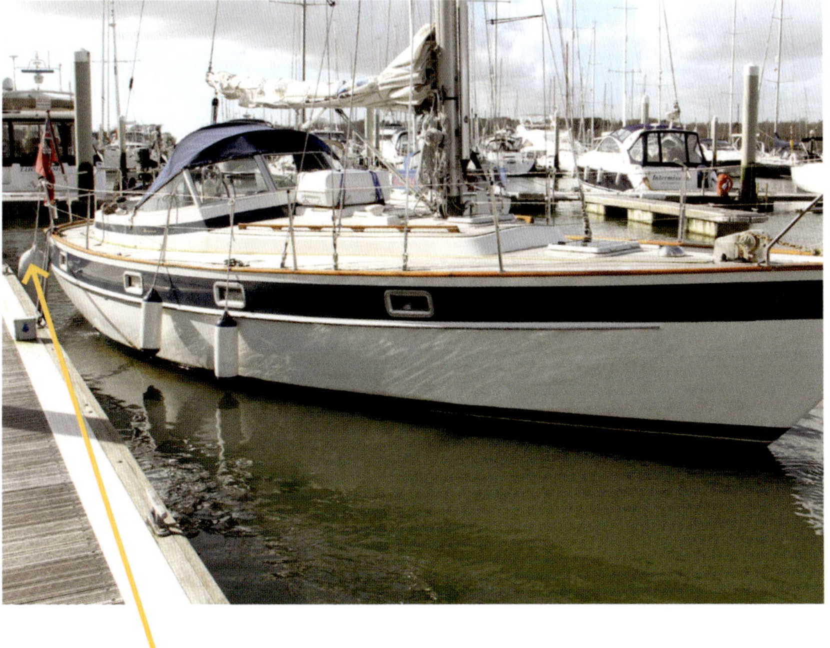

Großer Fender, um das Heck zu schützen.

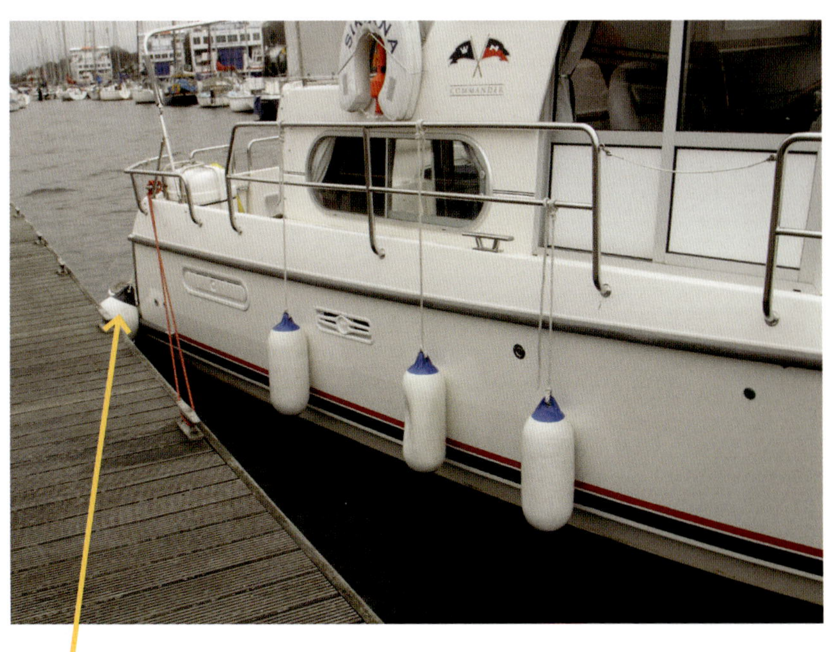

Kugelfender sind gut geeignet, um den Rumpf beim Eindampfen zu schützen.

RÜCKWÄRTS IN EINE HAHNEPOT AUF SLIP EINDAMPFEN

- Die Hahnepot oder umgelenkte Leine führt von einem stabilen Punkt im Cockpit (Winsch) innerhalb der Wanten nach vorn zu einer Klampe am Bug.
- Von dort führt die Leine zum Steg und um eine Klampe herum.
- Die Leine wird mittschiffs zurück an Bord geführt und im Cockpit auf der Winsch belegt.
- Geben Sie dann Schub zurück.
- Nehmen Sie die Festmacher und das Landstromkabel ab.
- Zum Ablegen lösen Sie die Hahnepot von der Winsch und holen sie an der Innenseite ein. Das Boot fährt rückwärts aus der Box.

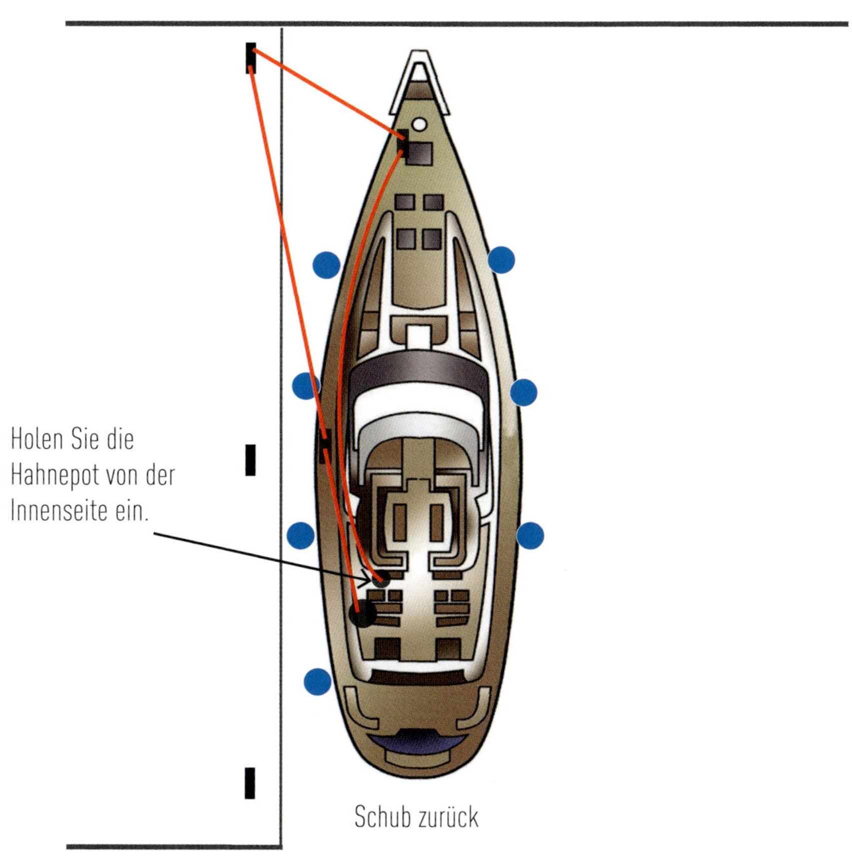

HAHNEPOT AM BUG

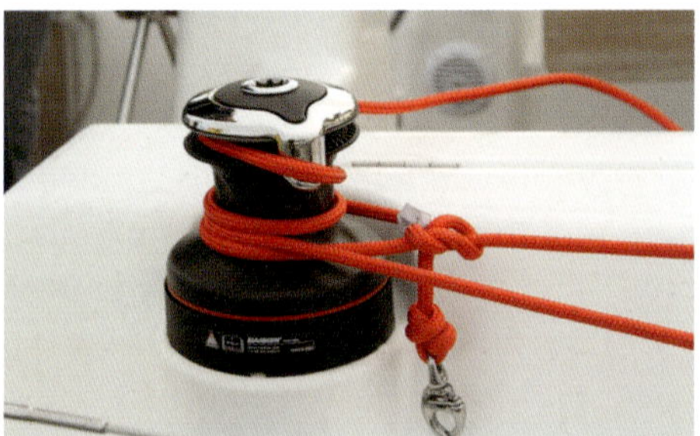

Führen Sie die Hahnepot von einem stabilen Punkt im Cockpit innerhalb der Wanten nach vorn zum Bug und weiter um eine Klampe am Steg herum. Führen Sie die Leine mittschiffs zurück an Bord, und belegen Sie sie im Cockpit auf der Winsch.

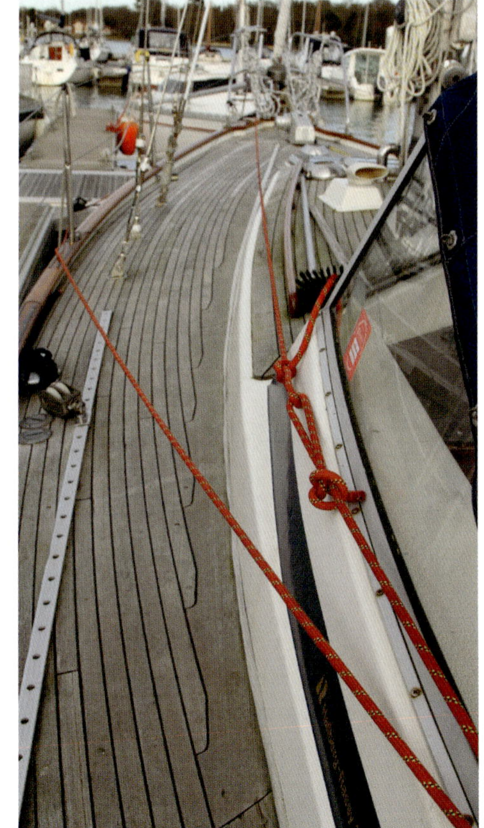

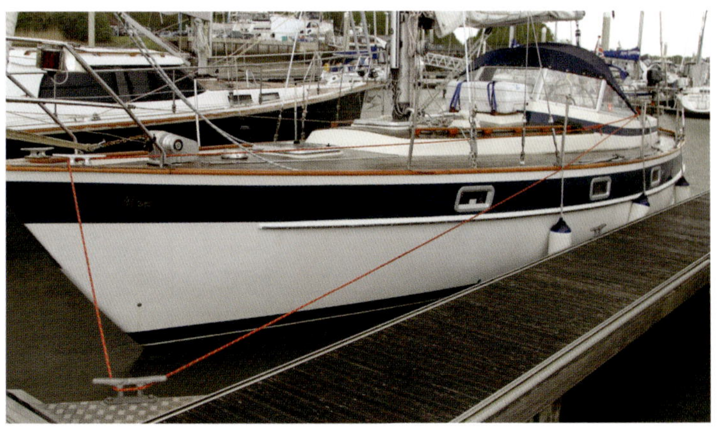

Nehmen Sie bei Schub zurück die Festmacher ab.

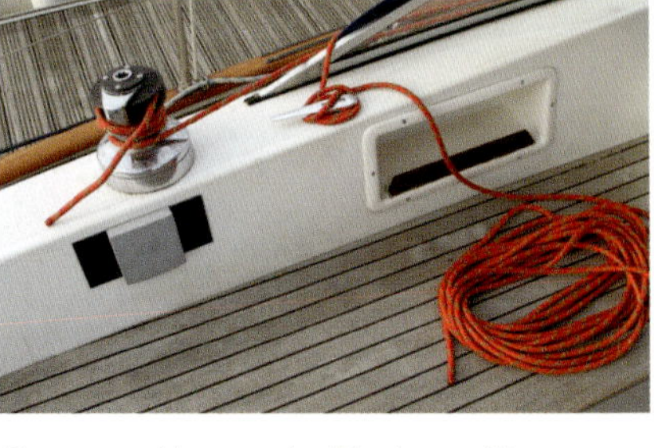

Das zu slippende Ende sollte so kurz wie möglich sein.

Zum Ablegen nehmen Sie die Leine von der Winsch, und holen Sie sie vom anderen Ende her ein.

RÜCKWÄRTS IN EINE HAHNEPOT AUF SLIP EINDAMPFEN

- Die Hahnepot oder umgelenkte Leine führt von einem stabilen Punkt (Klampe mittschiffs oder am Heck) über das Deck zu einer Klampe am Bug.
- Von dort zum Steg und um eine Klampe herum.
- Mittschiffs zurück an Bord und zu einer Klampe mittschiffs oder am Heck.
- Geben Sie dann Schub zurück, bei zweimotorigen Booten nur mit dem Antrieb an der Stegseite.
- Nehmen Sie die Festmacher und das Landstromkabel ab.
- Zum Ablegen lösen Sie die Hahnepot von der Klampe, und holen Sie sie an der Innenseite ein. Das Boot fährt rückwärts aus der Box.

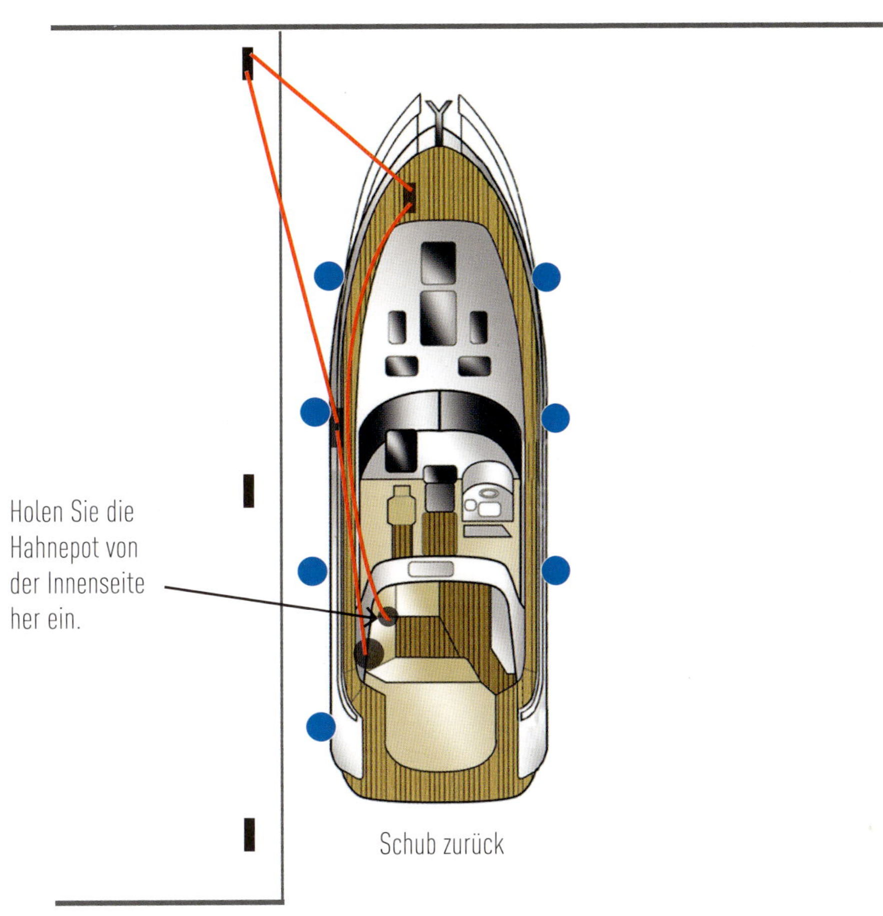

HAHNEPOT AM BUG

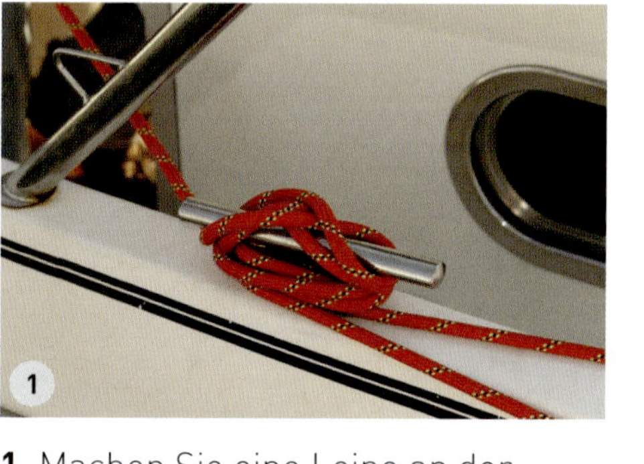

1. Machen Sie eine Leine an der Klampe auf dem Seitendeck fest.

2. Führen Sie die Leine auf dem Deck nach vorn zum Bug, weiter über die Klampe am Steg herum und zurück zur Klampe auf dem Seitendeck.

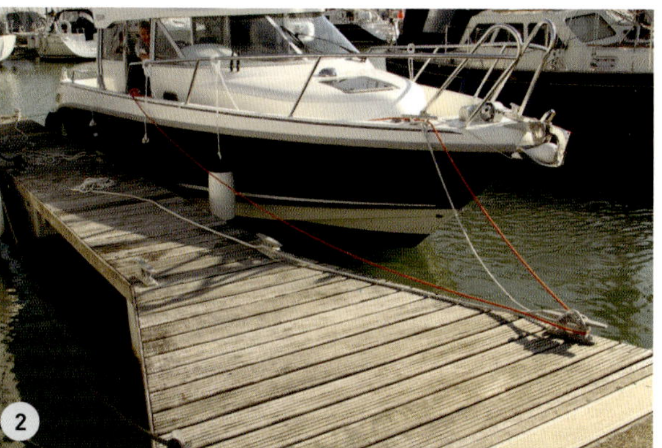

Belegen Sie die Leine dort mit der OXO-Methode.

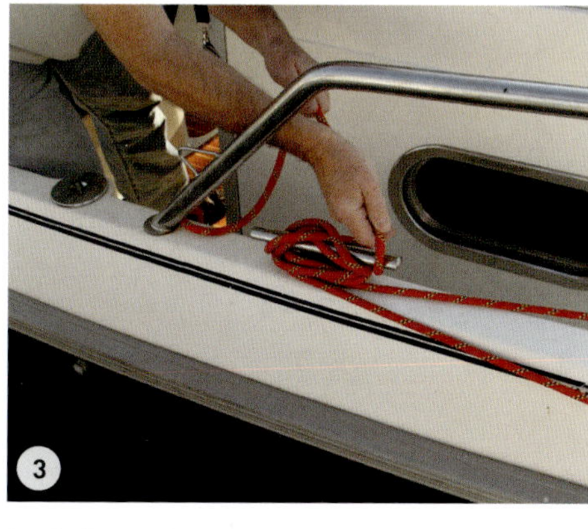

3. Achten Sie darauf, dass die Leine keinen langen Überstand hat.

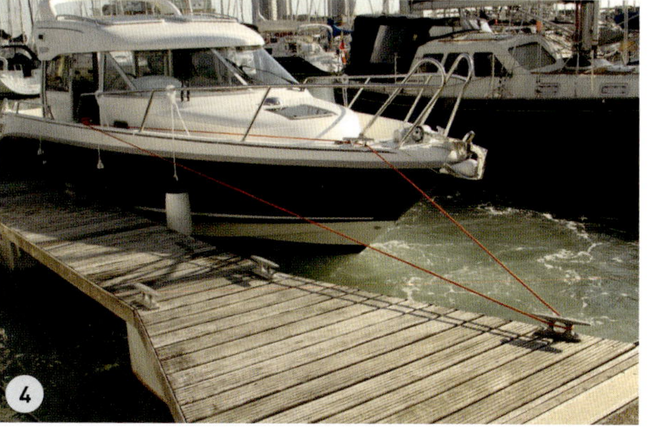

4. Geben Sie Schub zurück, und nehmen Sie die Festmacher ab.

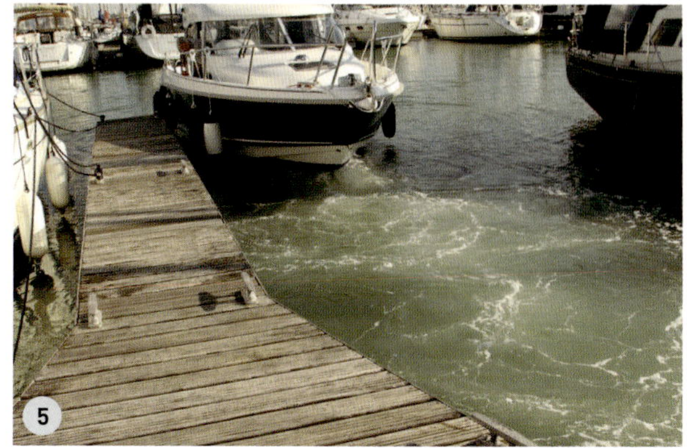

5. Zum Ablegen lösen Sie die Leine von der Klampe, und holen Sie sie an der Innenseite ein.

VORSPRING ABZIEHEN

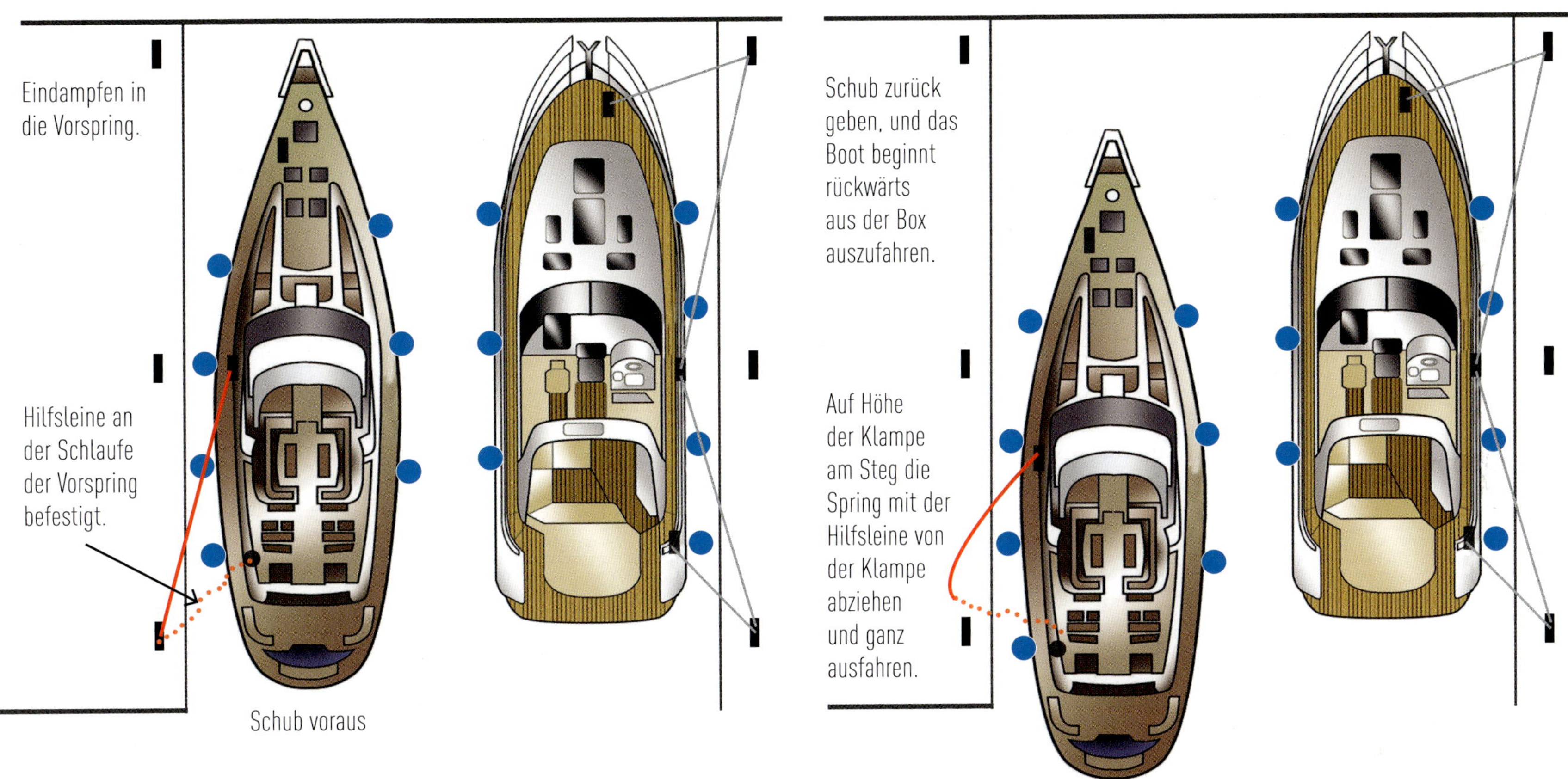

VORSPRING ABZIEHEN

1. Wenn man mit vier Leinen festgemacht hat, kann man eine einfache Ablegetechnik vorbereiten.

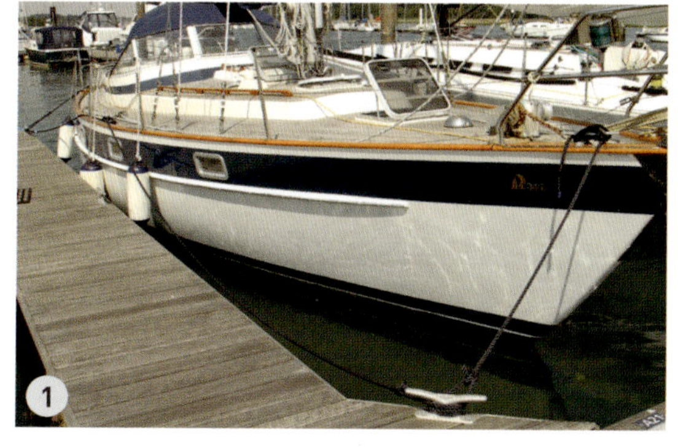

2. Die Heckleine und die Vorspring sind mit Palstekschlaufen über die Stegklampe gelegt. Befestigen Sie eine Hilfsleine an der Palstekschlaufe der Vorspring, die unter der Schlaufe der Heckleine liegt.

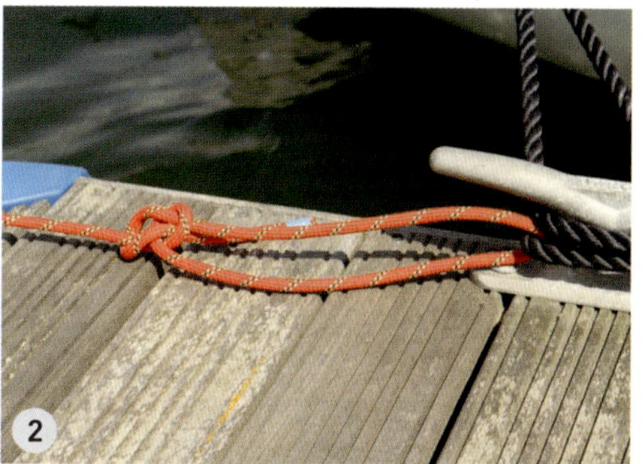

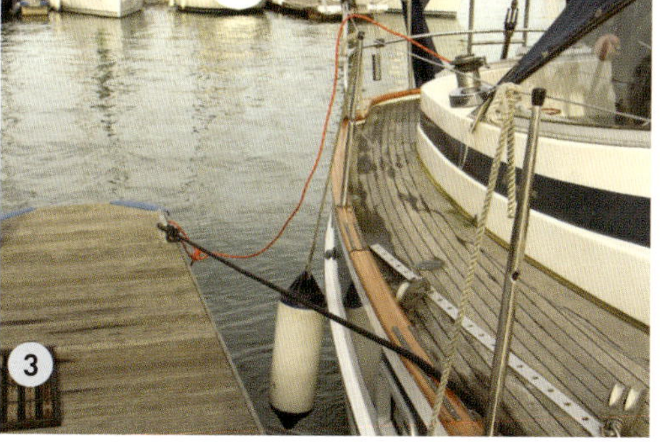

3. Dampfen Sie in die Vorspring ein, und nehmen Sie alle anderen Festmacher ab. Das Boot wird durch das Eindampfen längsseits am Steg gehalten.

4. Geben Sie dann Schub zurück, und ziehen Sie die Vorspring mit der Hilfsleine von der Klampe ab.

5. Fahren Sie aus der Box aus.

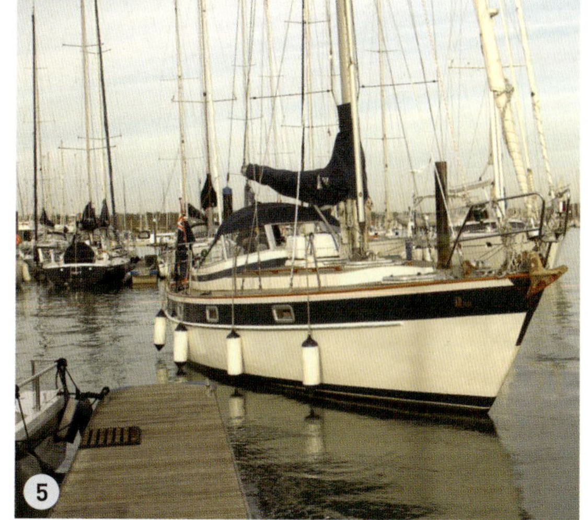

VORSPRING ABZIEHEN

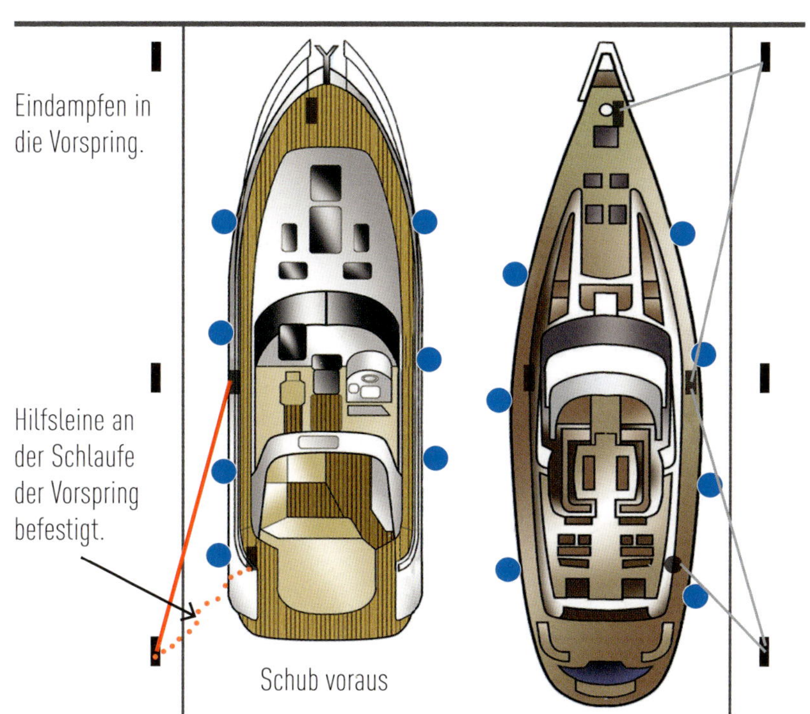

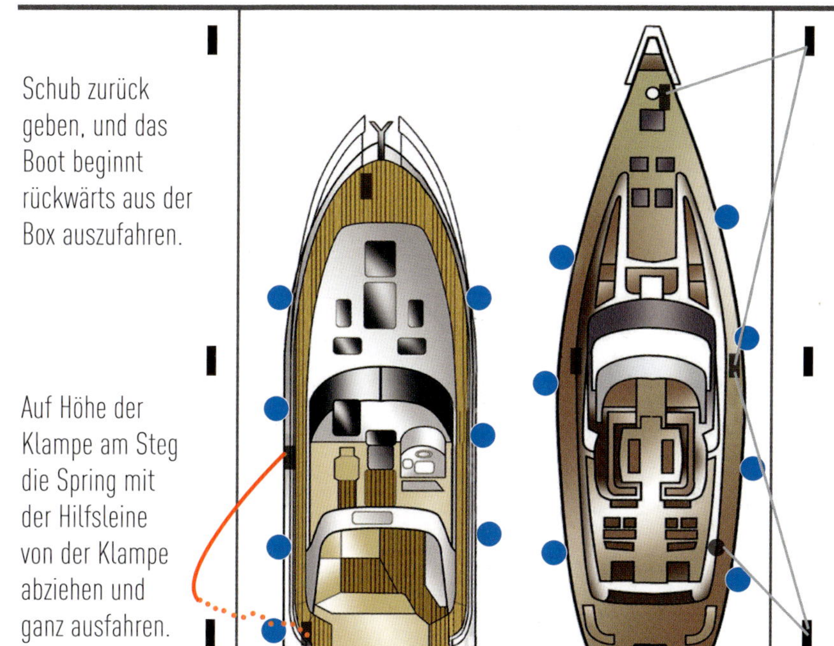

VORSPRING ABZIEHEN

1. Dampfen Sie in die Vorspring ein. Bei zweimotorigen Booten wird dazu nur der Antrieb an der Stegseite mit Schub voraus eingekuppelt.

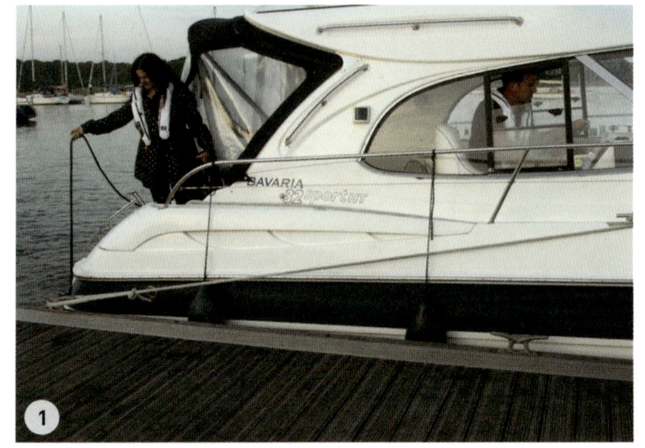

2. Machen Sie eine Hilfsleine an der Schlaufe der Vorspring fest.

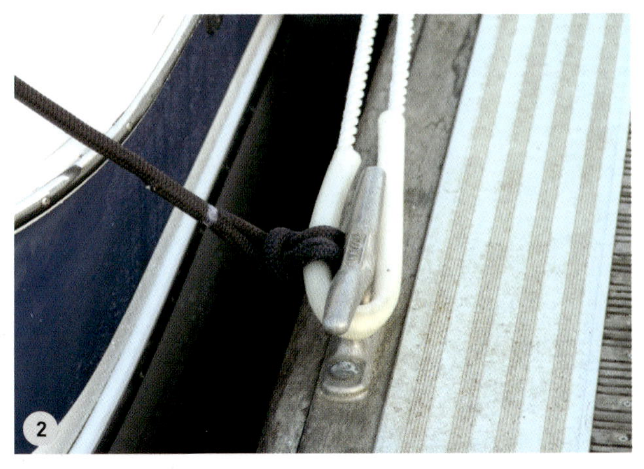

3. Kuppeln Sie den Motor aus.

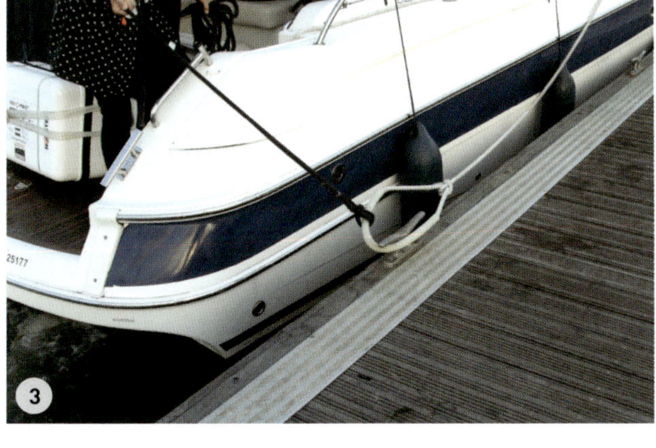

4. Ziehen Sie die Vorspring mit der Hilfsleine von der Klampe ab.

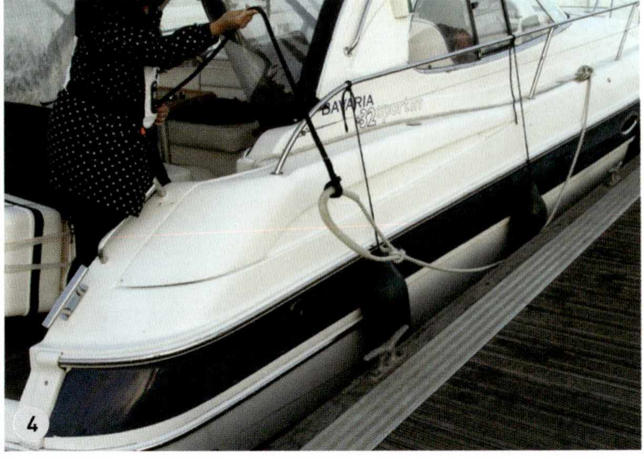

VORSPRING MIT STRASSENRÄUBERSTEK

In eine Vorspring eindampfen, die mit einem Straßenräuberstek an der Klampe am Steg festgemacht ist.

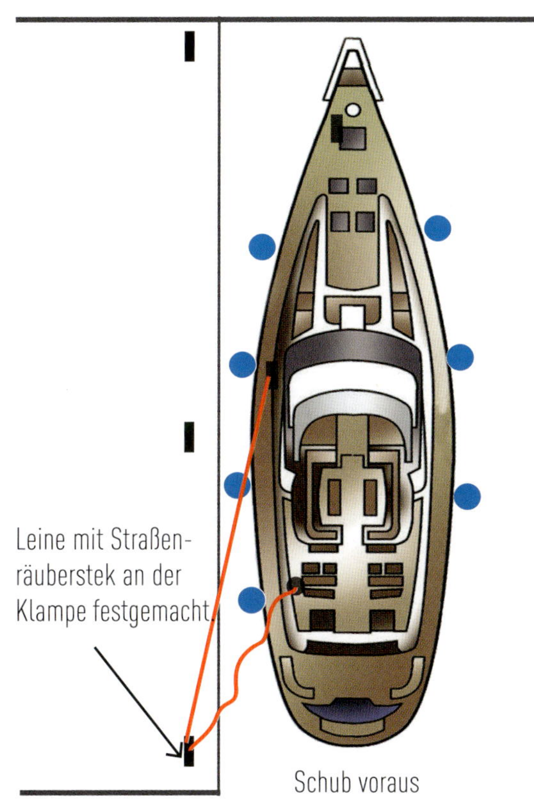

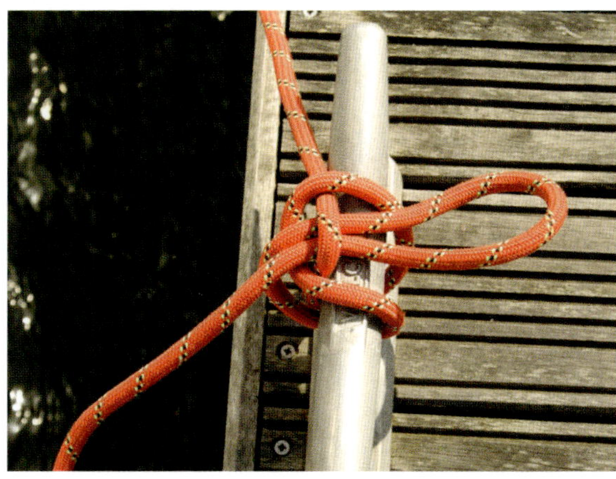

Der Straßenräuberstek ist mit der Zugrichtung so gemacht, dass er von Bord aus gelöst werden kann.

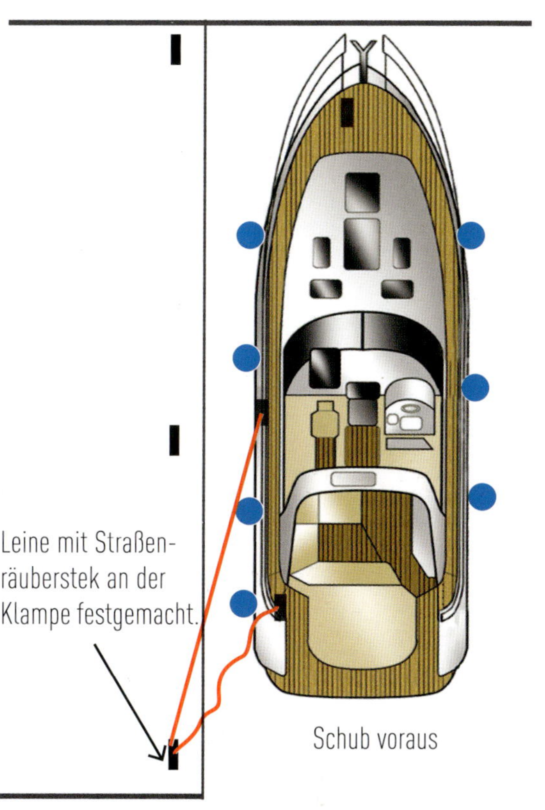

VORSPRING MIT STRASSENRÄUBERSTEK

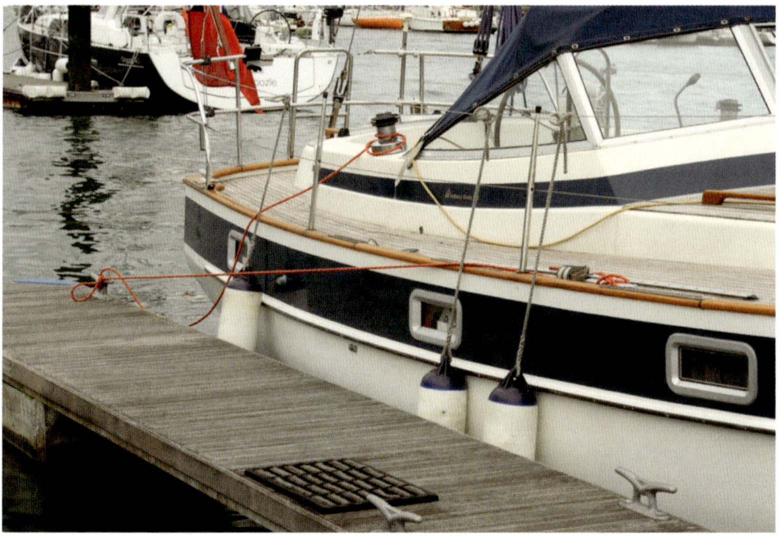

- Vorspring mit Straßenräuberstek an Stegklampe fest – von Bord aus lösbar.
- Anderes Ende der Vorspring an Klampe mittschiffs belegt.
- Loses Ende führt zurück an Bord.
- Motor mit Schub voraus eingekuppelt.
- Das Boot wird längsseits am Steg gehalten.
- Festmacher können abgenommen werden.

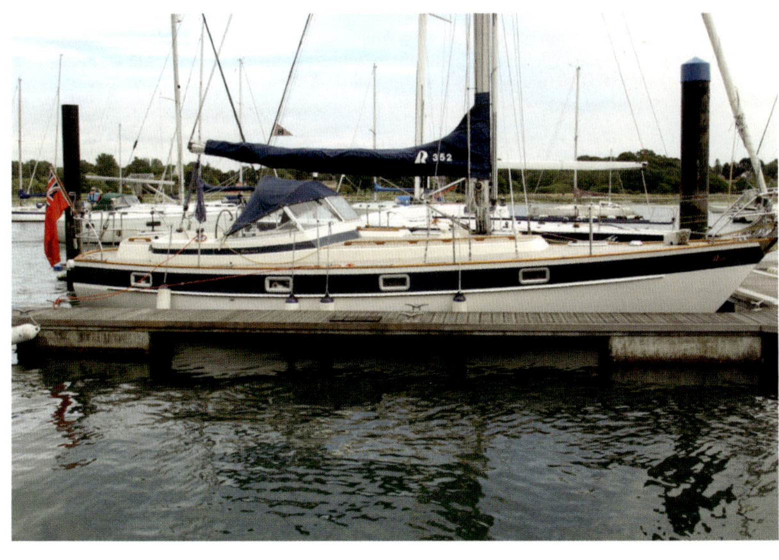

Zum Ablegen:

- Motor auskuppeln.
- Kräftiger Ruck am losen Ende, um den Straßenräuberstek zu lösen.
- Schub zurück und vom Liegeplatz ausfahren.

VORSPRING MIT STRASSENRÄUBERSTEK

- Vorspring mit Straßenräuberstek an Stegklampe fest – von Bord aus lösbar.
- Anderes Ende der Vorspring an Klampe mittschiffs belegt.
- Loses Ende führt zurück an Bord.
- Motor mit Schub voraus eingekuppelt.
- Das Boot wird längsseits am Steg gehalten.
- Festmacher können abgenommen werden.

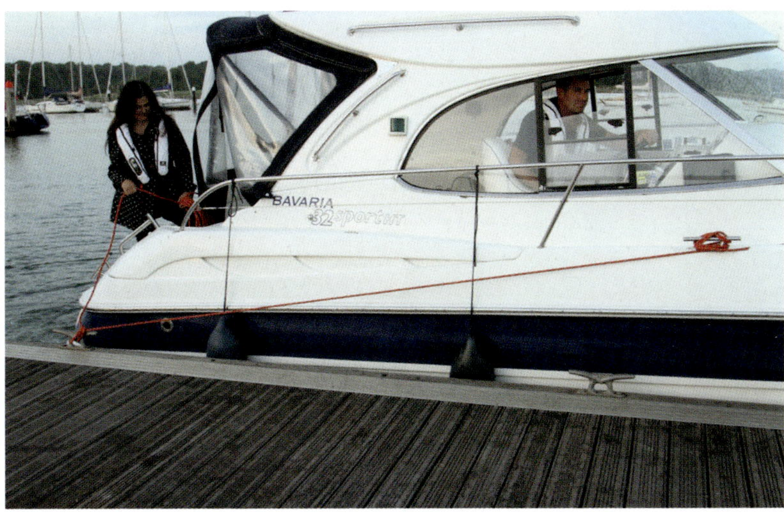

Zum Ablegen:

- Motor auskuppeln.
- Kräftiger Ruck am losen Ende, um den Straßenräuberstek zu lösen.
- Schub zurück und vom Liegeplatz ausfahren.

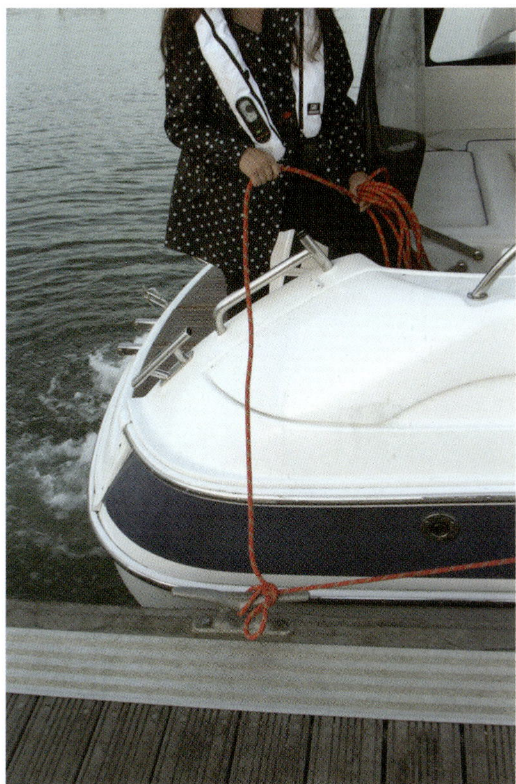

VORAUS ABLEGEN – HECKLEINE AUF SLIP

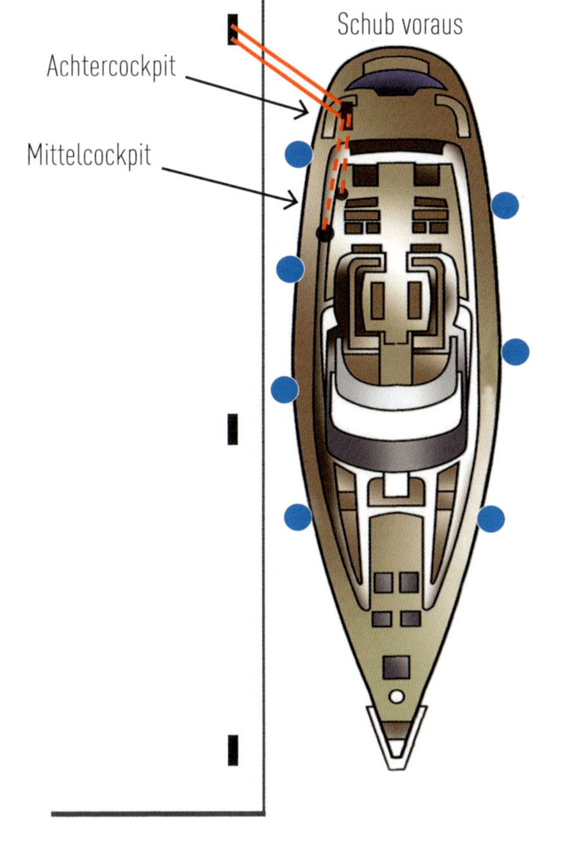

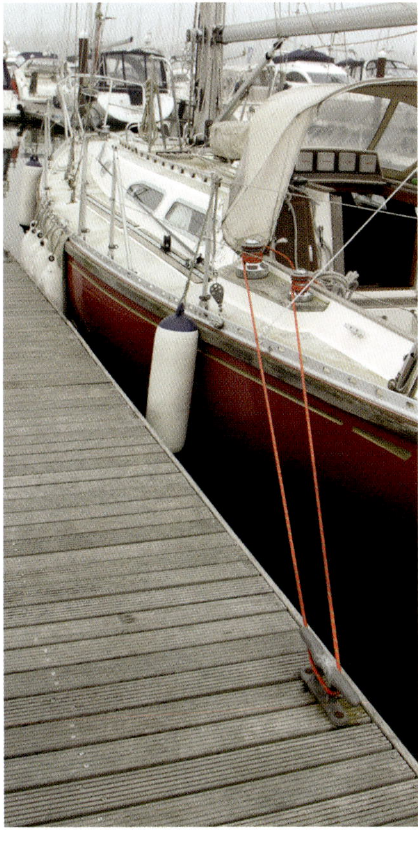

Verkürzen Sie die Leine, damit die zu slippende Länge möglichst kurz ist. Zum Verkürzen von Leinen siehe Seite 110.

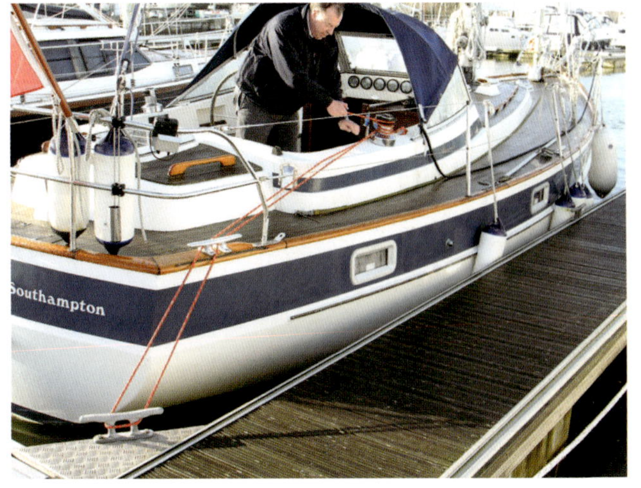

VORAUS ABLEGEN – HECKLEINE AUF SLIP

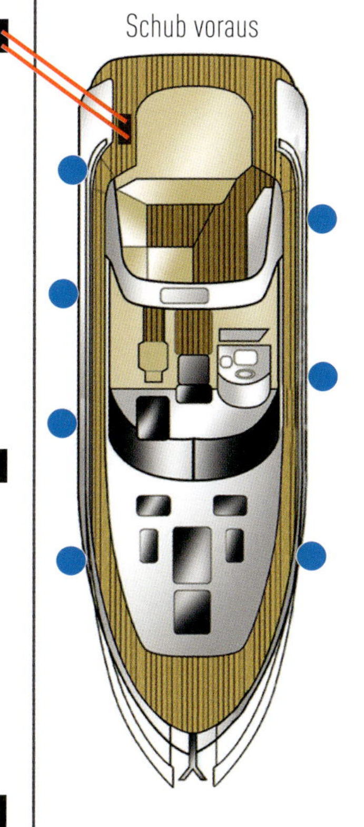

Auf zweimotorigen Booten wird nur der Antrieb an der Stegseite verwendet, um Schub voraus zu geben. Würde man mit dem anderen Antrieb Schub voraus geben, könnte sich das Boot zu sehr zum Steg drehen.

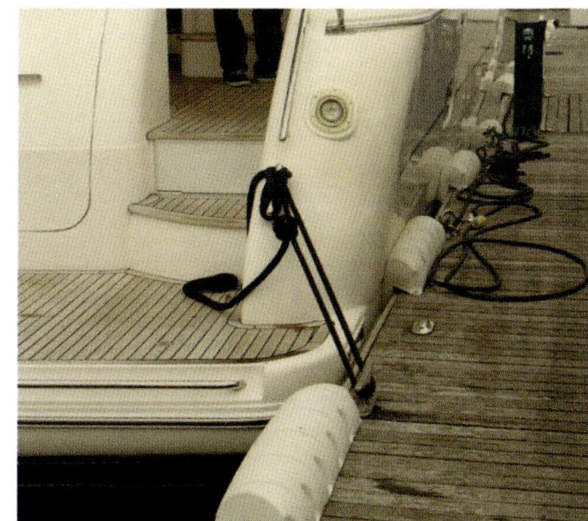

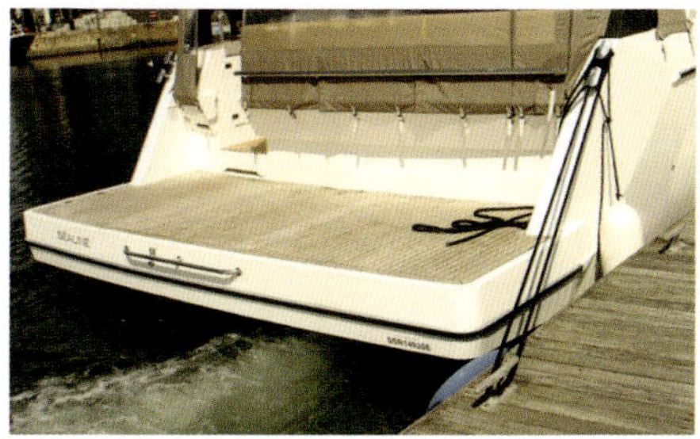

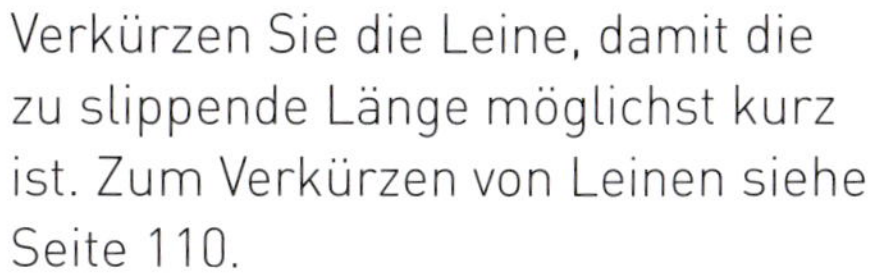

Verkürzen Sie die Leine, damit die zu slippende Länge möglichst kurz ist. Zum Verkürzen von Leinen siehe Seite 110.

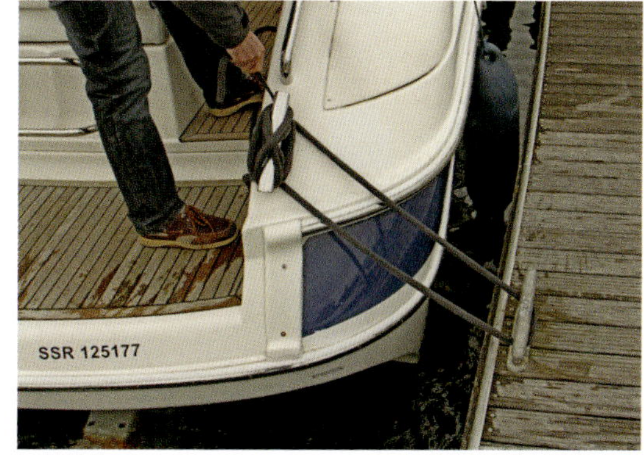

Bei zwei Z-Antrieben kann man mit einem Schub voraus und mit dem anderen Schub zurück geben, sodass weniger Spannung an der Heckleine entsteht.

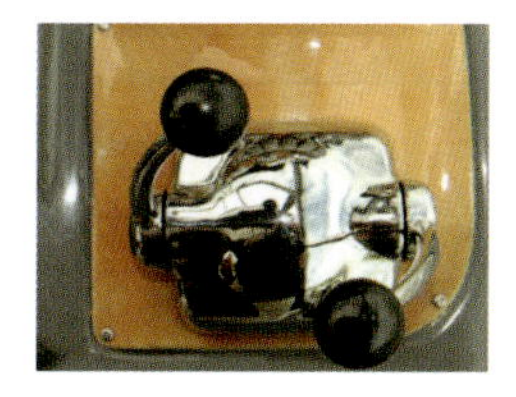

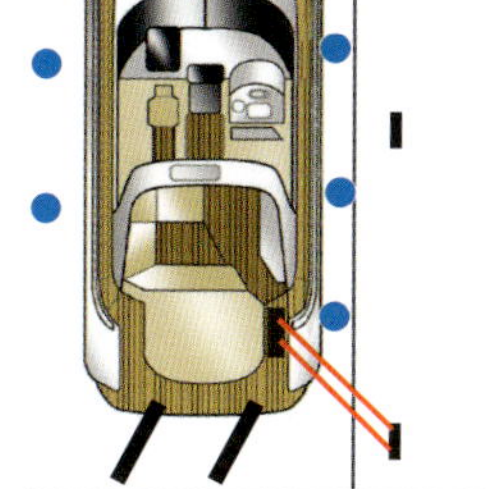

FESTMACHER MITTSCHIFFS AUF SLIP – VORAUS ODER RÜCKWÄRTS ABLEGEN

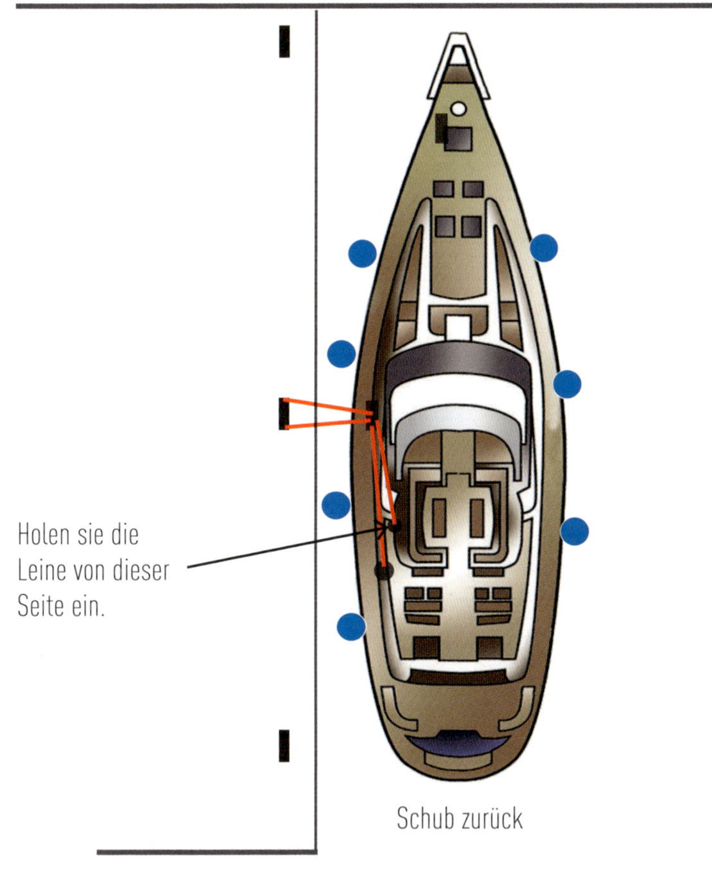

Achten Sie darauf, dass die Parten der Leine mit Abstand zueinander geführt sind. So können sie nicht aneinander reiben, und die Leine lässt sich leichter einholen.

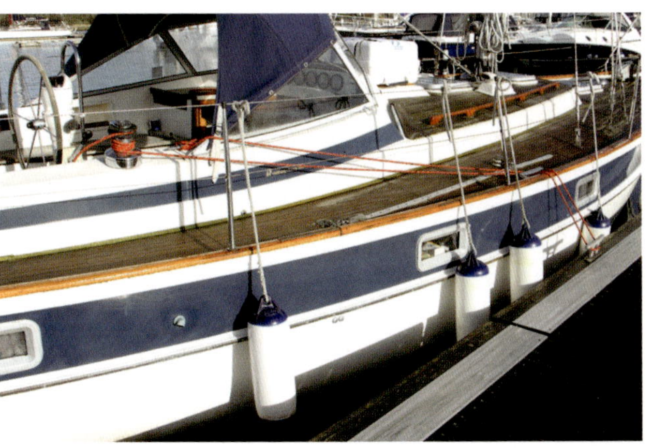

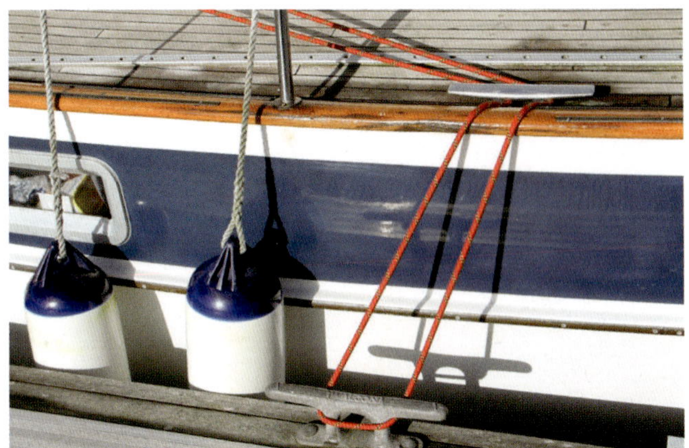

FESTMACHER MITTSCHIFFS AUF SLIP – VORAUS ODER RÜCKWÄRTS ABLEGEN

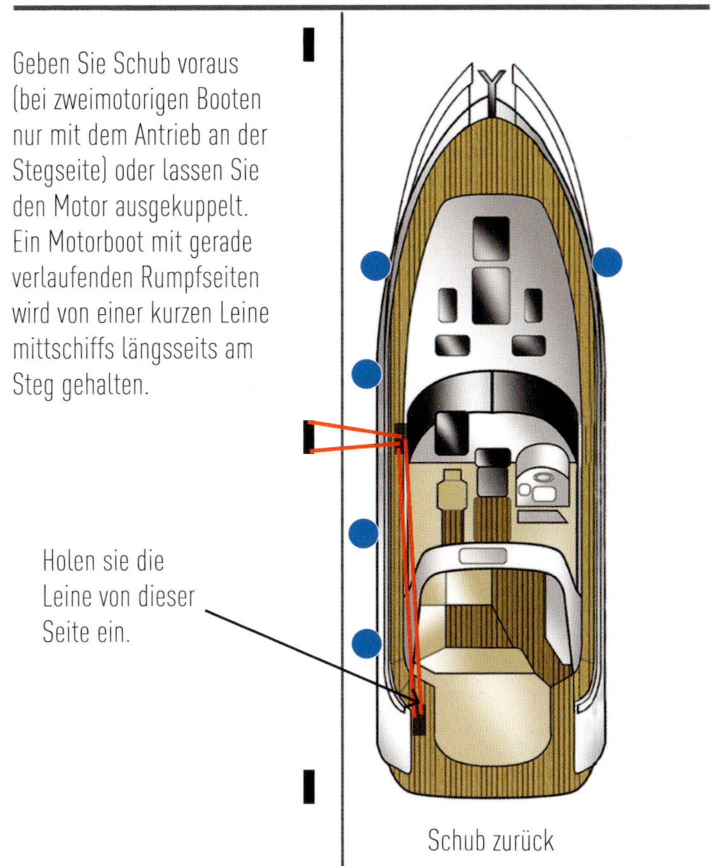

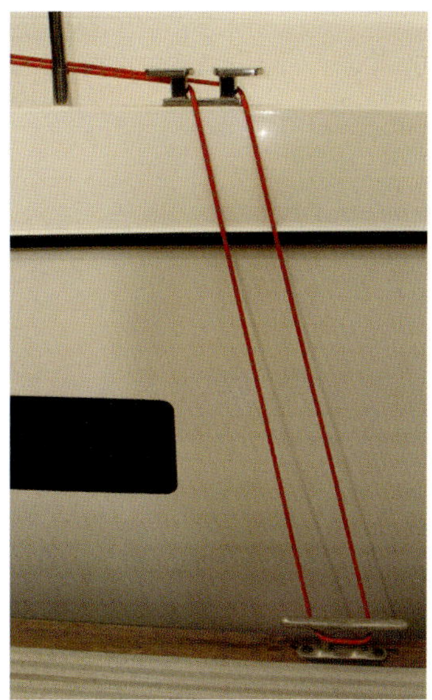

Boote mit gerade verlaufenden Rumpfseiten können mit einer kurzen Leine mittschiffs gut längsseits gehalten werden. Diese Leine wurde nicht ins Cockpit umgeleitet.

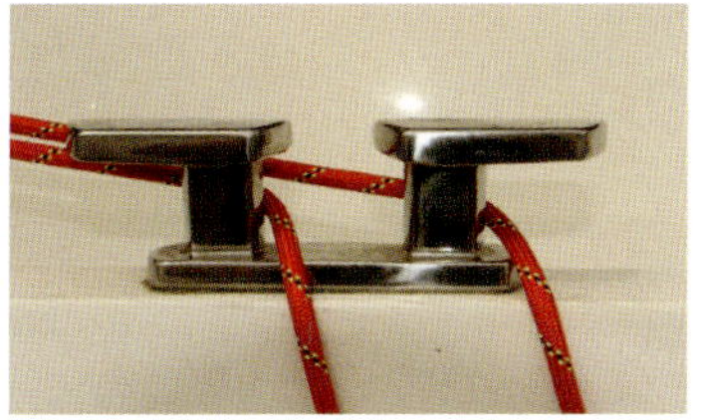

Die Parten der auf Slip gelegten Leine berühren sich nicht, sodass weniger Reibung beim Slippen entsteht.

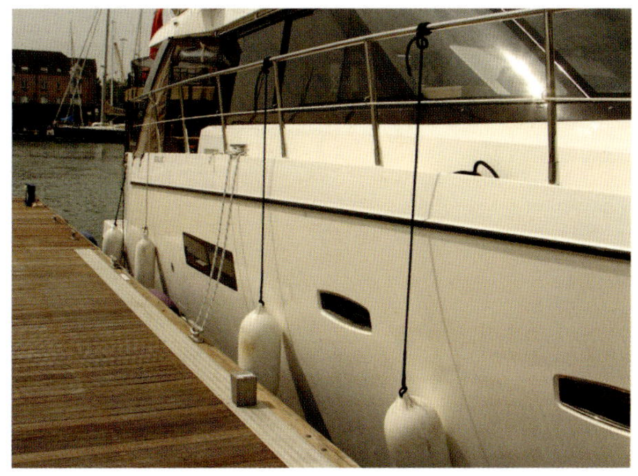

VORAUS IN EINE HAHNEPOT AUF SLIP EINDAMPFEN

Um abzulegen, kuppeln Sie den Motor aus, lösen die Leine von der Winsch, und holen sie vom innenliegenden Ende her ein. Geben Sie dann Schub voraus, und fahren Sie aus der Box aus. Man kann die Leine auch einholen, während der Motor mit Schub voraus eingekuppelt ist. Das ist besonders dann vorteilhaft, wenn Seitenwind das Boot vom Steg wegwehen würde, sobald man den Motor auskuppelt.

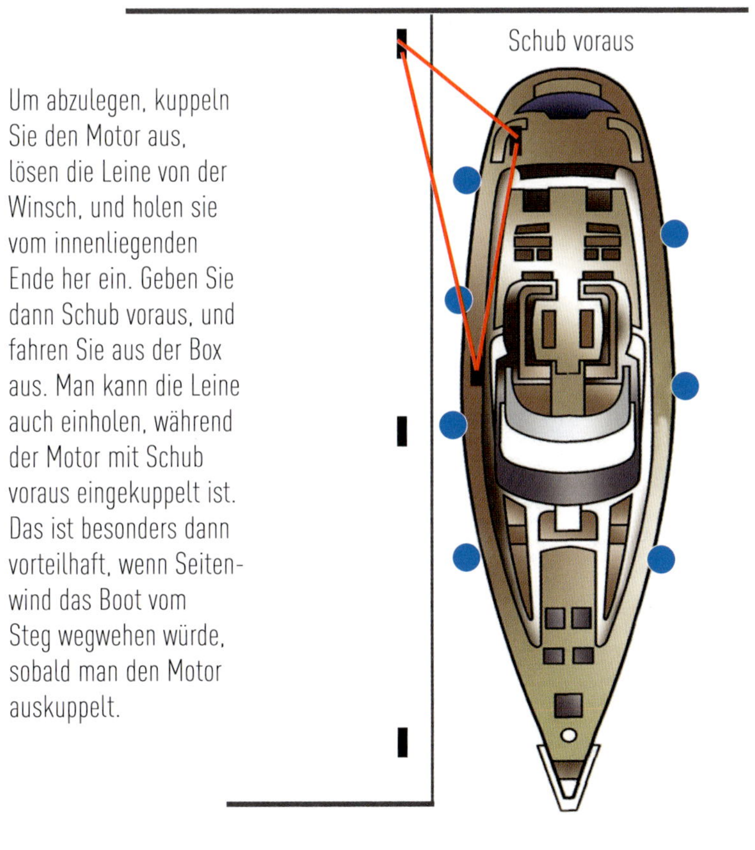

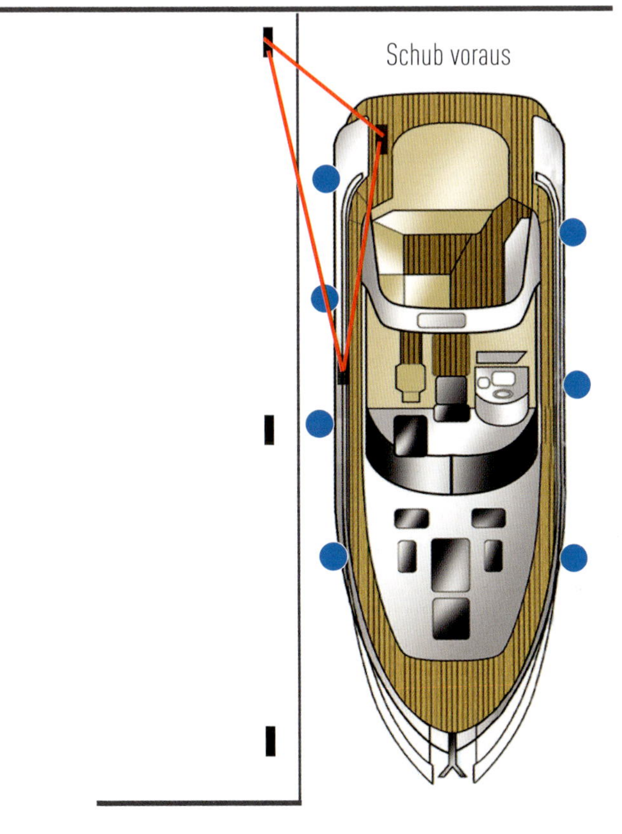

HAHNEPOT ACHTERN

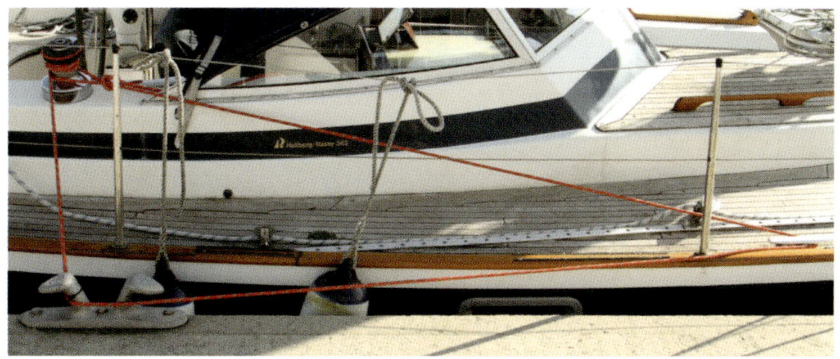

Vorbereitung: Die Hahnepot führt von der Winsch zur Mittschiffsklampe, weiter zur Stegklampe und zurück zur Winsch. Das Boot dampft in die Hahnepot ein.

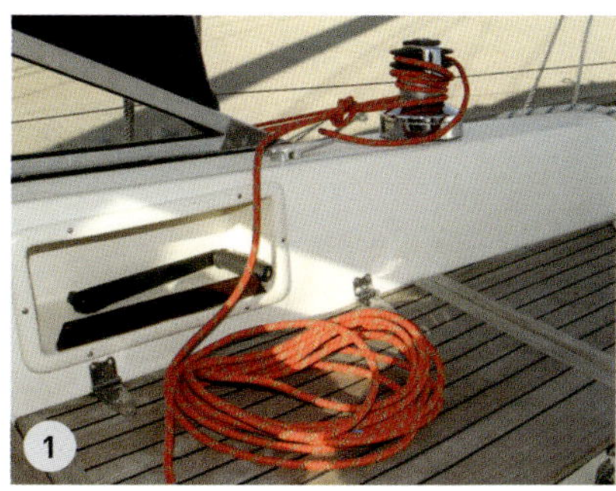

1. Das Ende ist zu lang, die Leine muss verkürzt werden.

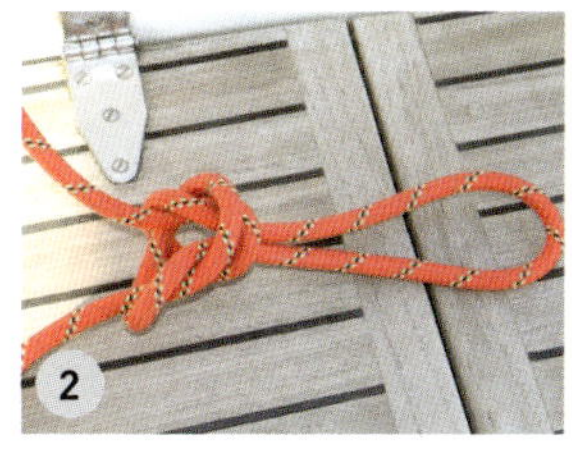

2. Messen Sie die benötigte Länge ab, und machen Sie dort einen Schlaufenknoten, hier ein Schmetterlingsknoten (siehe Seite 110).

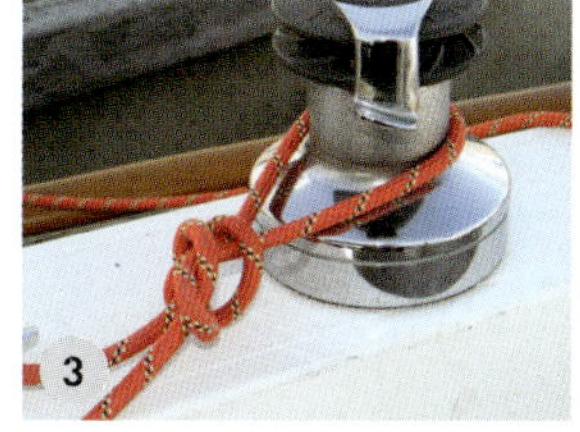

3. Legen Sie die Schlaufe über die Winsch.

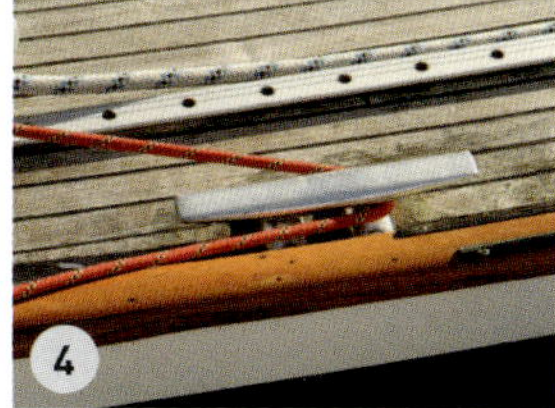

4. Führen Sie die Leine über die Mittschiffsklampe zur Stegklampe und …

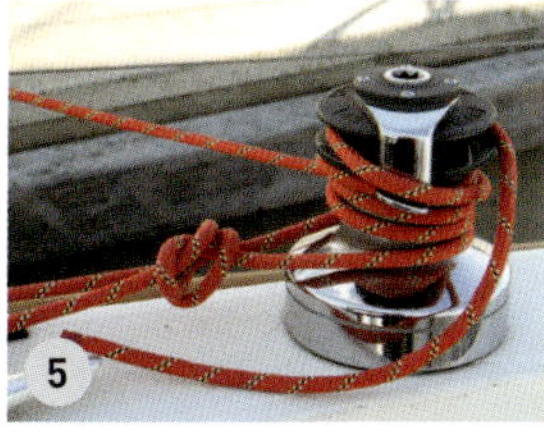

5. … von dort wieder zurück zur Winsch. Geben Sie Schub voraus.

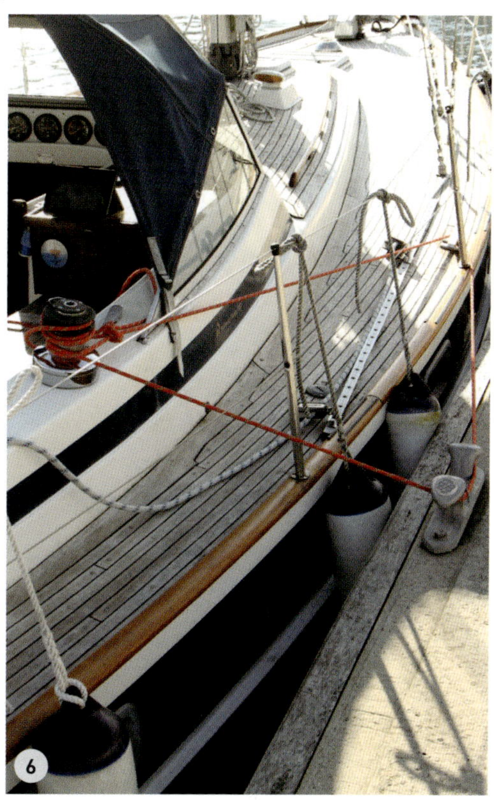

6. Um abzulegen, nehmen Sie die Leine von der Winsch, und holen Sie das Ende vom Schlaufenknoten her ein.

HAHNEPOT ACHTERN

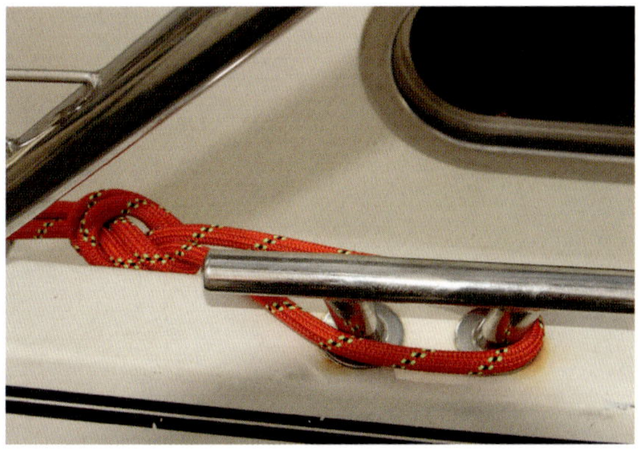

Machen Sie einen Schlaufenknoten in die Leine, und legen Sie die Schlaufe über die Mittschiffsklampe.

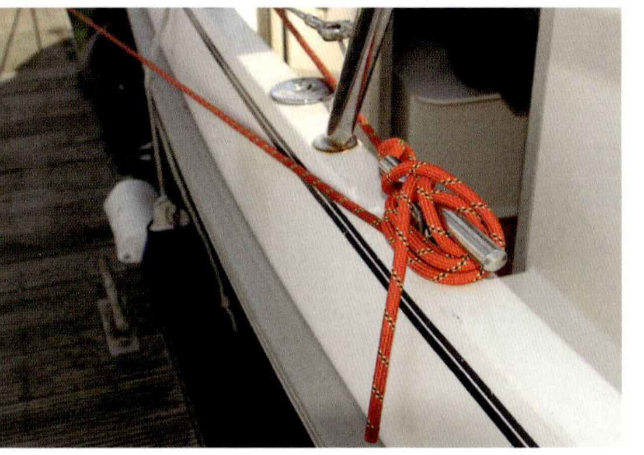

Führen Sie die Leine zum Heck und von dort über eine Mittschiffsklampe weiter zum Steg. Von der Stegklampe geht es zurück zur Mittschiffsklampe, wo die Leine belegt wird. Das überstehende Ende sollte so kurz wie möglich sein.

Geben Sie Schub voraus, und nehmen Sie die Festmacher ab. Bei zweimotorigen Booten gibt man nur mit dem Antrieb an der Stegseite Schub voraus.

Um abzulegen, kuppeln Sie den Motor aus, nehmen das Ende der Leine von der Klampe und holen die Leine vom anderen Ende her ein. Sobald die Leine ganz eingeholt ist, geben Sie Schub voraus und fahren aus der Box aus.

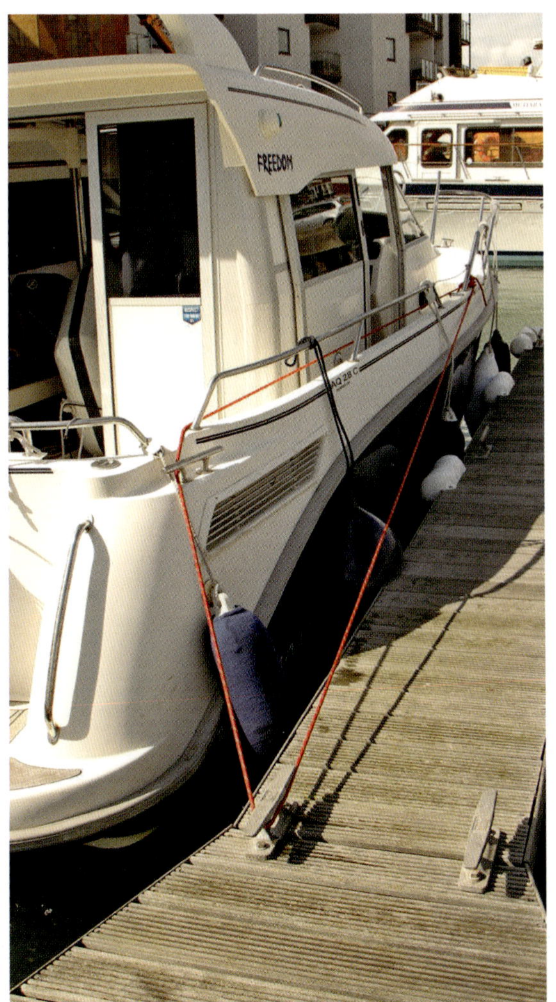

HECK ABDRÜCKEN – MIT STRASSENRÄUBERSTEK

- Machen Sie einen Straßenräuberstek (siehe Seite 27) an der mittleren Klampe am Steg. Führen Sie die stehende Part zu einer Klampe am Bug.
- Spannen Sie die stehende Part, und belegen Sie sie an der Klampe am Bug.
- Führen Sie das lose Ende zum Cockpit.
- Geben Sie Schub voraus.
- Dadurch dreht sich der Bug zum Steg.
- Das Heck wird in den Gezeitenstrom abgedrückt.
- Bevor Sie rückwärts gegen den Strom ausfahren, geben Sie dem losen Ende einen kräftigen Ruck, um den Straßenräuberstek zu lösen.
- Falls das zu schwer geht, verwenden Sie die Winsch.

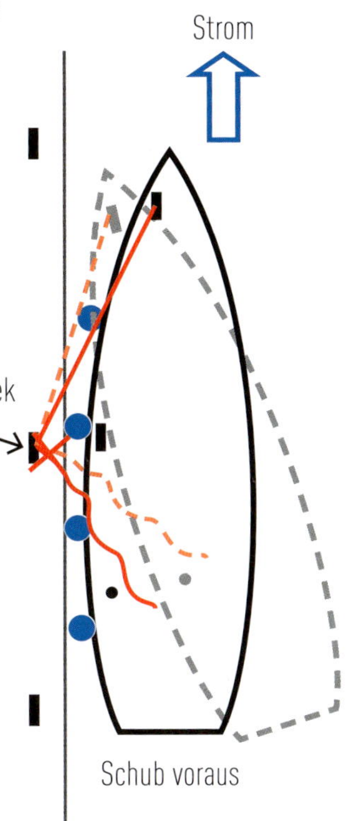

BUG ABDRÜCKEN – MIT STRASSENRÄUBERSTEK

- Machen Sie einen Straßenräuberstek an der mittleren Klampe am Steg. Führen Sie die stehende Part zu einer Klampe am Heck.
- Spannen Sie die stehende Part, und belegen Sie sie an der Klampe am Heck.
- Führen Sie das lose Ende zum Cockpit.
- Geben Sie Schub zurück.
- Dadurch dreht sich das Heck zum Steg.
- Der Bug wird in den Gezeitenstrom abgedrückt.
- Bevor Sie vorwärts gegen den Strom ausfahren, geben Sie dem losen Ende einen kräftigen Ruck, um den Straßenräuberstek zu lösen.
- Falls das zu schwer geht, verwenden Sie die Winsch.

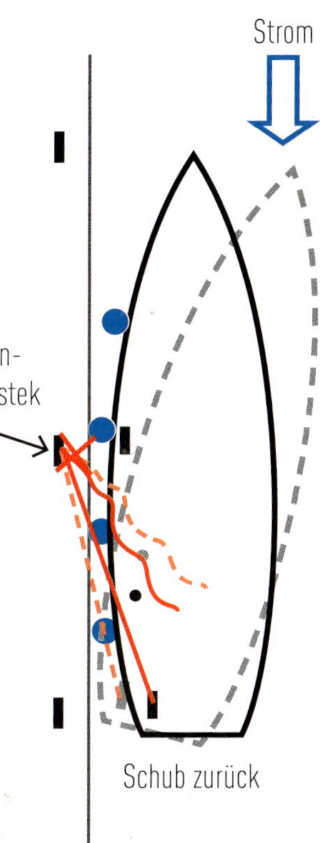

HECK ABDRÜCKEN – MIT STRASSENRÄUBERSTEK

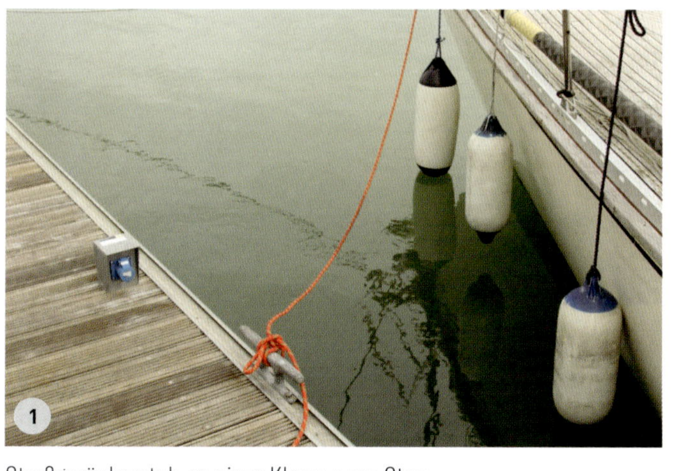

Straßenräuberstek an einer Klampe am Steg.

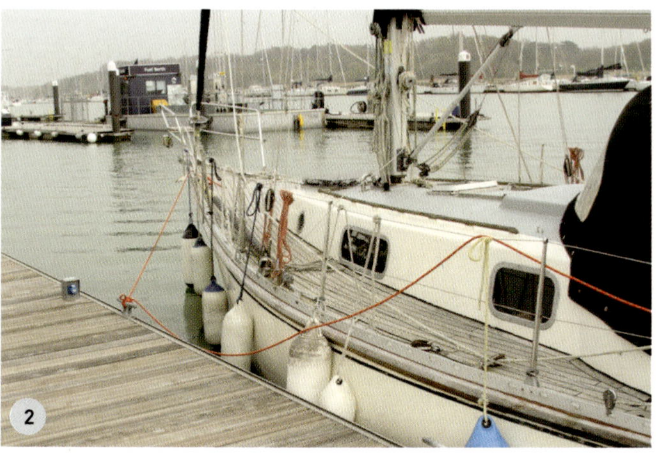

Die stehende Part führt zum Bug, das lose Ende zum Cockpit.

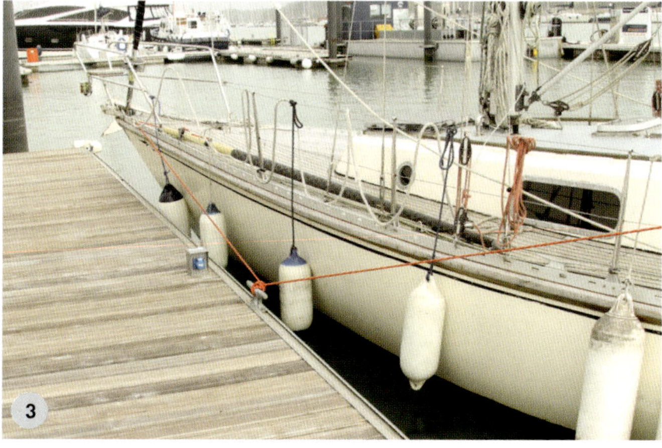

Schub voraus: Der Bug dreht sich zum Steg, das Heck wird abgedrückt.

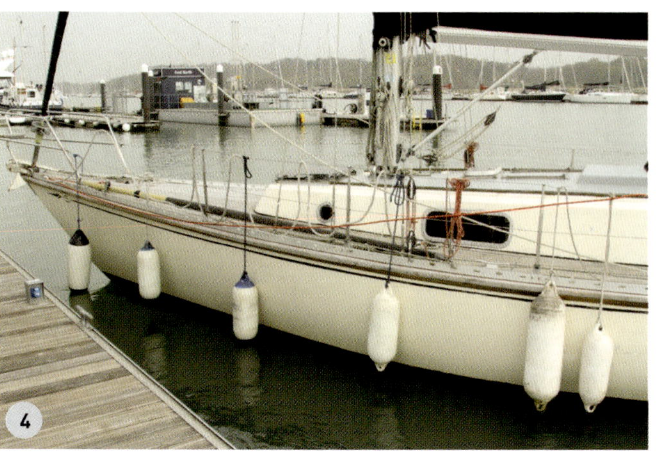

Straßenräuberstek lösen und rückwärts gegen den Strom ausfahren.

BUG ABDRÜCKEN – MIT STRASSENRÄUBERSTEK

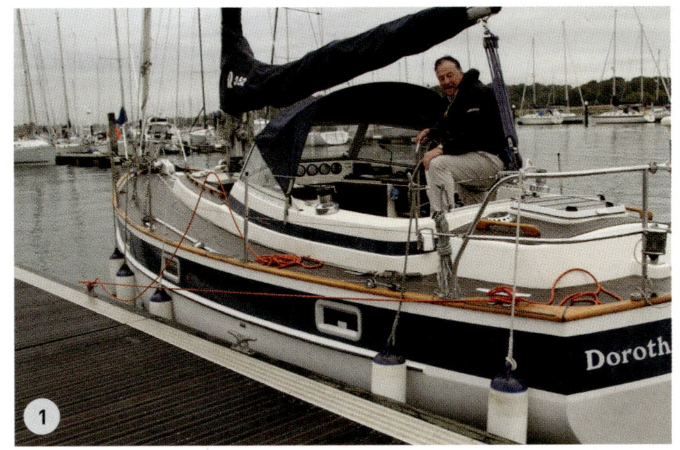

Straßenräuberstek am Steg, stehende Part zur Heckklampe.

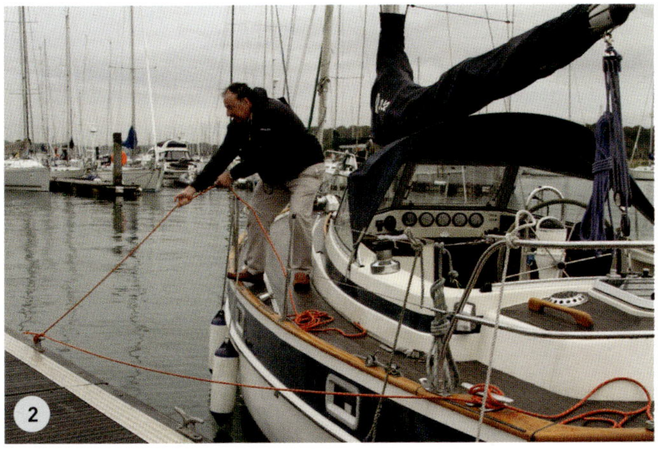

Schub zurück, um den Bug abzudrücken, Straßenräuberstek lösen.

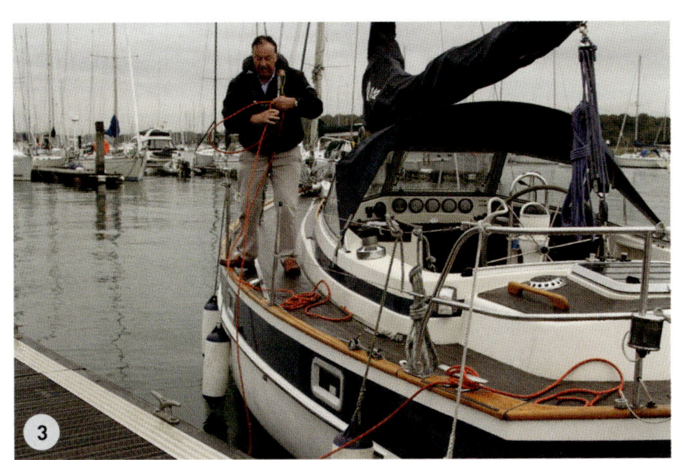

Leine einholen und zurück ins Cockpit.

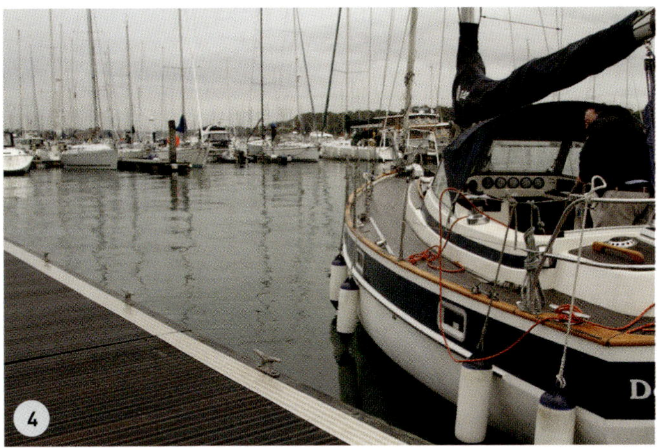

Gegen den Strom ausfahren.

IMMER GEGEN DEN STROM ANLEGEN

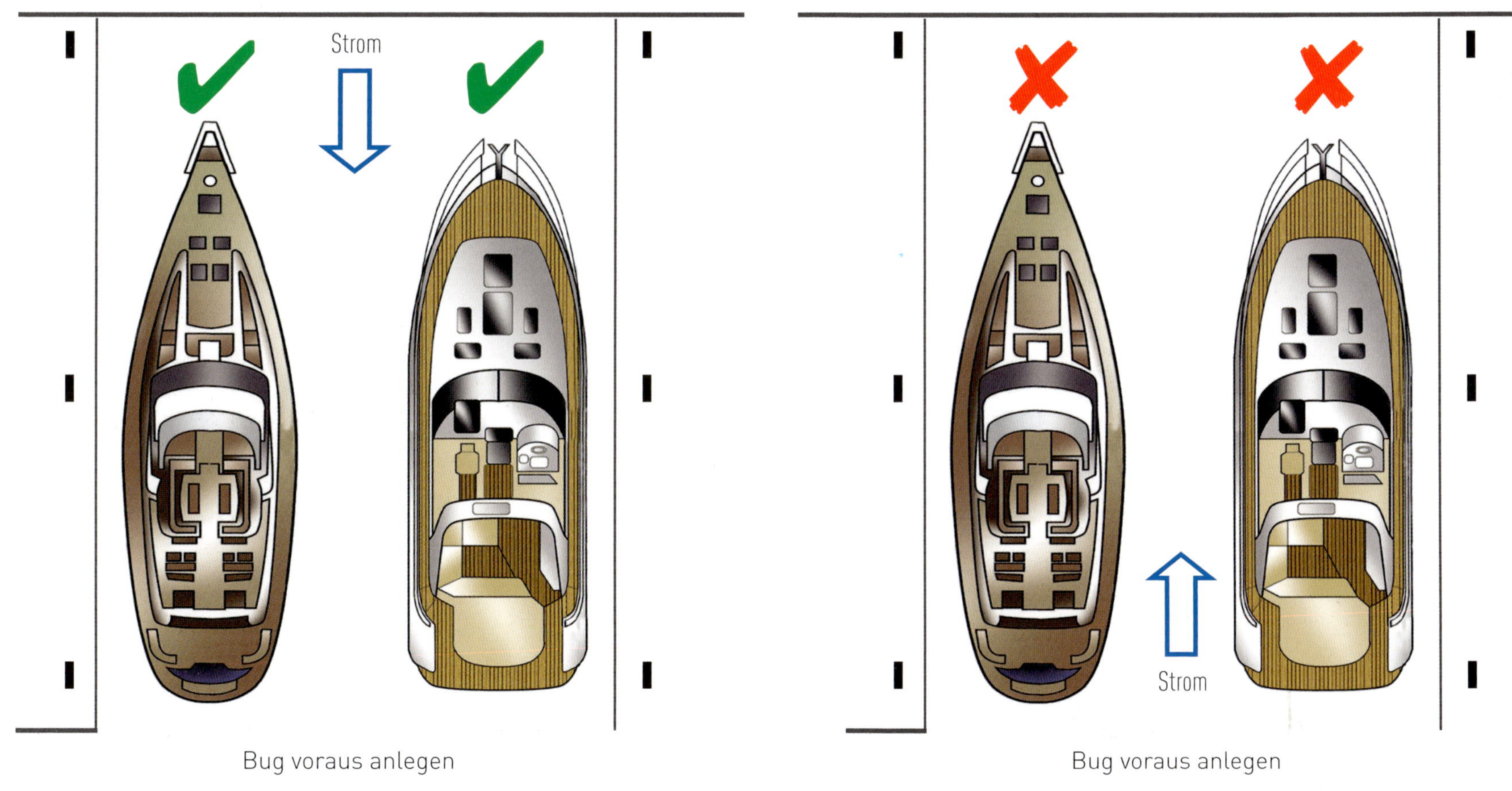

Bug voraus anlegen

Bug voraus anlegen

IMMER GEGEN DEN STROM ANLEGEN

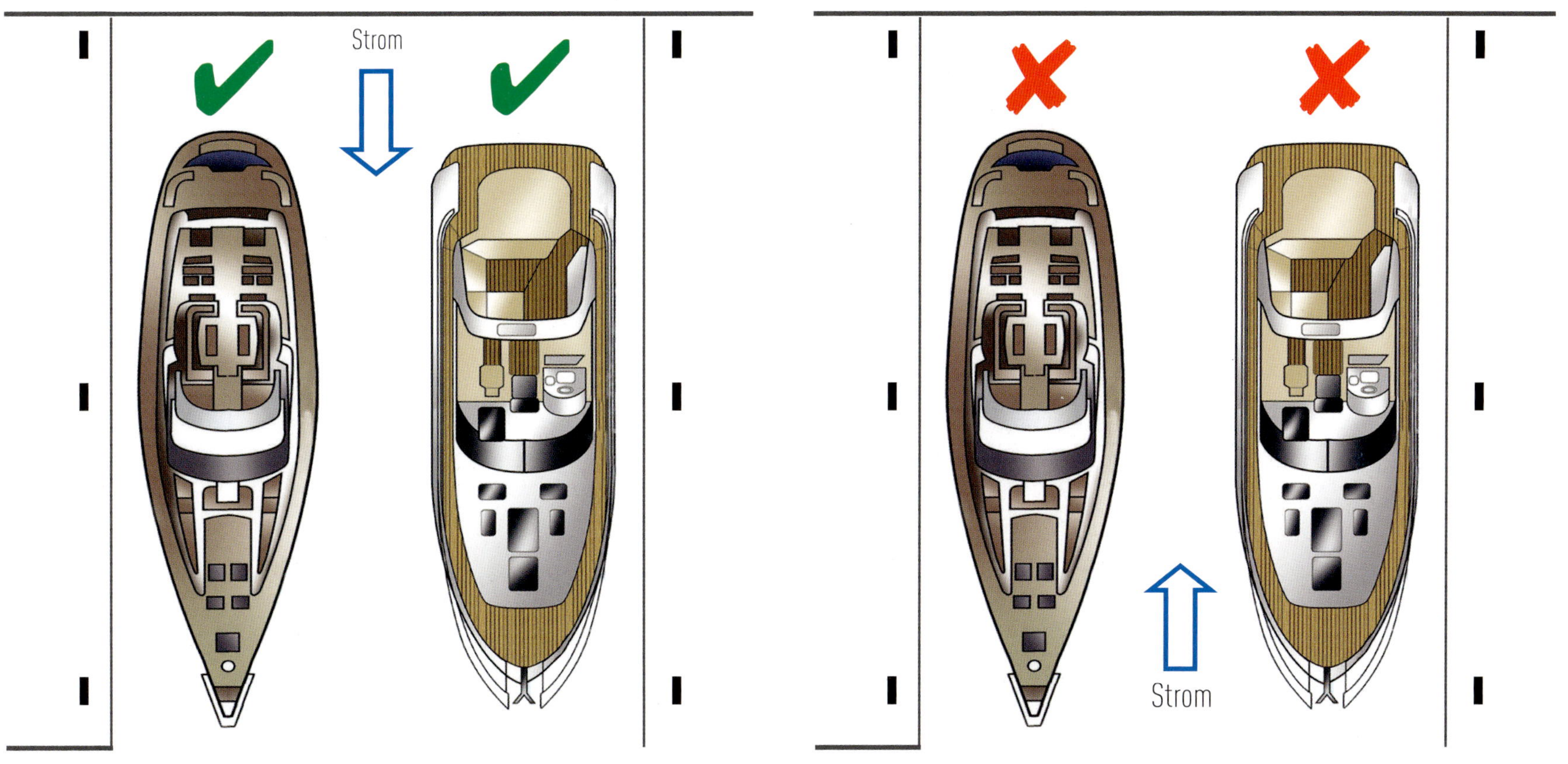

Heck voraus anlegen

Heck voraus anlegen

ANSTEUERUNG 1 – GEGEN DEN WIND

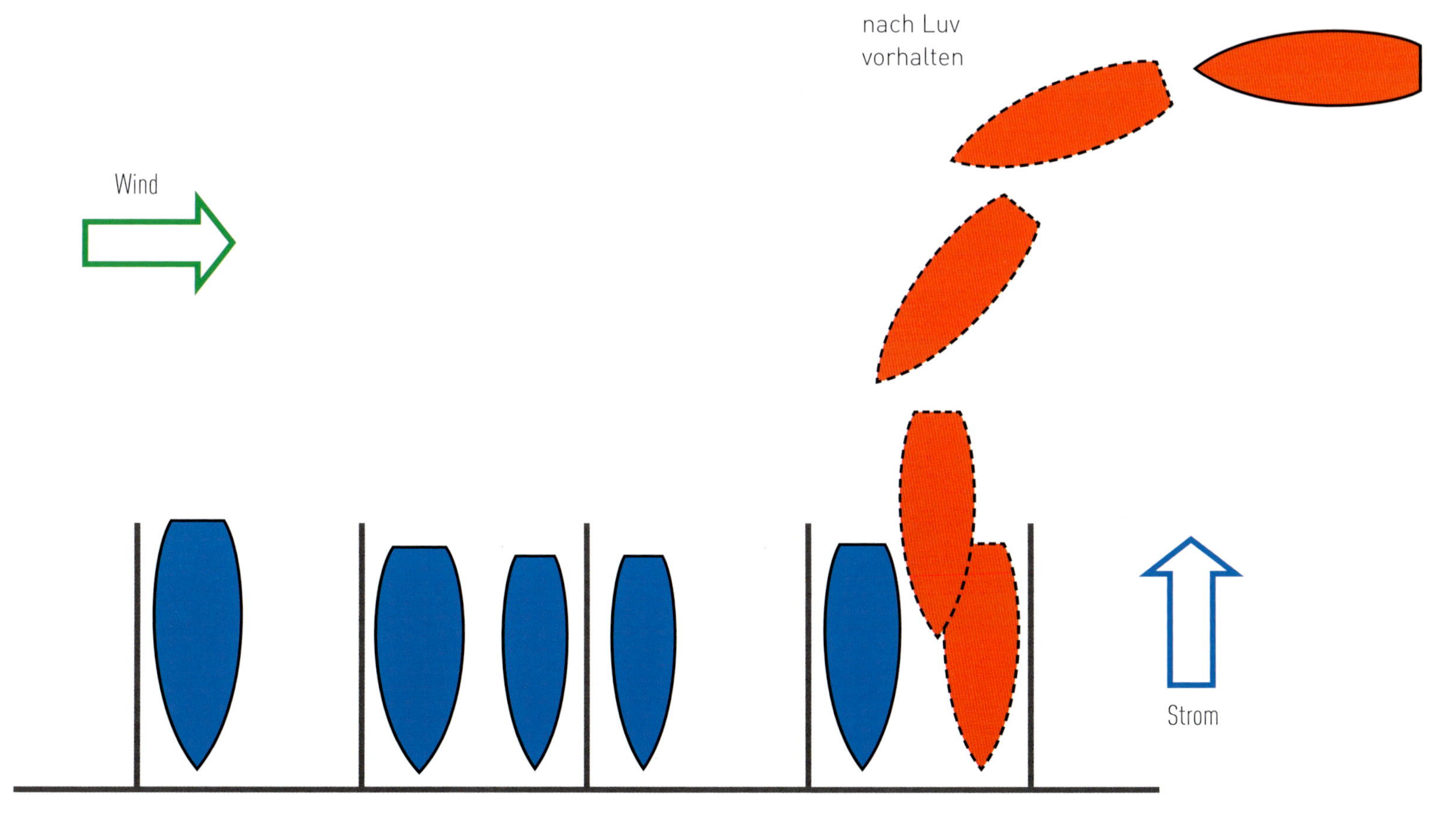

ANSTEUERUNG 2 – MIT DEM WIND

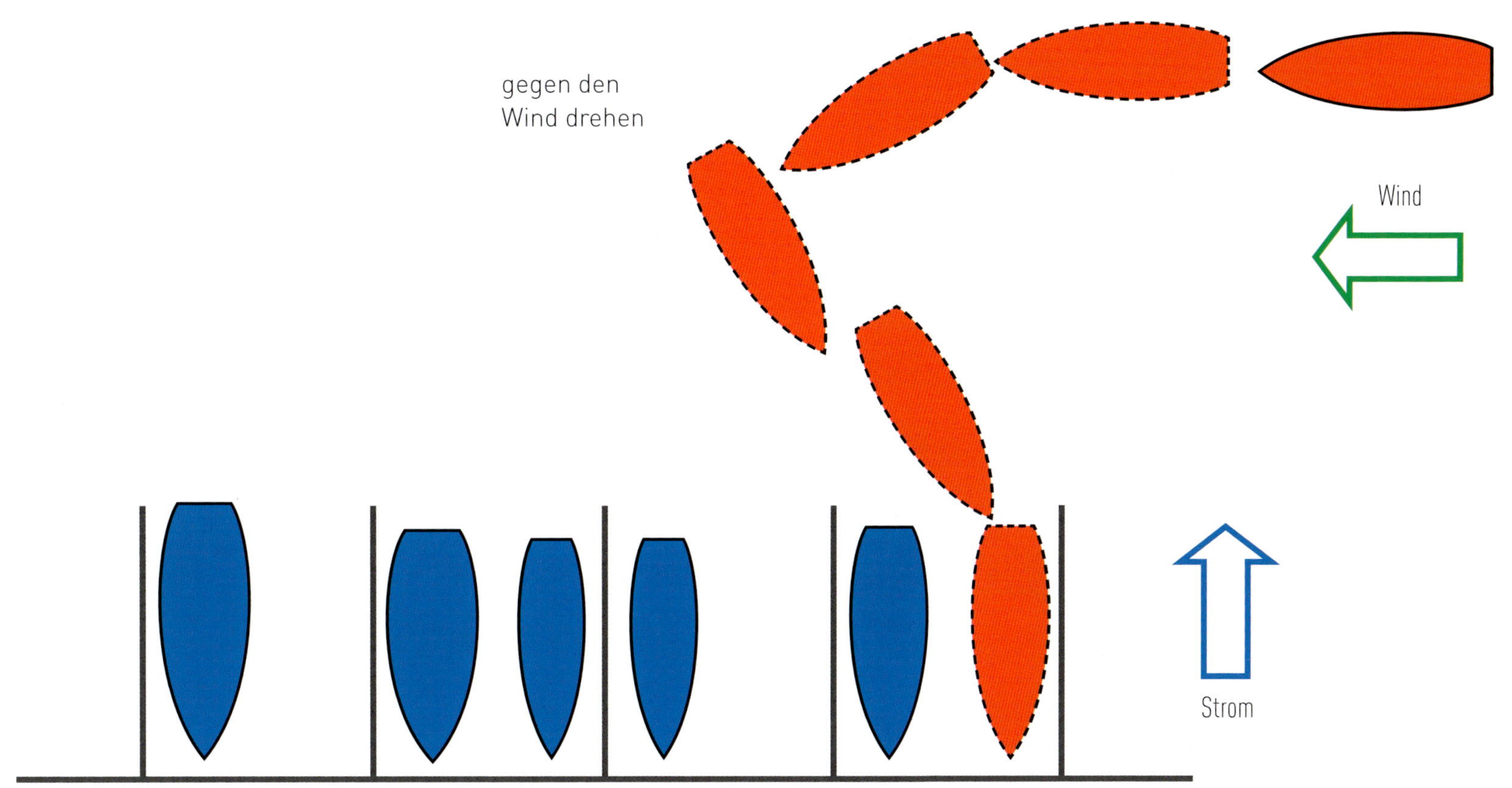

BUG VORAUS – HAHNEPOT AM HECK

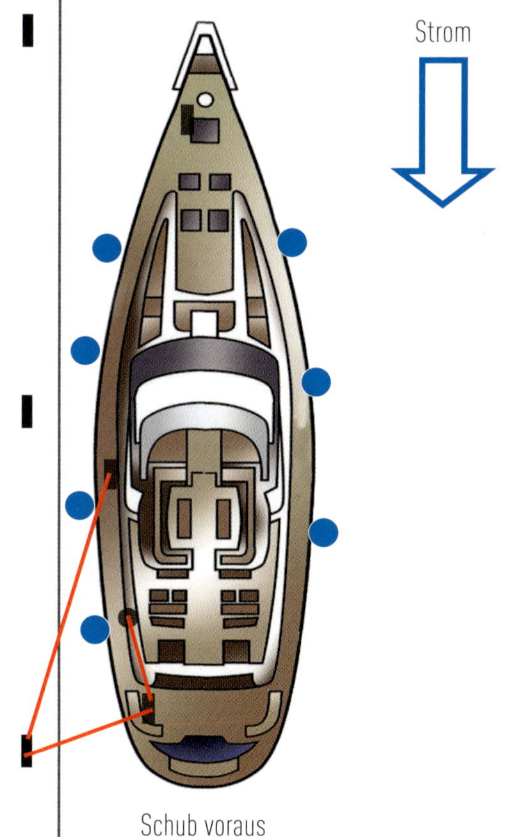

- Belegen Sie die Leine an einer Klampe mittschiffs.
- Führen Sie sie außerhalb der Relingsstützen und Fenderleinen zu einer Heckklampe und ins Cockpit zu einer Winsch.
- Lassen Sie die Leine lang genug, um vier Törns aufzuschießen.
- Legen Sie die Törns sauber im Cockpit aus.
- Steuern Sie in die Box, stoppen Sie das Boot auf, und werfen Sie die Leine mit der Lasso-Technik über die Klampe.
- Holen Sie die Lose ein, und belegen Sie die Leine. Dampfen Sie dann in die Leine ein, und das Boot legt sich längsseits an den Steg.

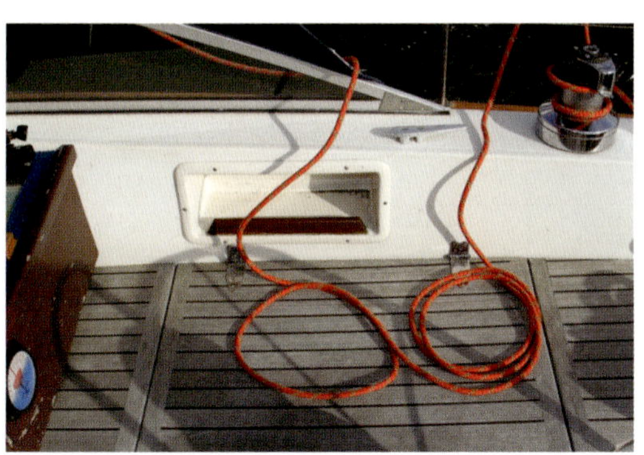

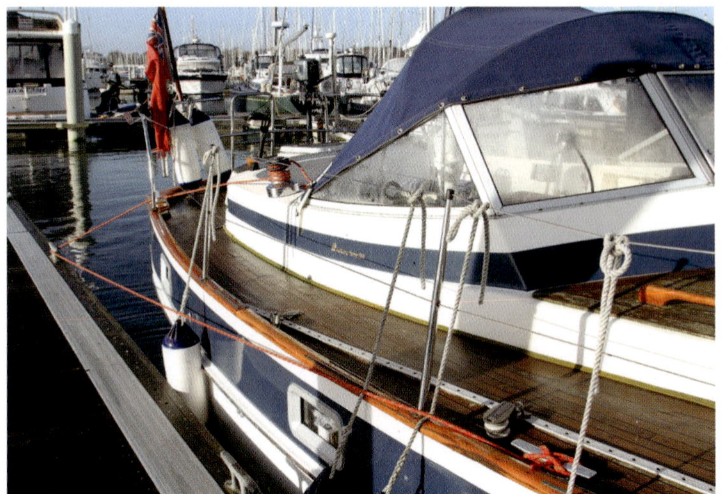

BUG VORAUS – HAHNEPOT AM HECK

Zu keiner Zeit darf bei den folgenden Techniken die Klampe am Steg dazu verwendet werden, das Boot zu stoppen oder abzubremsen. Das Boot muss bereits gestoppt sein, wenn man die Leine mit der Lasso-Technik über die Klampe wirft.

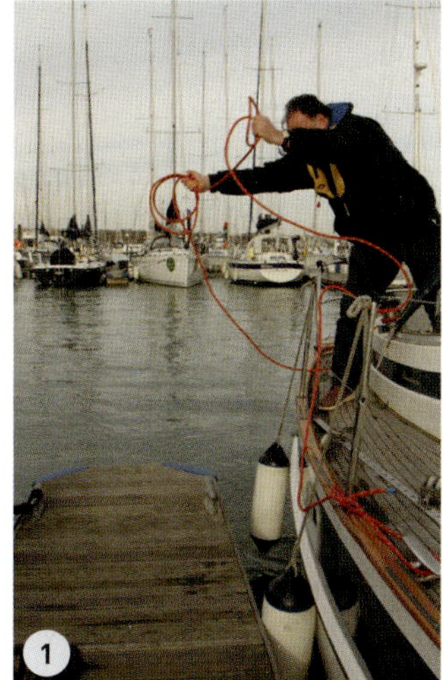

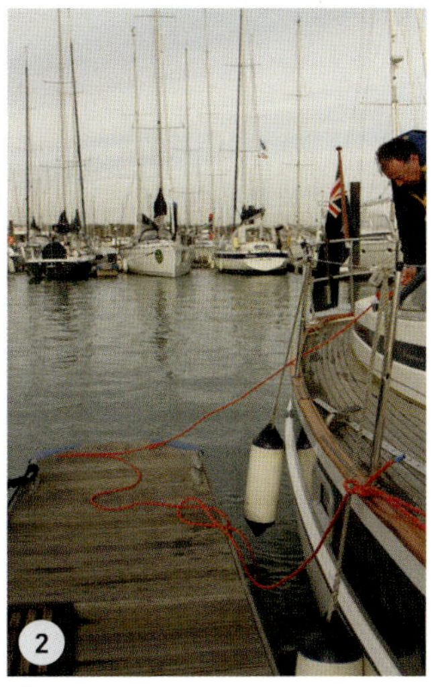

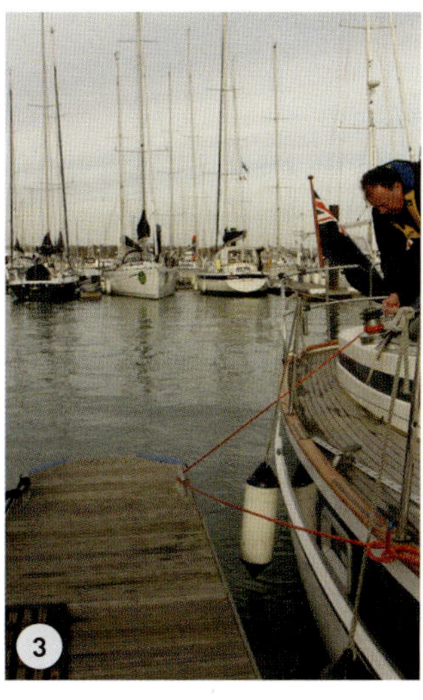

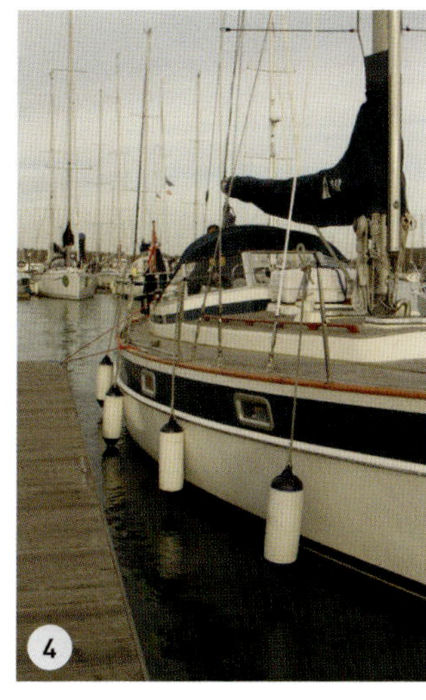

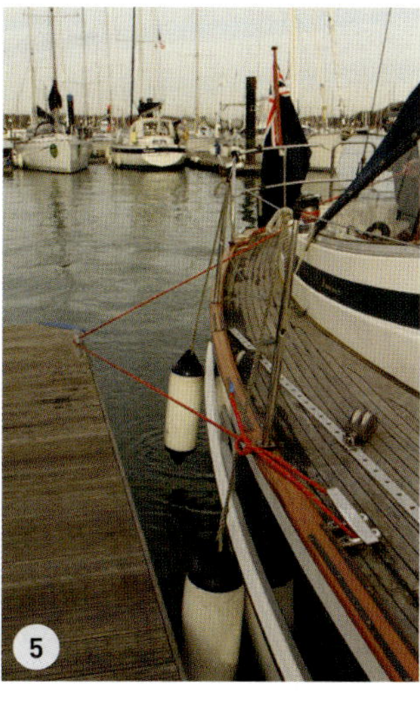

Strom

1. Stoppen Sie das Boot. Werfen Sie die Leine über die äußerste Klampe am Steg.

2. Holen Sie die Leine dicht.

3. Belegen Sie die Hahnepot an der Klampe.

4. Geben Sie Schub voraus.

5. Das Boot legt sich an den Steg und bleibt längsseits liegen.

BUG VORAUS – HAHNEPOT AM HECK

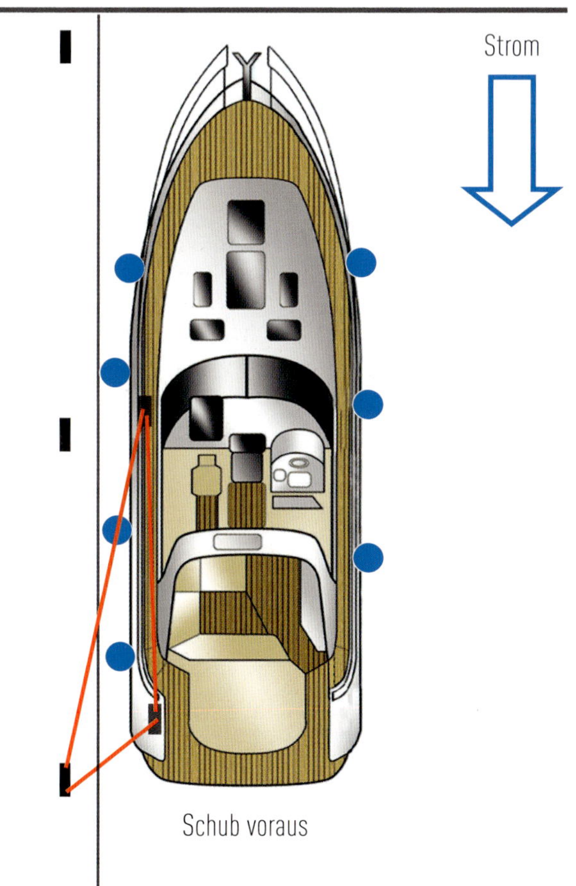

- Machen Sie die Hahnepot oder umgelenkte Leine an einer Klampe mittschiffs fest.
- Führen Sie die Leine außerhalb der Relingsstützen und Fenderleinen nach achtern zum Heck und dort durch die Öffnung einer Heckklampe.
- Lassen Sie die Leine lang genug, um vier Törns für den Lasso-Wurf aufzuschießen.
- Legen Sie die Törns sorgsam im Cockpit aus.
- Steuern Sie den Liegeplatz an. Stoppen Sie das Boot auf. Werfen Sie die Leine mit der Lasso-Technik über die Klampe.
- Holen Sie die Leine dicht, und machen Sie sie fest. Dann dampfen Sie mit Schub voraus in die Leine ein, und das Boot legt sich längsseits an den Steg.

BUG VORAUS – HAHNEPOT AM HECK

Zu keiner Zeit darf bei den folgenden Techniken die Klampe am Steg dazu verwendet werden, das Boot zu stoppen oder abzubremsen. Das Boot muss bereits gestoppt sein, wenn man die Leine mit der Lasso-Technik über die Klampe wirft.

1. Liegeplatz gegen Gezeitenstrom oder Flussströmung anfahren. Boot aufstoppen.

Strom

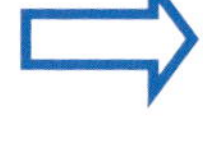

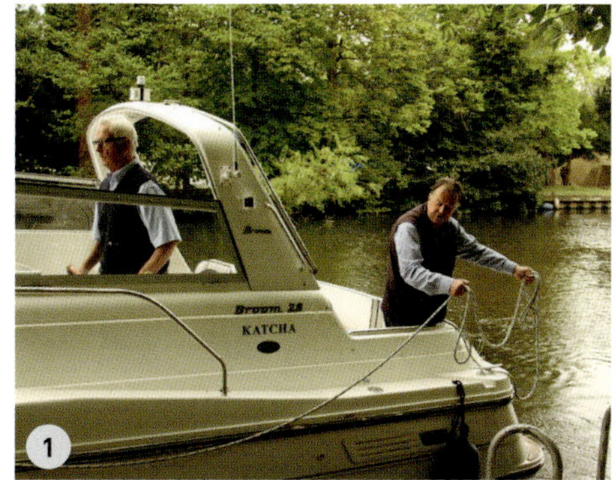

2. Lasso über Klampe oder Poller werfen.

Leine ist zur Sicherheit durch die Mitte der Klampe geführt.

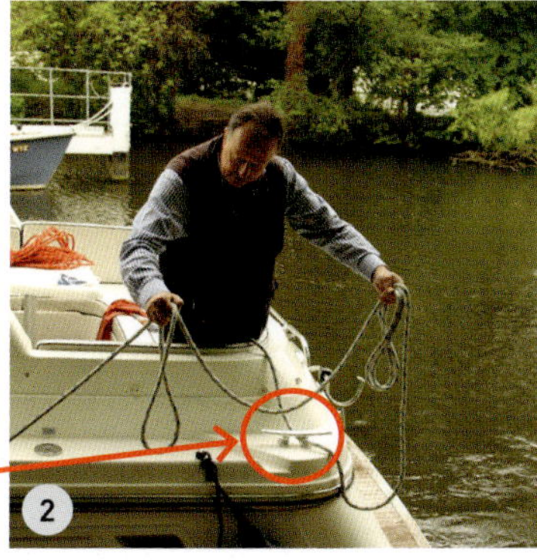

3. Leine dichtholen.

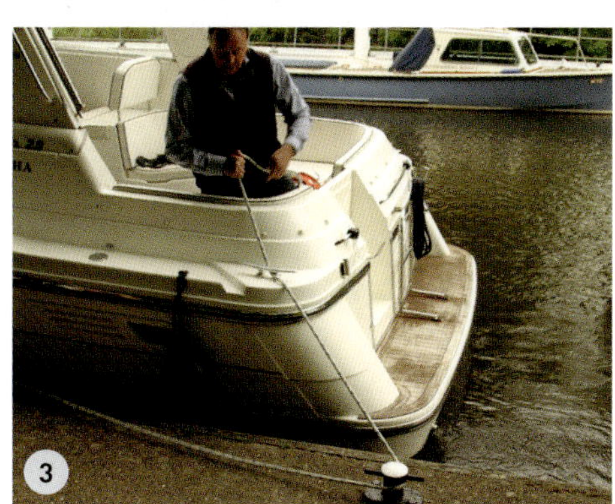

4. Leine an der Klampe belegen, dann mit Schub voraus in die Leine eindampfen.

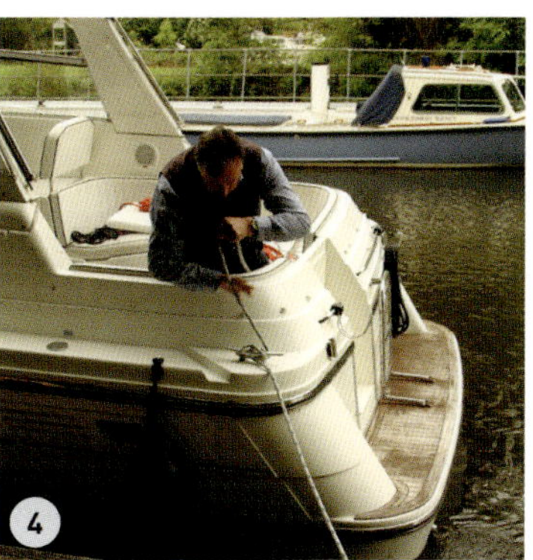

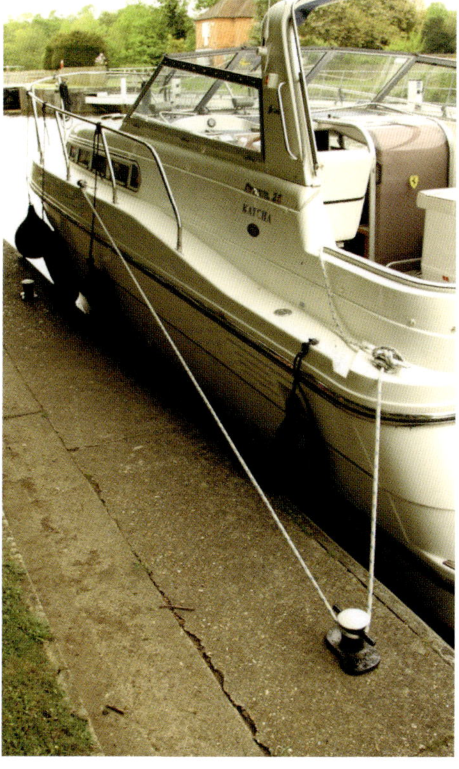

HECK VORAUS – HECKLEINE MIT LASSO-TECHNIK AUSBRINGEN

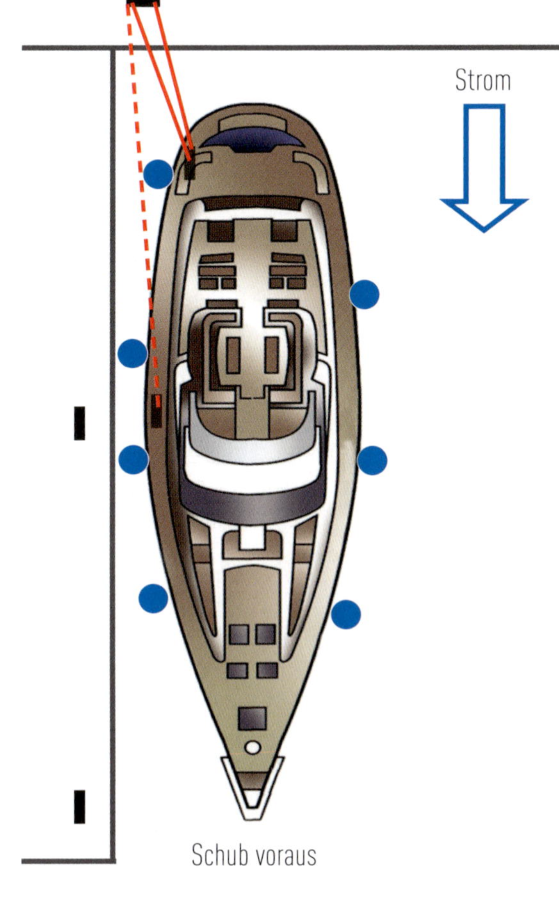

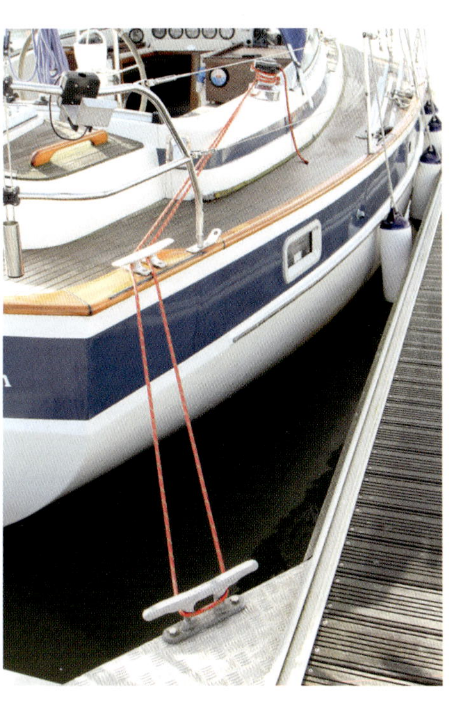
Heckleine.

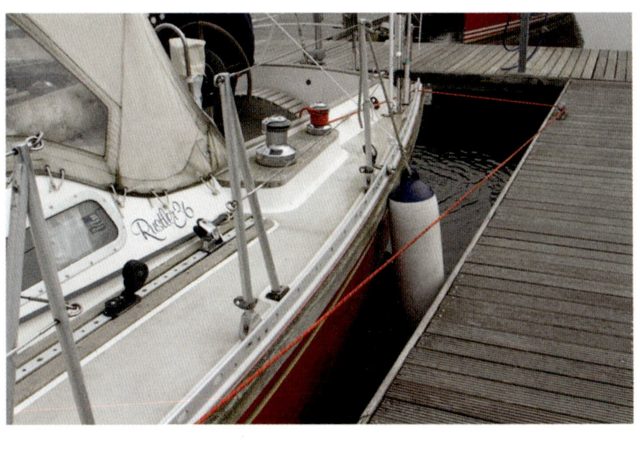
Umgelenkte Heckleine oder Hahnepot.

HECK VORAUS – HECKLEINE MIT LASSO-TECHNIK AUSBRINGEN

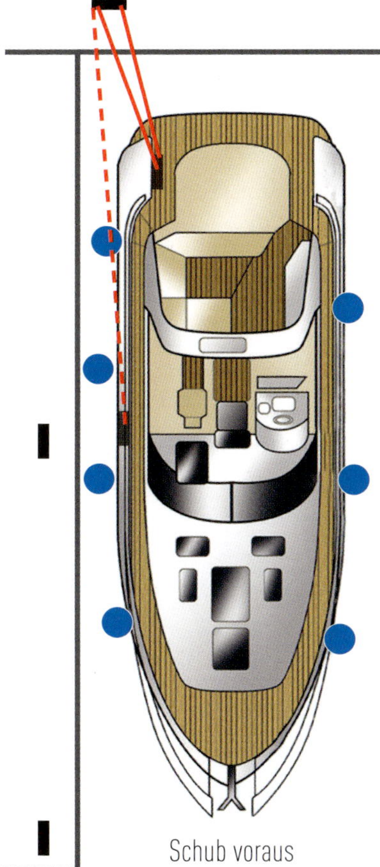

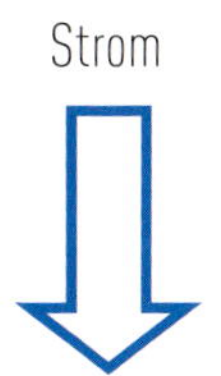

Werfen Sie die Leine als Heckleine oder Hahnepot mit der Lasso-Technik über die Klampe am Steg. Dampfen Sie dann mit Schub voraus in die Leine ein. Bei zweimotorigen Booten nur mit dem Antrieb an der Stegseite.

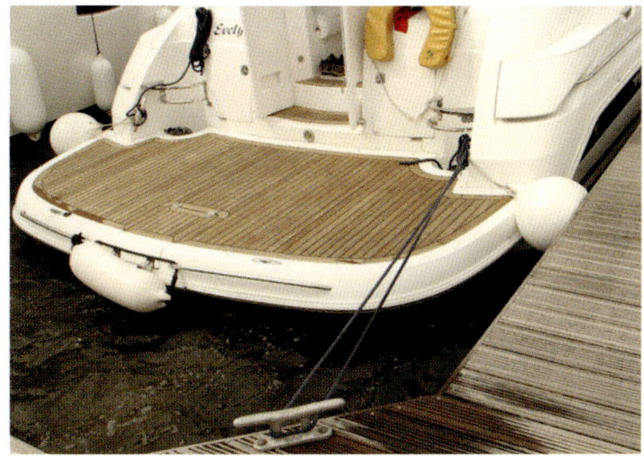

Heckleine.

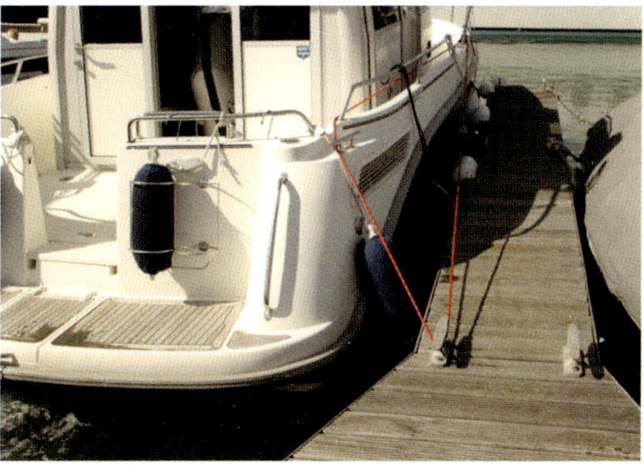

Umgelenkte Heckleine oder Hahnepot.

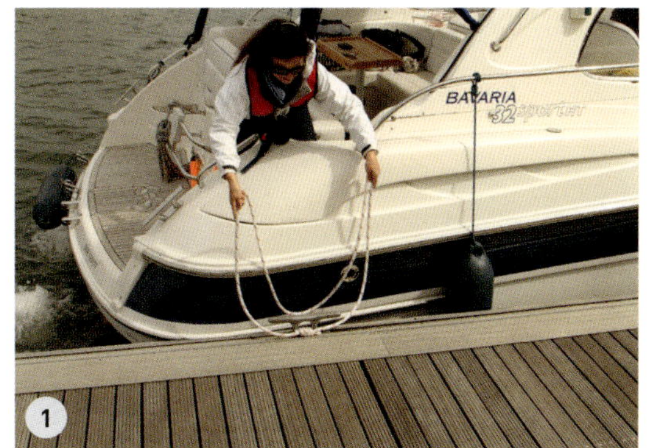

1. Binden Sie eine geschlossene Schlaufe beispielsweise mit einem doppelten Spierenstich, und legen Sie sie über die Klampe am Steg und über die Heckklampe.

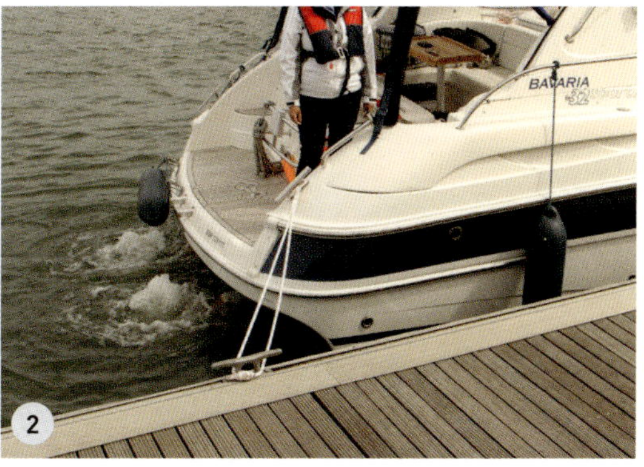

2. Geben Sie Schub voraus, und das Boot legt sich längsseits an den Steg. Verwenden Sie bei zweimotorigen Booten nur den Antrieb an der Stegseite.

FESTMACHER MITTSCHIFFS

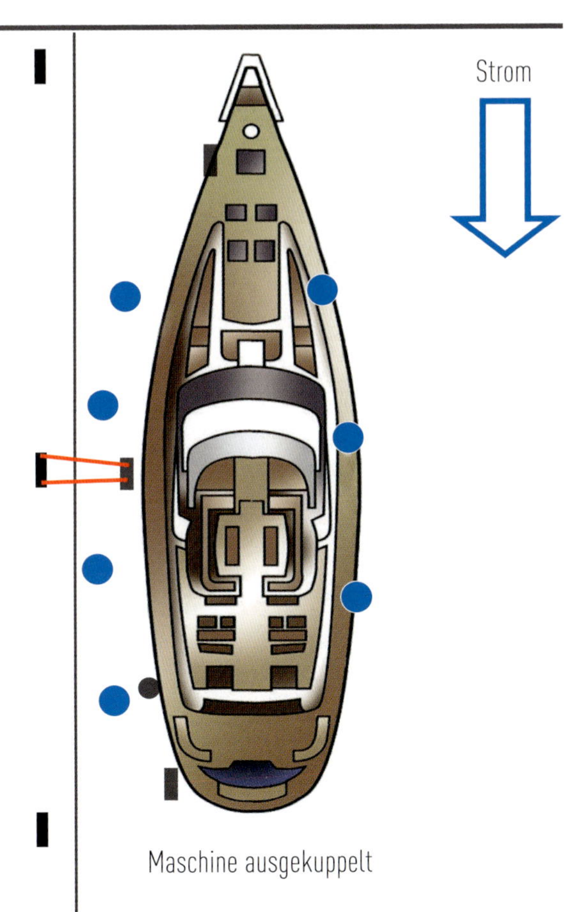

- Machen Sie einen Palstek am Ende der Leine.
- Stecken Sie die Palstekschlaufe durch die Mitte der Klampe, und legen Sie sie dann über den Steg der Klampe.
- Schießen Sie die Leine in vier Buchten auf.
- Werfen Sie die Leine über die Klampe am Steg, wenn das Boot aufgestoppt längsseits liegt.
- Holen Sie die Leine dicht, und belegen Sie sie an einer Klampe mit der OXO-Methode oder auf die klassische Art mit einem abschließenden Kopfschlag.

Das Boot wird längsseits am Steg gehalten. Es ist nicht nötig, in die Leine einzudampfen.

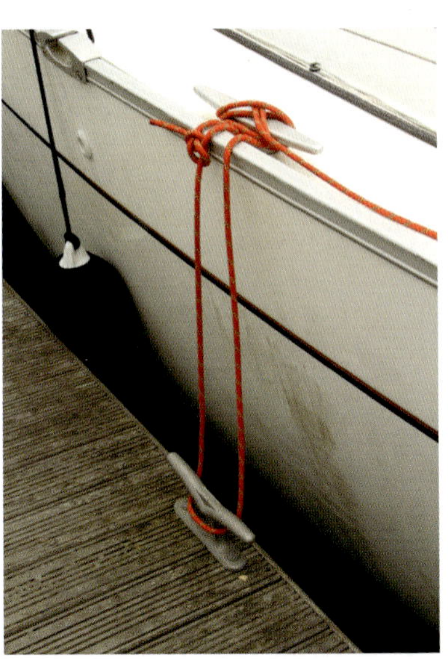

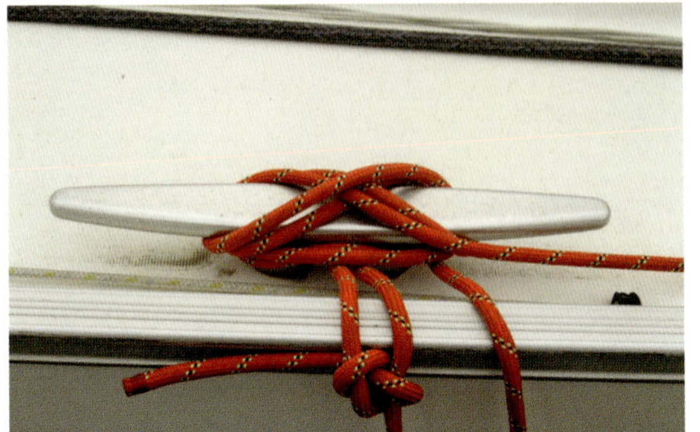

FESTMACHER MITTSCHIFFS

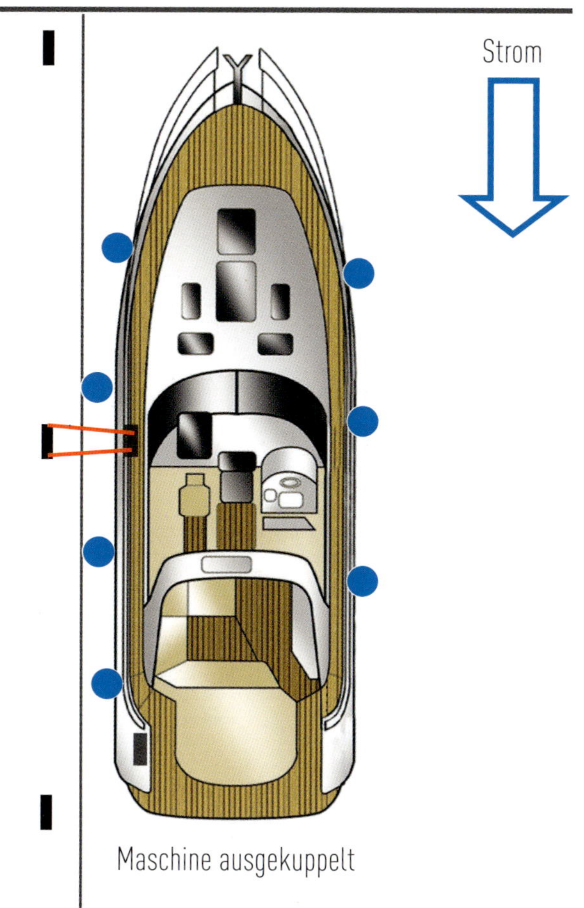

- Machen Sie einen Palstek am Ende der Leine.
- Stecken Sie die Palstekschlaufe durch die Mitte der Klampe, und legen Sie sie dann über den Steg der Klampe.
- Schießen Sie die Leine in vier Buchten auf.
- Werfen Sie die Leine über die Klampe am Steg, wenn das Boot aufgestoppt längsseits liegt.
- Holen Sie die Leine dicht, und belegen Sie sie an einer Klampe mit der OXO-Methode oder auf die klassische Art mit einem abschließenden Kopfschlag.

Das Boot wird längsseits am Steg gehalten. Es ist nicht nötig, in die Leine einzudampfen.

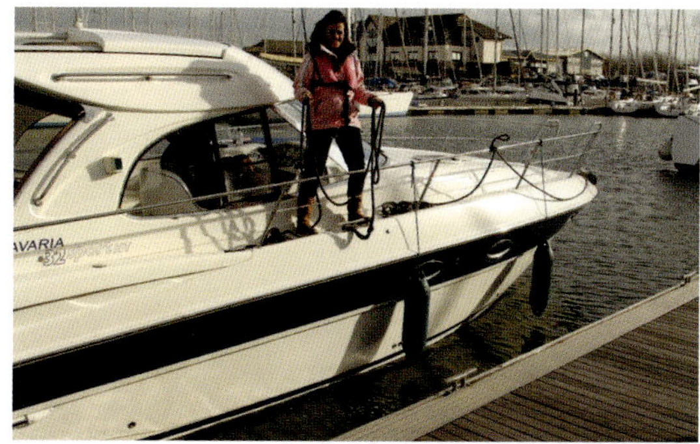

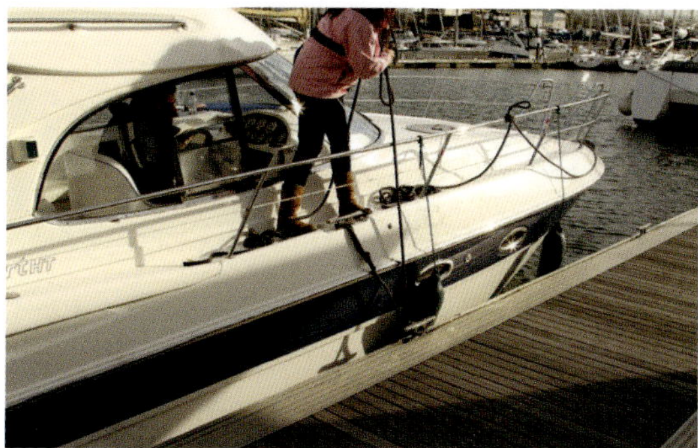

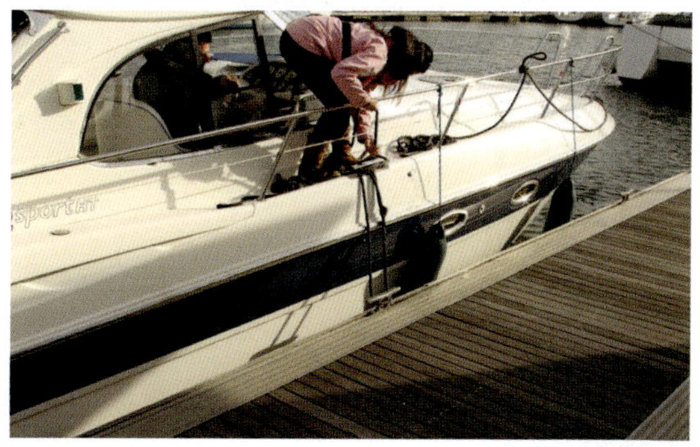

VORAUS ANLEGEN AN KURZEM FINGERSTEG MIT KLAMPE AM ENDE

Verwenden Sie eine Hahnepot oder eine umgelenkte Leine am Heck. Führen Sie die Leine nicht ganz am Heck, sondern etwas weiter vorn an Bord zurück. Dieser Punkt wird sich zum Schluss auf gleicher Höhe wie die Klampe am Steg befinden.

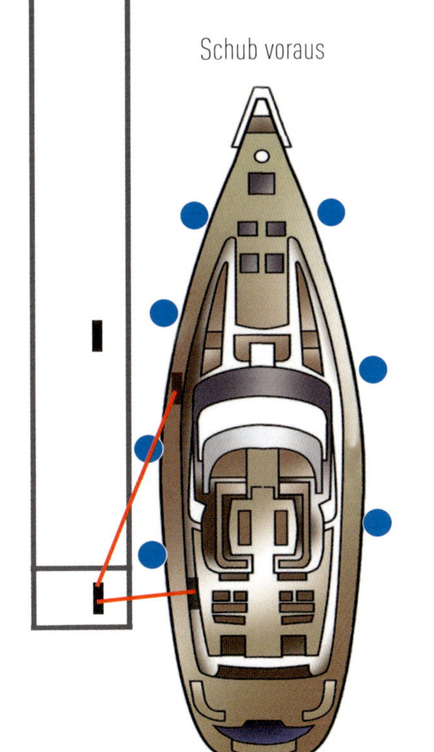

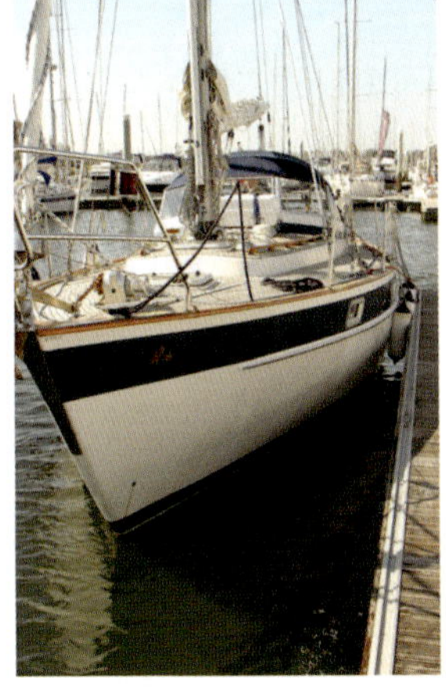

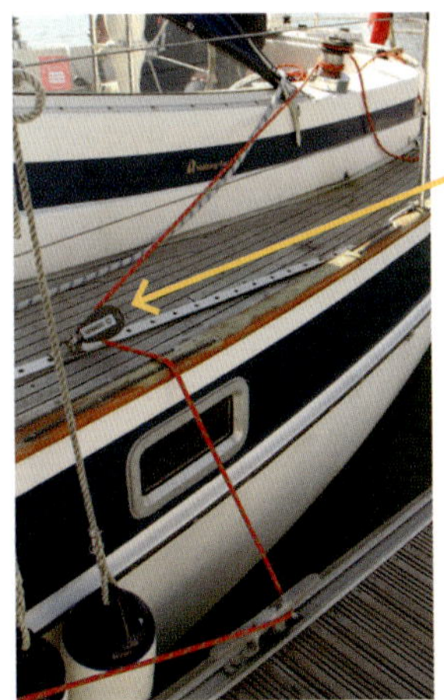

Die Hahnepot führt weiter vorn zurück an Bord, da sie nicht am Heck, sondern an einem Block an der Genuaschiene angeschlagen ist.

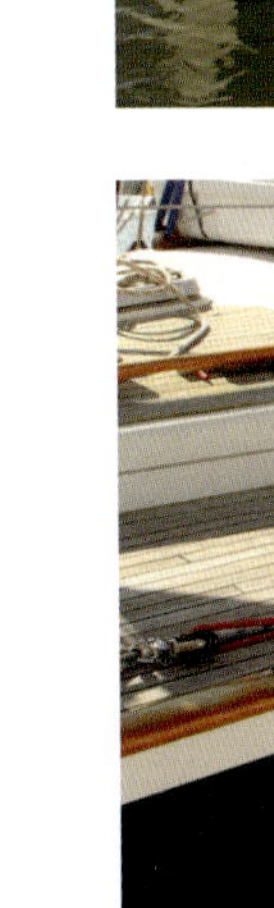

Hahnepot achtern.

VORAUS ANLEGEN AN KURZEM FINGERSTEG MIT BÜGEL AM ENDE

Bereiten Sie eine Hahnepot vor, und werfen Sie die Leine mit der Lasso-Technik über den gesamten Fingersteg. Oder machen Sie mittschiffs eine Spring fest, und machen Sie sie mit einem Bojenfänger am Bügel des Stegs fest. Ich habe auch schon einen Mini-Klappdraggen verwendet, den ich zum Festmachen zwischen Steg und Bügel abgesenkt hatte.

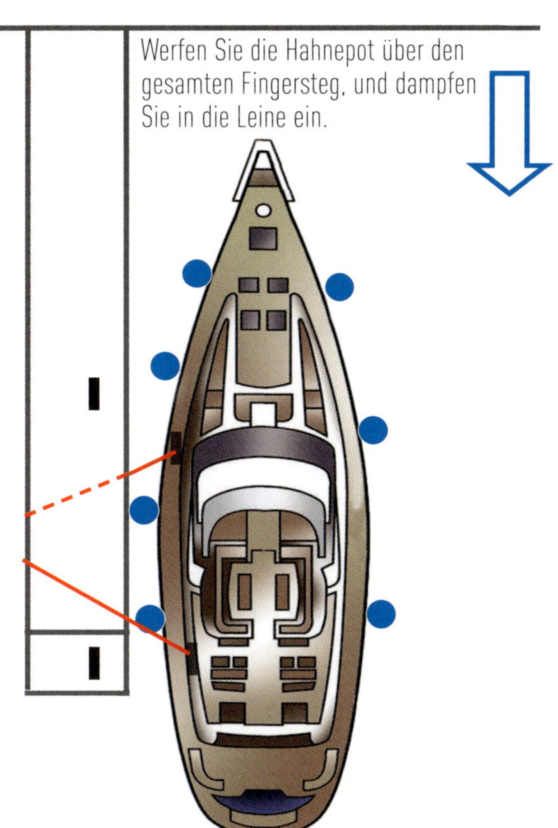

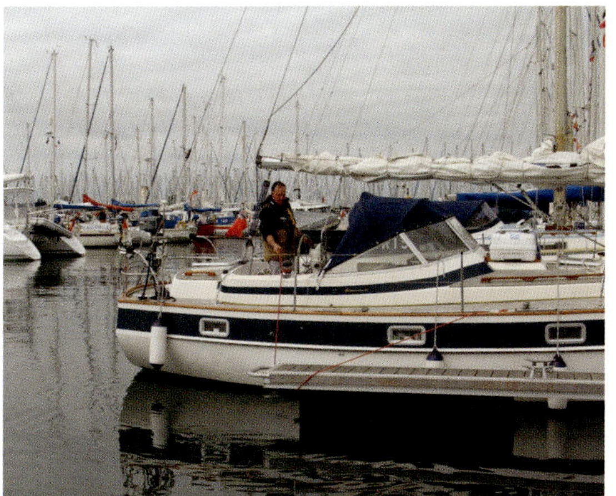

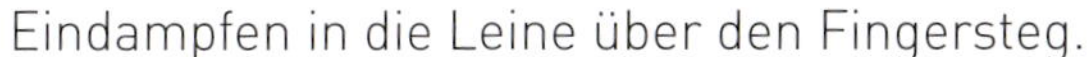

Eindampfen in die Leine über den Fingersteg.

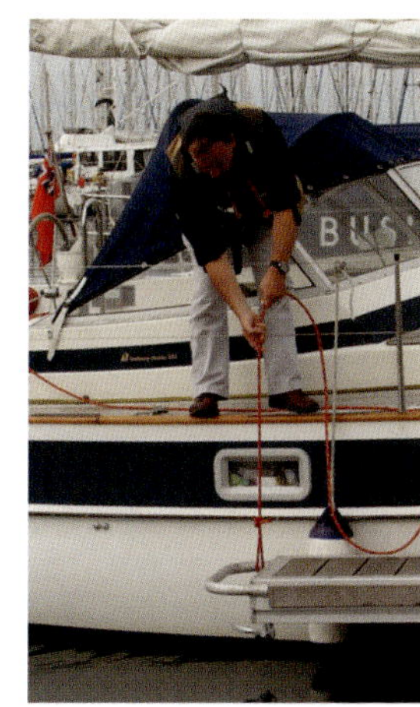

Mini-Klappdraggen.

Eindampfen in eine durch die Mittschiffsklampe geführte Spring. Fieren Sie die Spring, bis das Boot in Position ist. Bringen Sie dann die Festmacher aus.

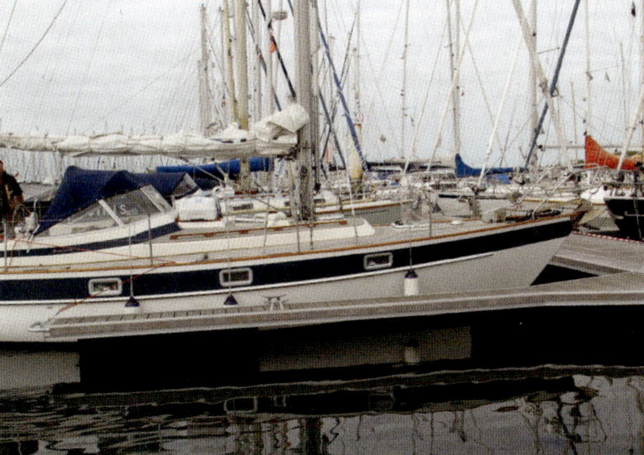

RÜCKWÄRTS ANLEGEN AN KURZEM FINGERSTEG MIT BÜGEL AM ENDE

Werfen Sie eine Heckleine oder eine zur Hahnepot umgelenkte Heckleine mit der Lasso-Technik über die Klampe am Steg. Dampfen sie dann in diese Leine ein, um das Boot längsseits am Steg zu halten.

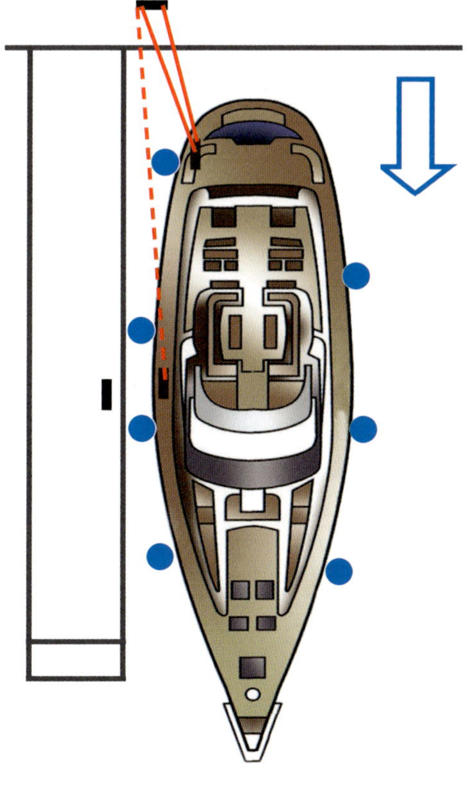

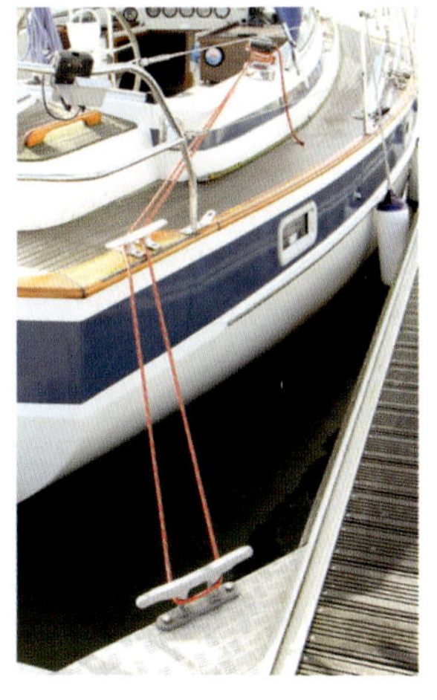

Heckleine.

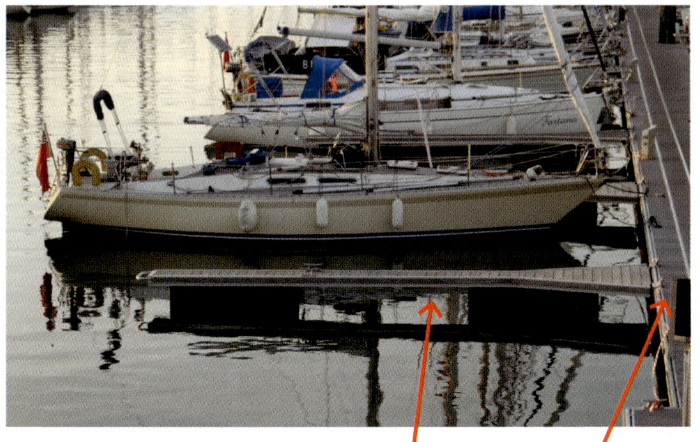

Kurzer Fingersteg.

Klampe am Steg.

Umgelenkte Heckleine oder Hahnepot.

RÜCKWÄRTS ANLEGEN AN KURZEM FINGERSTEG MIT BÜGEL AM ENDE

Werfen Sie eine Heckleine oder eine zur Hahnepot umgelenkte Heckleine mit der Lasso-Technik über die hinterste Klampe am Steg, und dampfen Sie dann in diese Leine ein. Bei zweimotorigen Booten wird nur mit dem Antrieb an der Stegseite Schub voraus gegeben.

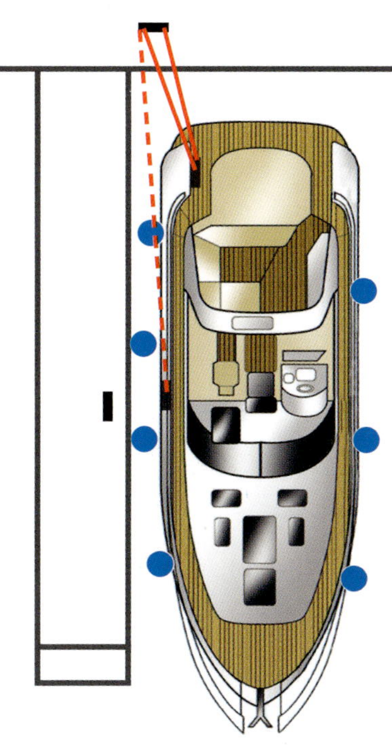

Schub voraus

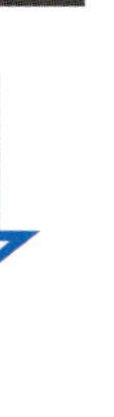

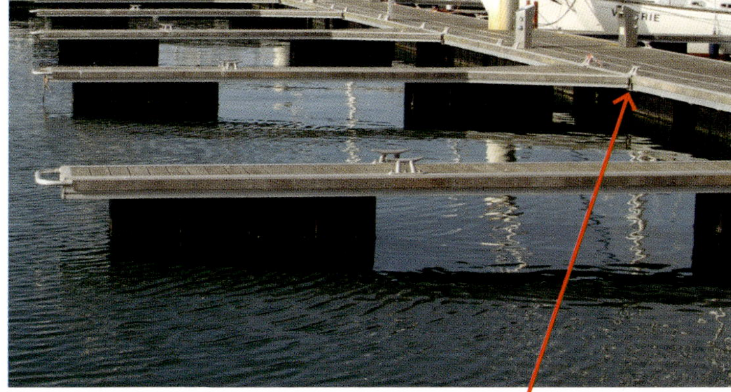

Kurzer Fingersteg.

Hinterste Klampe am Steg.

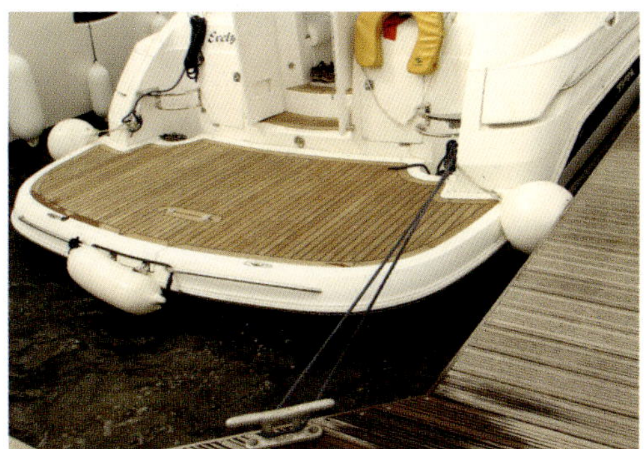

Heckleine.

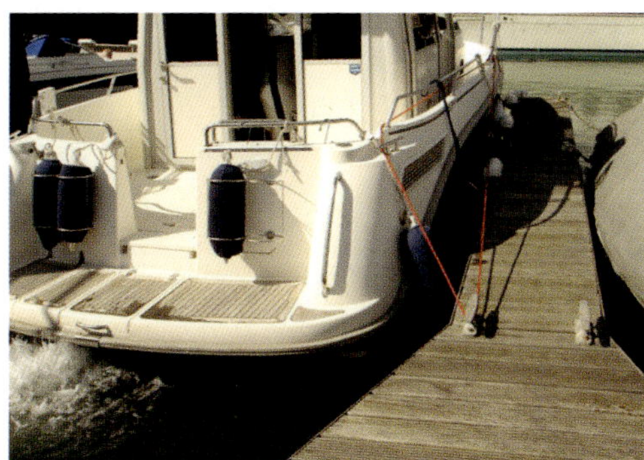

Umgelenkte Heckleine oder Hahnepot.

KEINE KLAMPEN ODER POLLER AN LAND – NUR KETTE, BÜGEL ODER RINGE

Verwenden Sie ein Hilfsmittel wie beispielsweise einen Bojenfänger mit einem Karabiner an einem Bootshaken. Den Karabiner kann man über einen Bügel oder eine Klampe einschnappen lassen, nur bei beweglichen Objekten wie Ringen sollte man eine Ausführung wählen, bei der die Klinke des Karabiners in geöffneter Stellung gehalten wird.

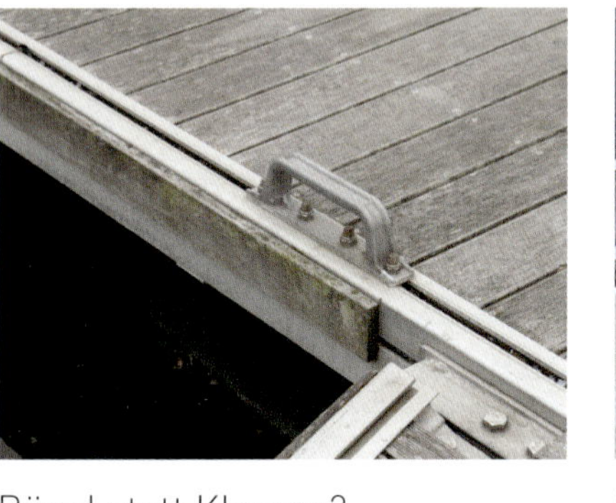

Bügel statt Klampe?

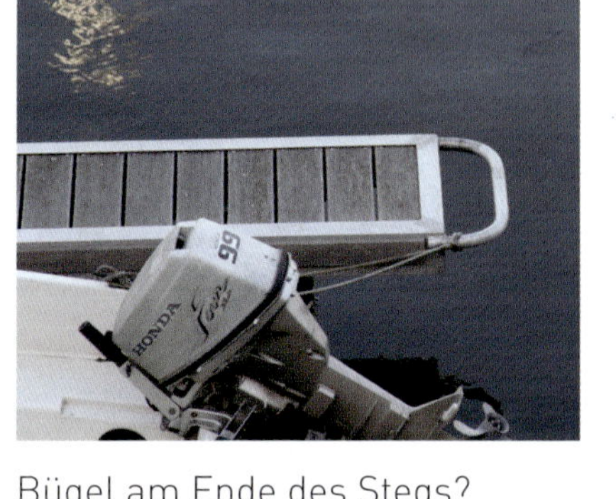

Bügel am Ende des Stegs?

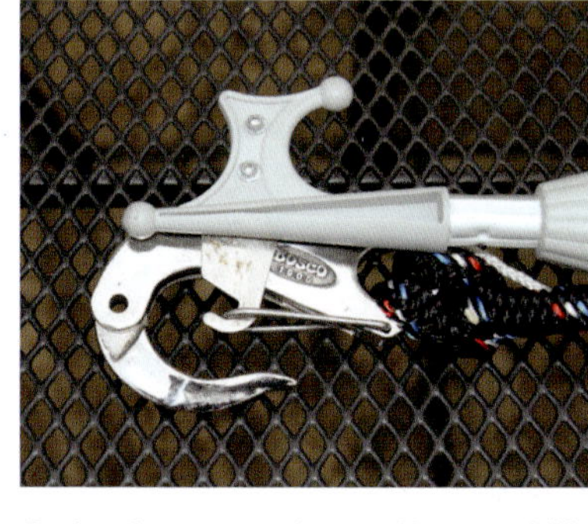

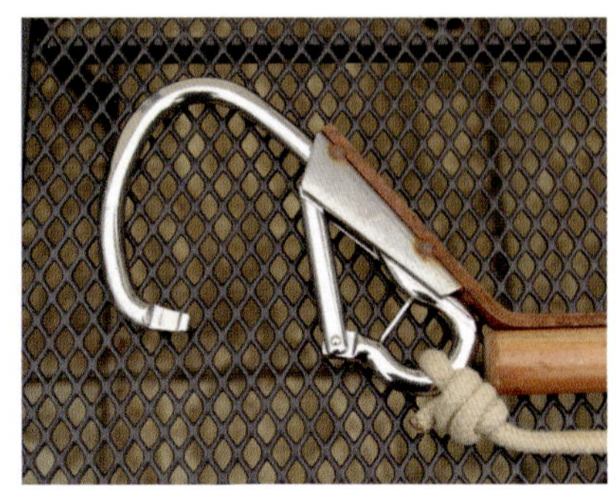

Bojenfänger mit geöffneter Klinke.

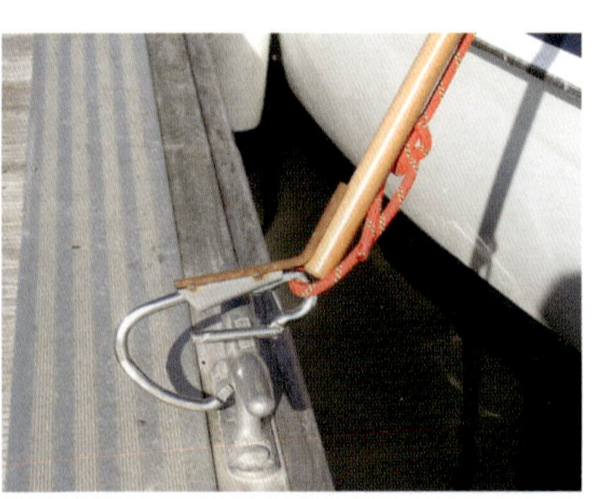

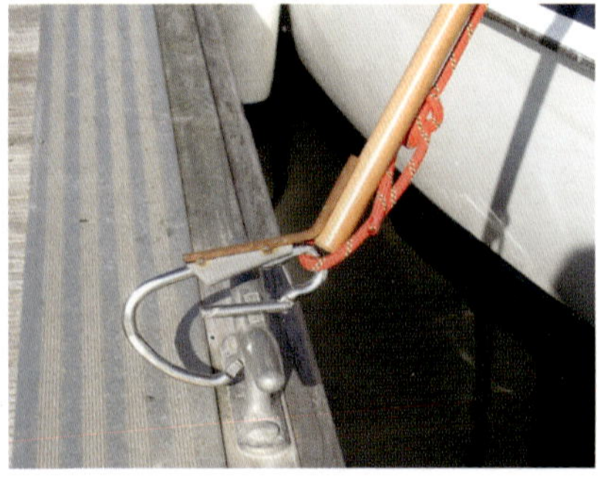

Haken Sie den Karabiner ein, und ziehen Sie den Stiel ab.

Haken Sie den Bojenfänger ein, und ziehen Sie den Bootshaken ab.

KEINE KLAMPEN ODER POLLER AN LAND – NUR KETTE, BÜGEL ODER RINGE

Bei einer gespannten Kette kann ein Schnapphaken oder Bojenfänger mit einem Karabiner in geöffneter Stellung zum Festmachen verwendet werden. Oft wird jedoch jemand an Land die Festmacher entgegennehmen, so wie an der nebenstehenden Pier, die zu einem Restaurant gehört.

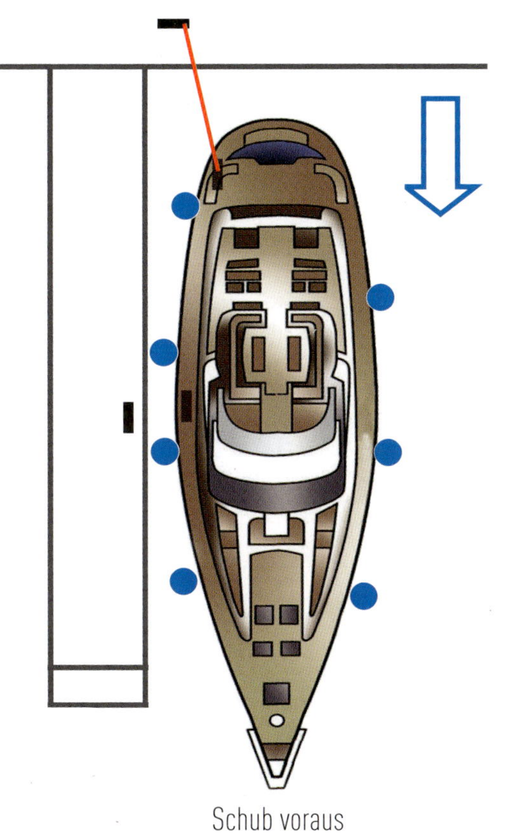

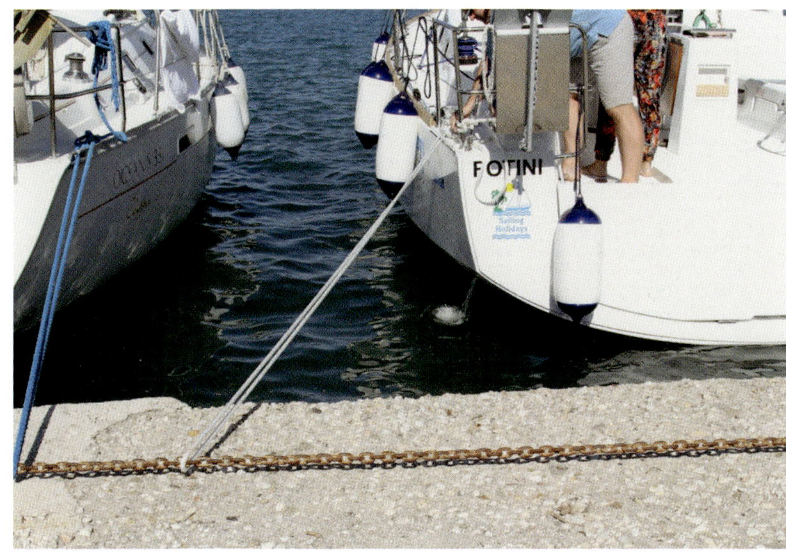

Bei einer Kette kann ein Schnapphaken verwendet werden.

KEINE KLAMPEN ODER POLLER AN LAND – NUR BÜGEL ODER RINGE

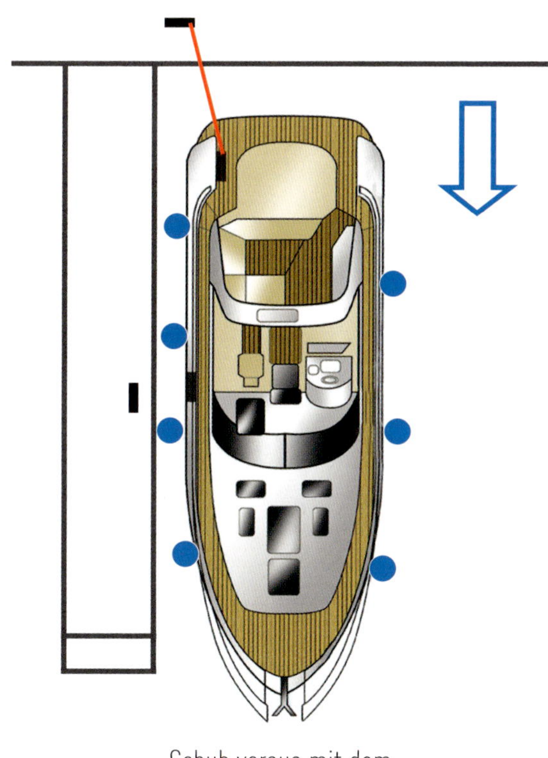

Schub voraus mit dem Antrieb an Steuerbord

Verwenden Sie ein Hilfsmittel wie beispielsweise einen Bojenfänger mit einem Schnapphaken oder Karabiner an einem langen Stiel oder Bootshaken, um eine Leine an Bügeln oder Ringen festzumachen. Belegen Sie die Leine an Bord, und dampfen Sie in diese Leine oder Spring ein. Bei zweimotorigen Booten wird dazu nur der Antrieb an der Seite des Stegs verwendet.

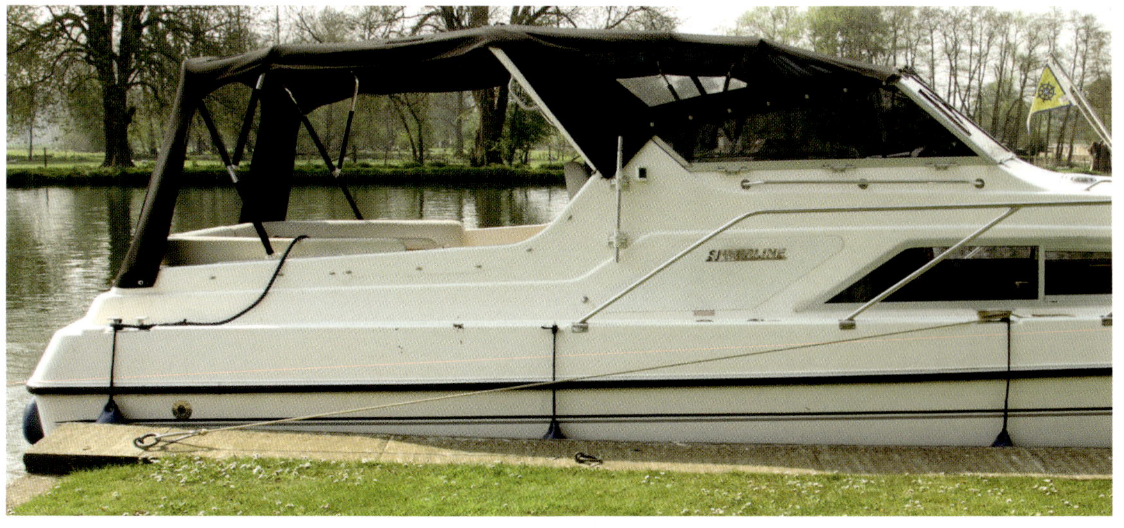

RÖMISCH-KATHOLISCH ANLEGEN – RÜCKWÄRTS MIT BUGANKER

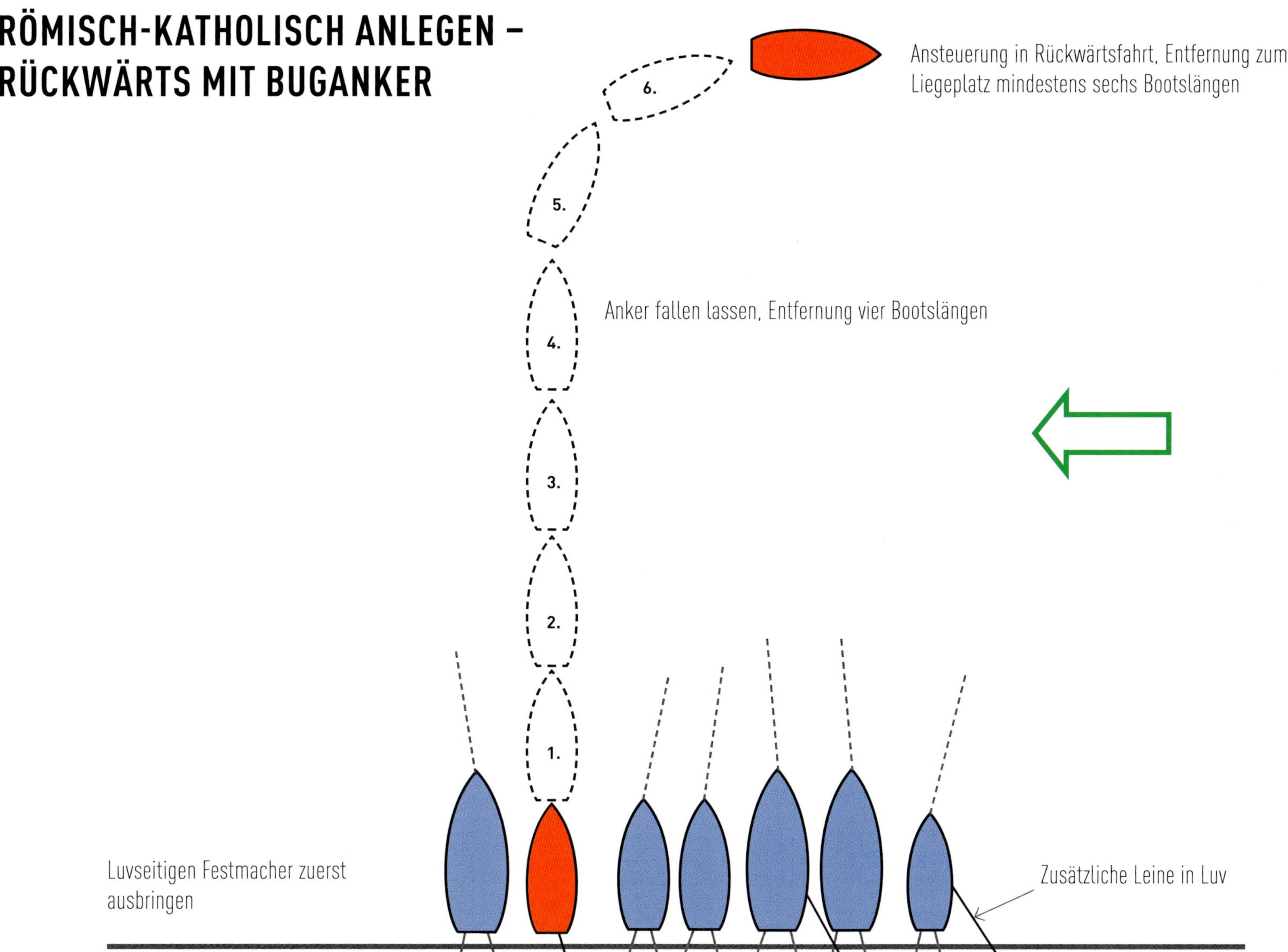

RÖMISCH-KATHOLISCH ANLEGEN – RÜCKWÄRTS MIT BUGANKER – STARKER SEITENWIND

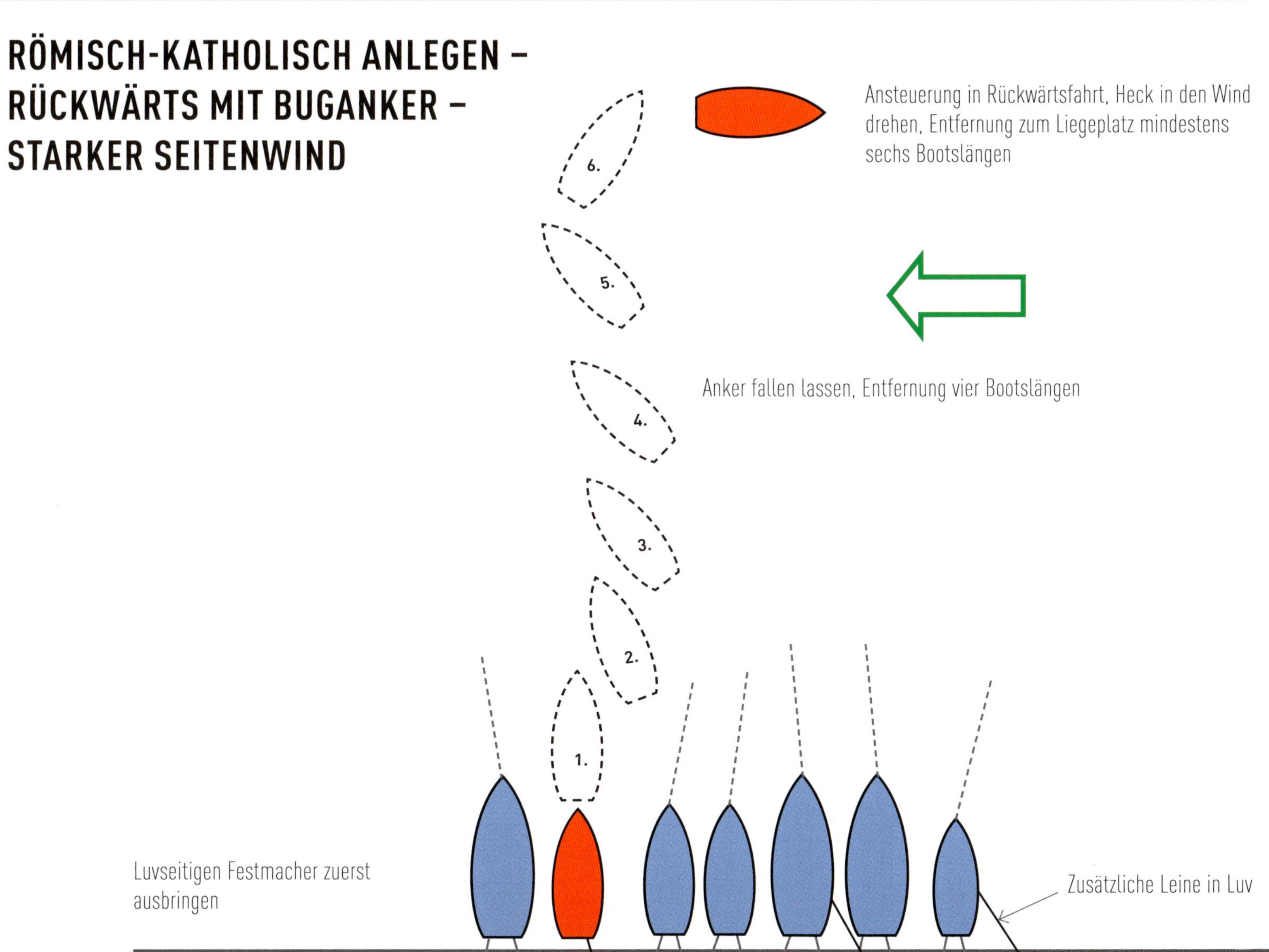

ANLEGEN IN DER BOX – MEHRERE MÖGLICHKEITEN

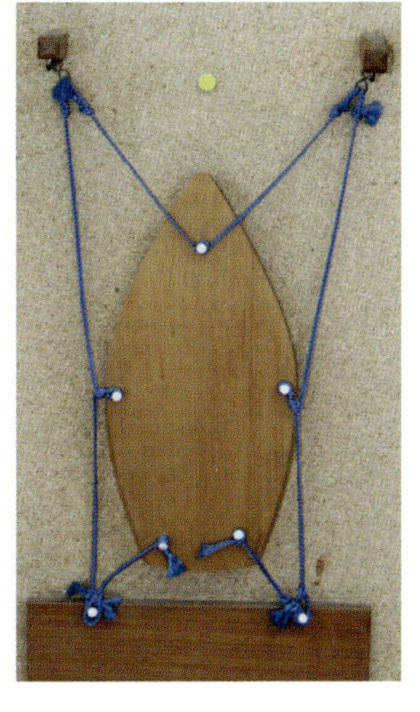

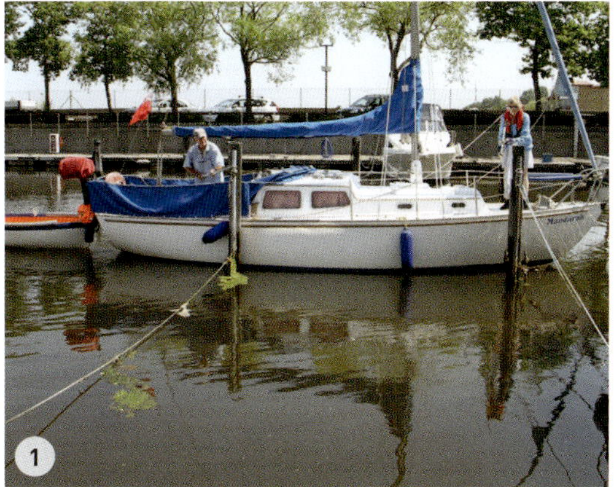

1. Gehen Sie zunächst an den Dalben längsseits.

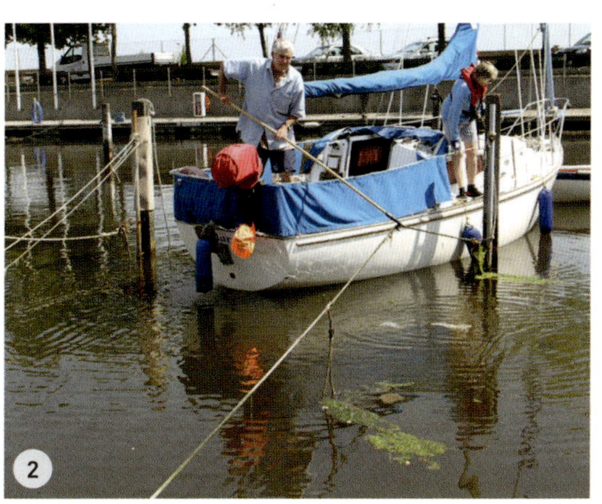

2. Nehmen Sie dann die luvseitige Leine, und verholen Sie daran das Boot in die Box.

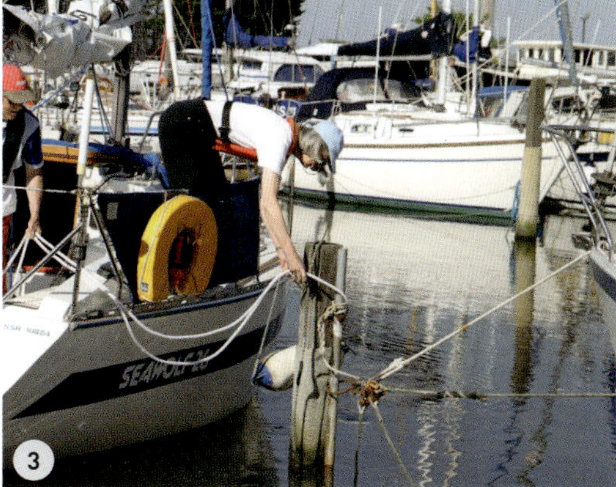

3. Oder machen Sie eine Spring am luvseitigen Dalben fest.

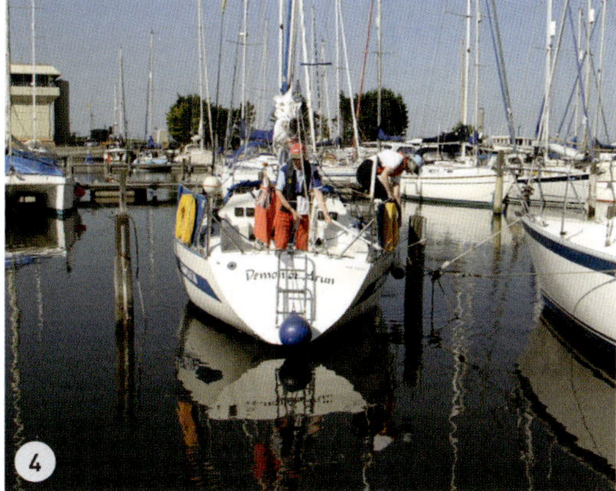

4. Fahren Sie rückwärts gegen die Spring in die Box ein.

ANLEGEN IN DER BOX – EINHAND MIT HAHNEPOT VOM BUG ZUM HECK

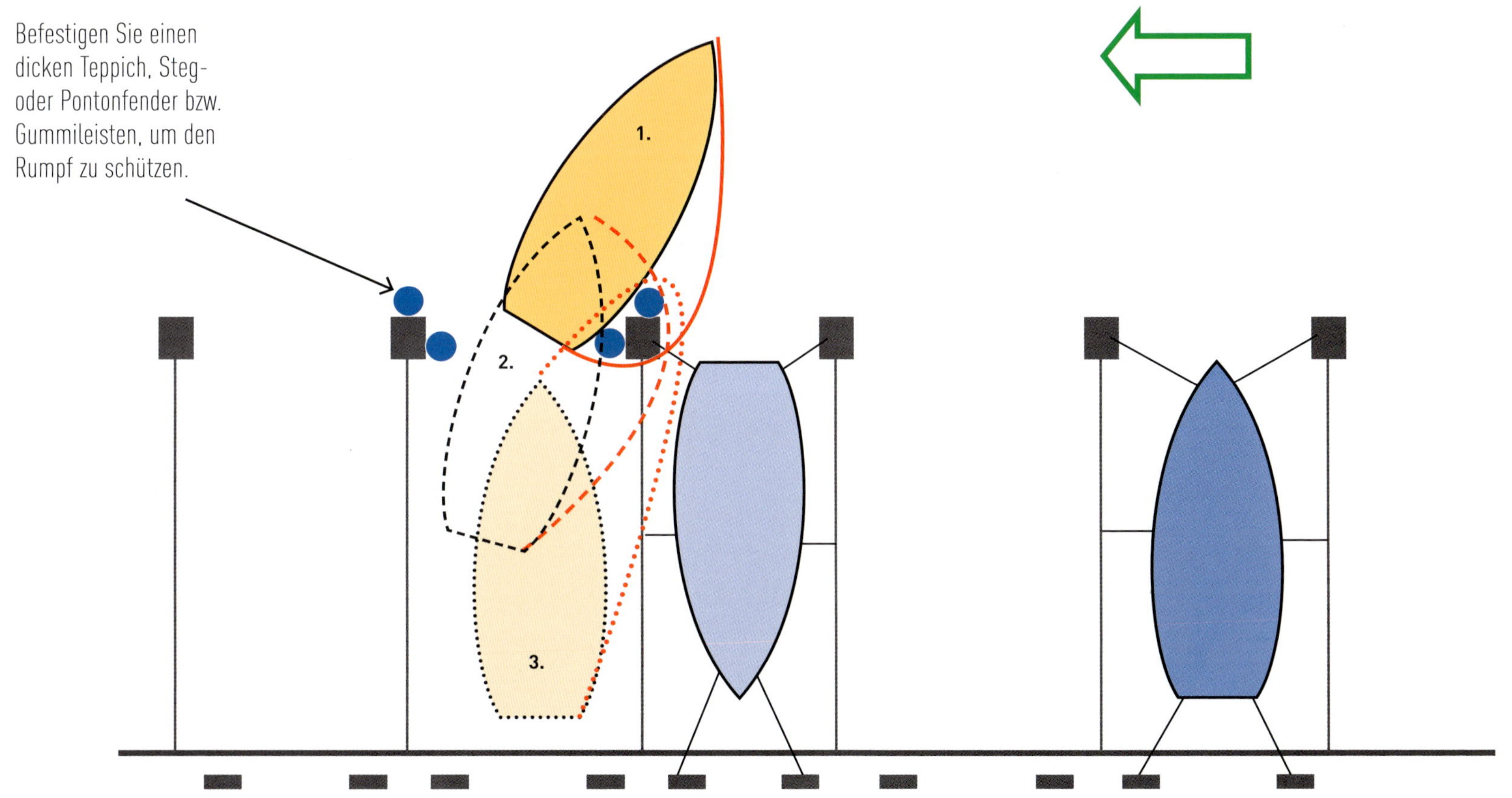

ANLEGEN IM PÄCKCHEN

- Nähern Sie sich dem äußeren Boot im Päckchen gegen den Strom.
- Bringen Sie die Fender auf Höhe der Deckskante aus.
- Falls möglich, verbinden Sie ihr Boot mit dem äußeren Boot im Päckchen durch eine kurze Leine mittschiffs.
- Übergeben Sie die Festmacher mit Palstekschlaufen an die Crew des Bootes im Päckchen, damit diese sie über die Klampen an Bug und Heck legen. Holen Sie die Festmacher von Ihrem Boot aus dicht.
- Sobald Sie mit Bug- und Heckleinen sowie Springs vertäut sind, bringen Sie auch noch Landleinen nach vorn und achtern aus.

1. Ein Fender auf Steghöhe, der unter dem unteren Relingsdraht durchgezogen und wieder über die Reling gehängt wird, wird zu einem Fender auf Deckshöhe.

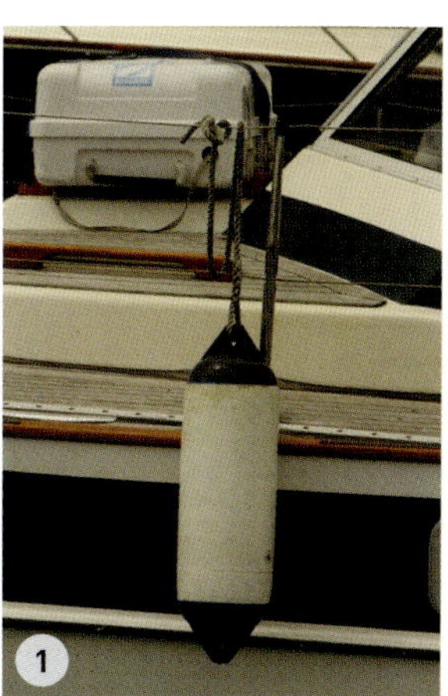

2. Verbinden Sie die beiden Boote mit einer kurzen Leine mittschiffs, um nicht vom Strom zurückgetrieben zu werden.

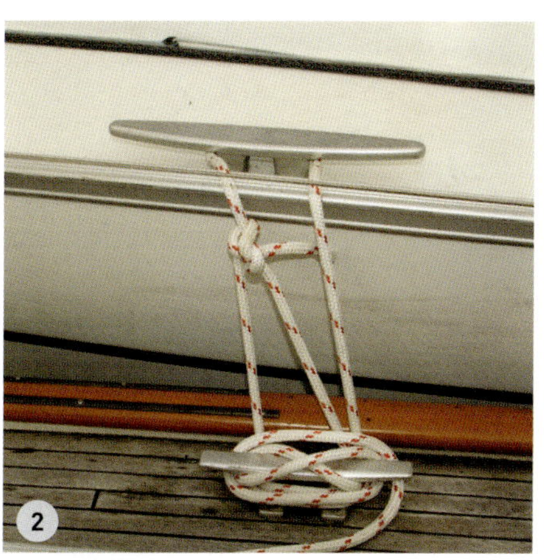

3. Übergeben Sie die Festmacher mit Palstekschlaufen an die Crew des anderen Bootes.

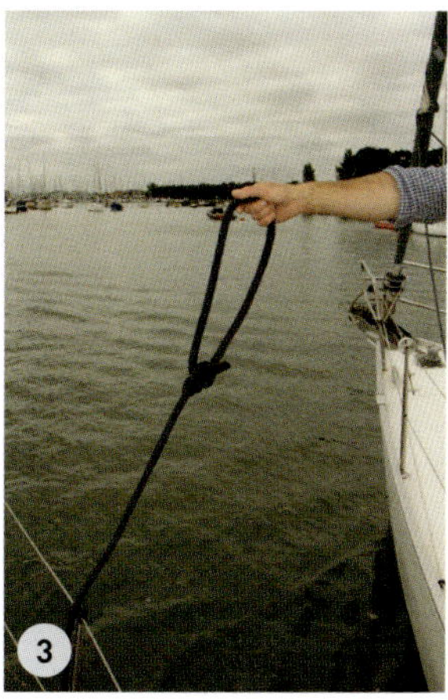

4. Beachten Sie, dass das Boot mit der niedrigeren Deckskante nicht ausreichend durch die ausgebrachten Fender geschützt wird. Die Fender sollten immer von dem Boot mit der höheren Deckskante ausgebracht werden.

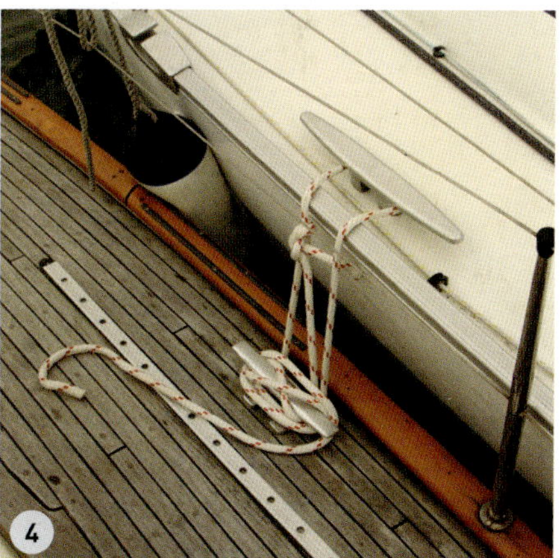

ABLEGEN AUS DER MITTE EINES PÄCKCHENS

- Die Festmacher sind für jedes Boot farblich unterschiedlich dargestellt, um sie leichter zuordnen zu können.

- Im dritten Schritt dampft Boot 2 mit Schub zurück in eine von seinem Heck zu einer Mittschiffsklampe auf Boot 1 ausgebrachte Achterspring auf Slip ein, um den Bug abzudrücken. Dann wird die Spring geslippt, und Boot 2 kann aus dem Päckchen ausfahren.

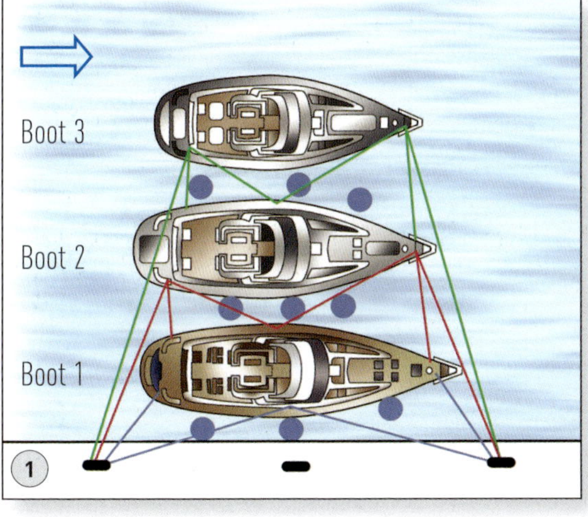

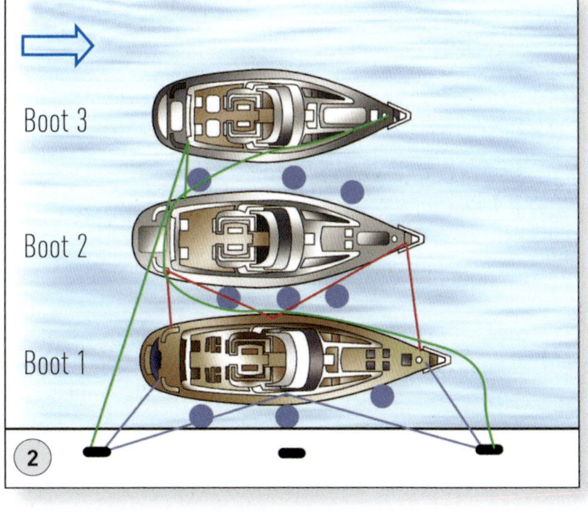

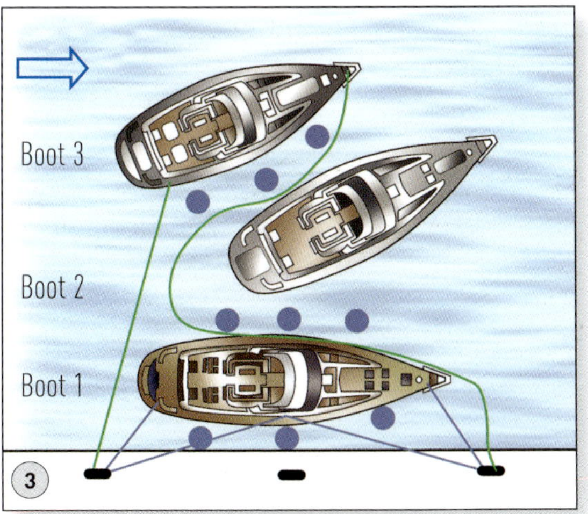

Ein Päckchen sollte nur in Stromlee geöffnet werden, sodass es sich durch den Strom wieder schließt, nachdem ein Boot ausgefahren ist.

ANLEGEN IM PÄCKCHEN UND ABLEGEN AUS DER MITTE EINES PÄCKCHENS

- Steuern Sie das Päckchen gegen den Strom an.
- Bringen Sie die Fender auf Höhe der Deckskante aus.
- Machen Sie nach Möglichkeit mit einer kurzen Leine mittschiffs am äußeren Boot fest.
- Übergeben Sie die Festmacher mit Palstekschlaufen an die Crew des Bootes im Päckchen, damit diese sie über die Klampen legen. Holen Sie die Festmacher von Ihrem Boot aus dicht.
- Vertäuen Sie Ihr Boot zusätzlich mit Springs und Landleinen.
- Die Festmacher sind für jedes Boot farblich unterschiedlich dargestellt, um sie leichter zuordnen zu können.
- Im dritten Schritt drückt sich Boot 2 mit dem Bug von Boot 1 ab. Das Päckchen öffnet sich, und Boot 2 kann ausfahren.

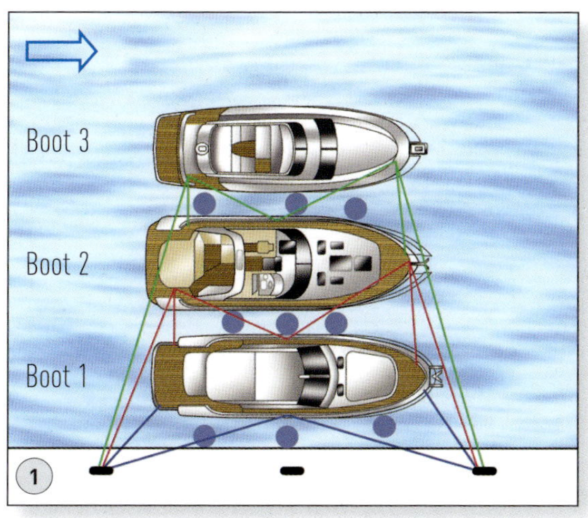

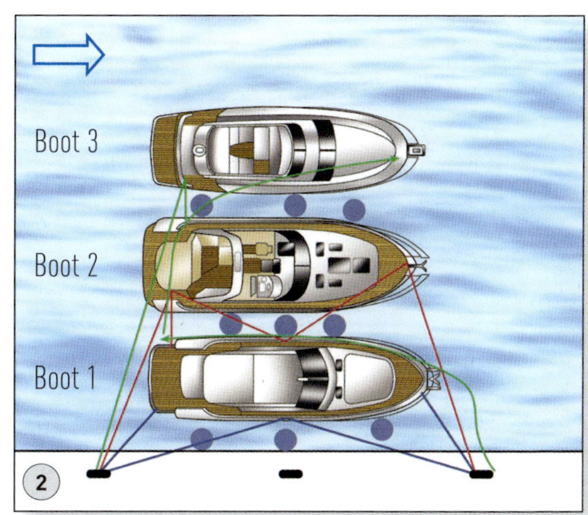

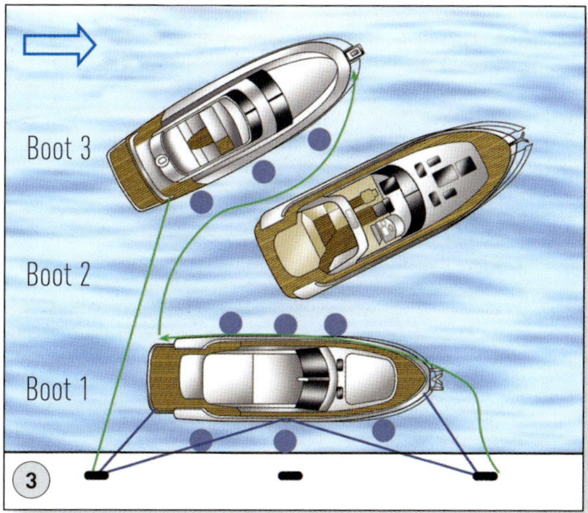

Ein Päckchen sollte nur in Stromlee geöffnet werden, sodass es sich durch den Strom wieder schließt, nachdem ein Boot ausgefahren ist.

ANKERN UND ANKERTYPEN

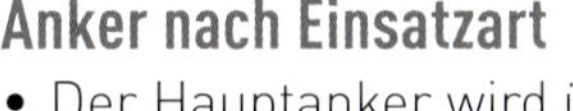

Ankerlieger

- Bringt man einen Anker aus, liegt das Boot vor Anker.
- Bringt man zwei Anker aus, spricht man von einer Muring.

Anker nach Einsatzart

- Der Hauptanker wird über den Bug ausgebracht.
- Ein Warpanker wird zum Verholen verwendet und kann mit dem Beiboot ausgebracht werden, um das Boot beispielsweise von einer Sandbank freizuziehen. Oft wird ein leichtgewichtiger Fortress-Plattenanker oder ein CQR-Anker eingesetzt.

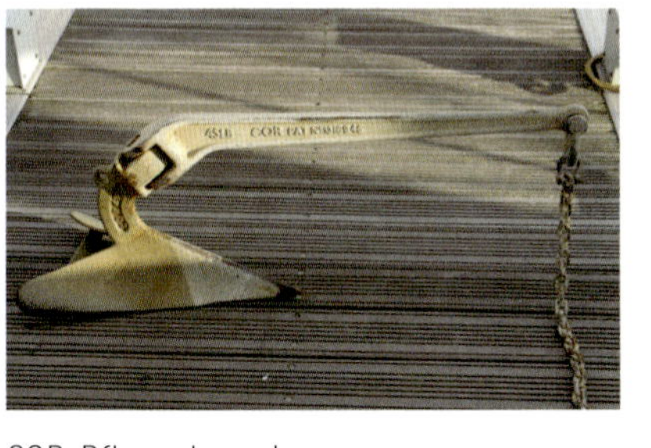

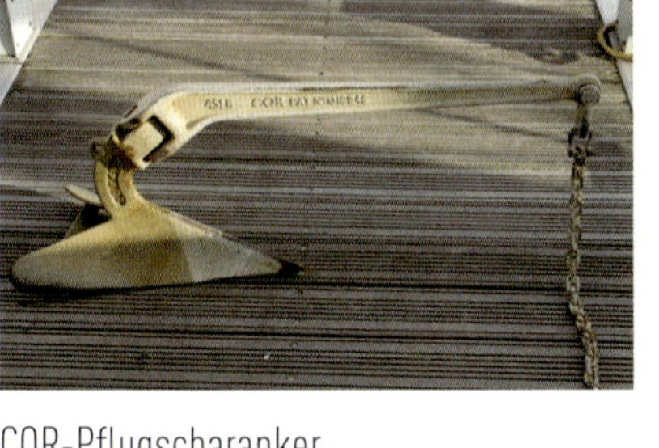

CQR-Pflugscharanker.

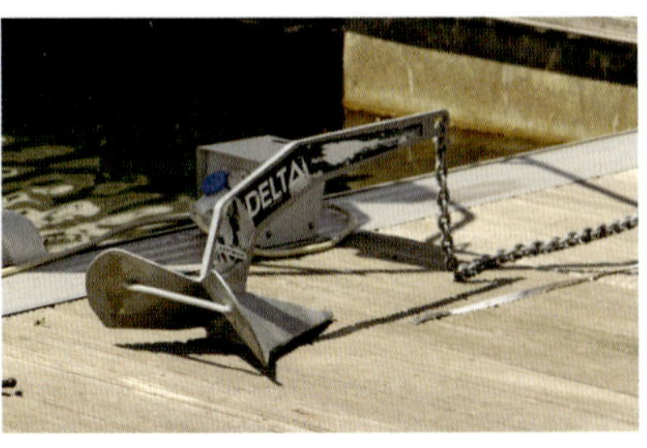

Fester Pflugscharanker, Marke Delta.

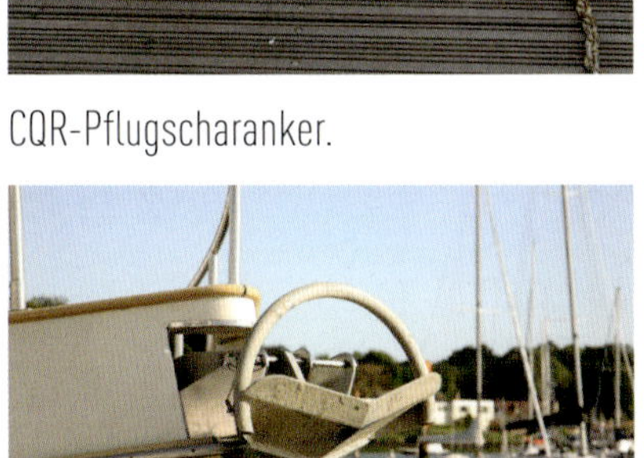

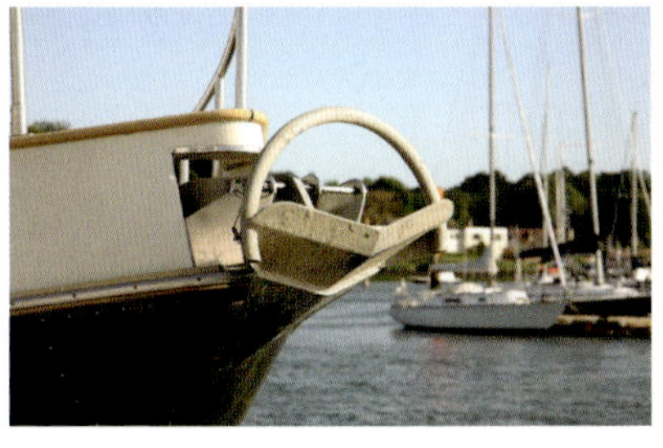

Bügelanker, Marke Rocna.

Plattenanker, Marke Fortress.

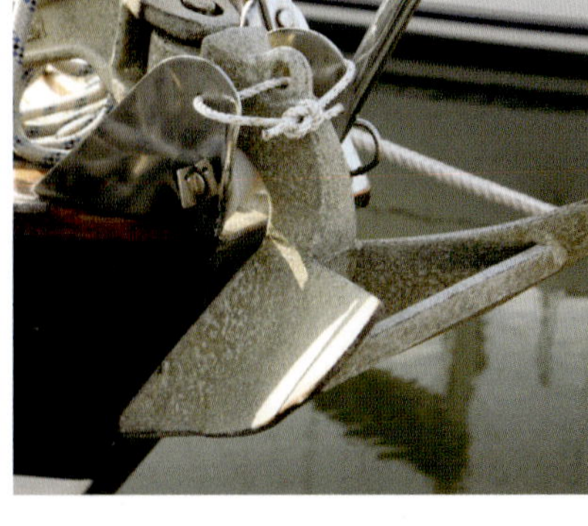

Sichern Sie den Anker, wenn er nicht in Gebrauch ist.

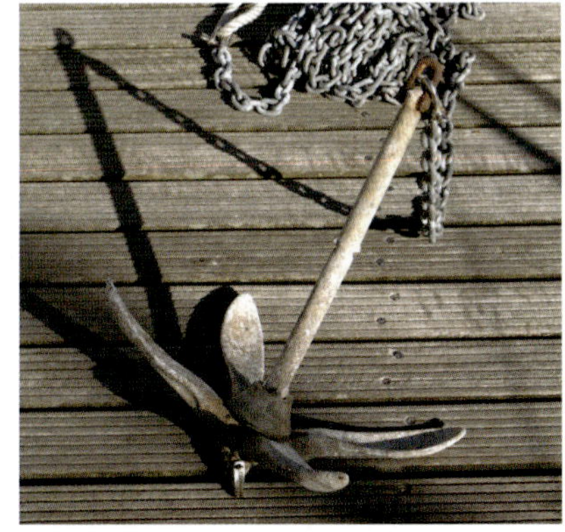

Klappdraggen.

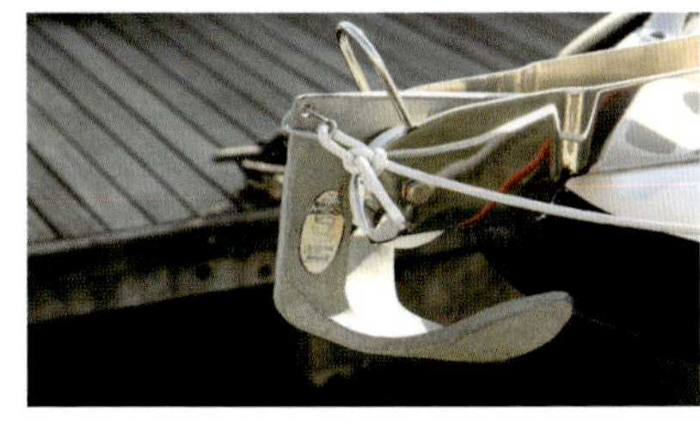

Bruce-Anker oder M-Anker.

FÜNF GRUNDREGELN BEIM ANKERN

Schutz

- Nicht vor einer Leeküste oder im Bereich tückischer Gezeitenströme.

Verbote

- Nicht in Fahrwassern, Schifffahrtsstraßen oder Ankerverbotszonen.

Grund

- Kann der verwendete Ankertyp gute Haltekraft entfalten?
- Sand und Schlick bieten guten Halt, Fels dagegen weniger.

Tiefe

- Ausreichend Wasser unter dem Kiel bei Niedrigwasser und genug Ankertrosse bei Hochwasser.

Raum zum Schwojen

- Ist genug Platz vorhanden, wenn der Wind dreht oder der Strom kentert?

DURCHHANG

- 4-fache Wassertiefe, wenn ausschließlich Kette verwendet wird.
- 6-fache Wassertiefe, wenn eine Ankerleine mit Kettenvorlauf verwendet wird.
- Der Kettenvorlauf sollte mindestens 10 Meter lang sein, damit sich der Anker gut eingraben kann.
- Bei der Berechnung der Wassertiefe muss bedacht werden, ob das Echolot die tatsächliche Wassertiefe oder die Tiefe unter dem Kiel anzeigt.
- Addieren Sie immer noch einen Meter für die Höhe der Bugrolle über der Wasseroberfläche dazu.

MARKIERUNGEN AN DER KETTE

Man muss jederzeit erkennen können, wie viele Meter Kette oder Ankerleine man abgelassen hat.

Ich knote dazu farbige Tuchstreifen in die Kette.

Kettenmarkierungen		
Reihenfolge wie beim Snooker		
Rot	=	5 m
Gelb	=	10 m
Grün	=	15 m
Braun	=	20 m
Blau	=	25 m
Pink	=	30 m
Schwarz	=	35 m
2 × rot	=	40 m
2 × gelb	=	45 m

Kettenmarkierungen		
Alphabetische Reihenfolge (englisch)		
Black	=	5 m
Blue	=	10 m
Brown	=	15 m
Green	=	20 m
Pink	=	25 m
Red	=	30 m
Yellow	=	35 m
2 × Black	=	40 m
2 × Blue	=	45 m

ANKER SCHNELL ABLASSEN – VERTIKALE ANKERWINDE

Möchte man den Anker schnell ablassen, sollte man die Kette nicht mit der elektrischen Ankerwinde fieren. Lösen Sie stattdessen die Bremse an der Winde, und lassen Sie die Kette ausrauschen oder ...

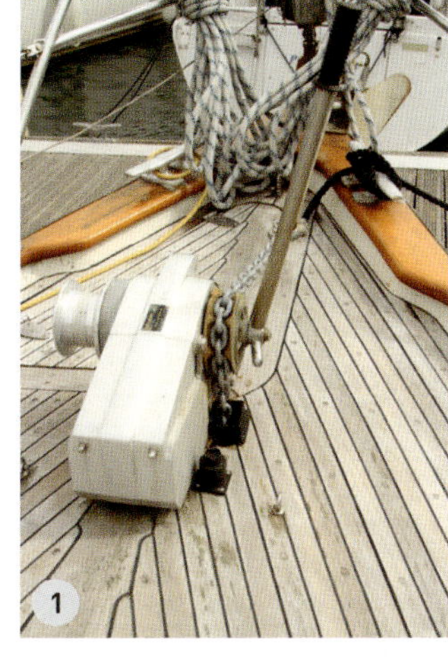

1. Lösen Sie die Sicherung am Anker.

Verwahren Sie den Hebel für die Bremse stets griffbereit im Ankerkasten.

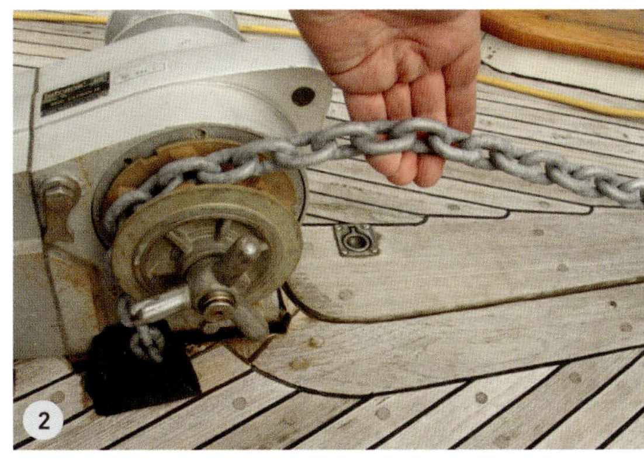

2. Vor der Ankerwinde ist die Kette zu sehr gespannt, um sie von der Nuss zu heben.

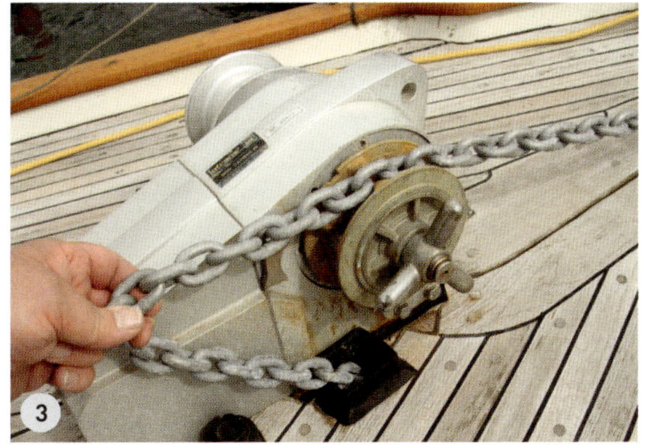

3. Ziehen Sie stattdessen hinter der Ankerwinde mehr Kette aus dem Ankerkasten.

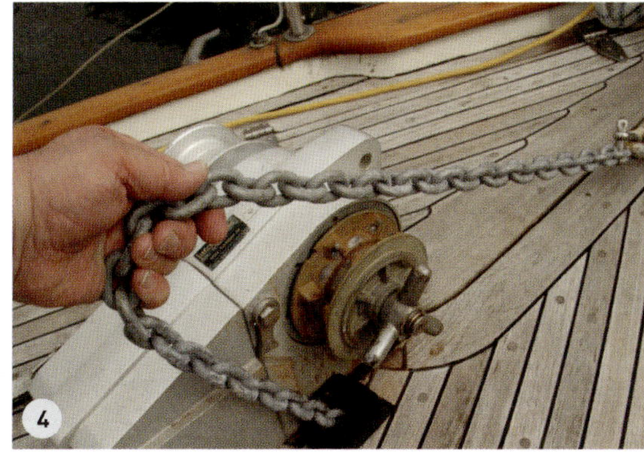

4. Heben Sie die Kette von der Kettennuss, und fieren Sie sie von Hand.

ANKER SCHNELL ABLASSEN – HORIZONTALE ANKERWINDE

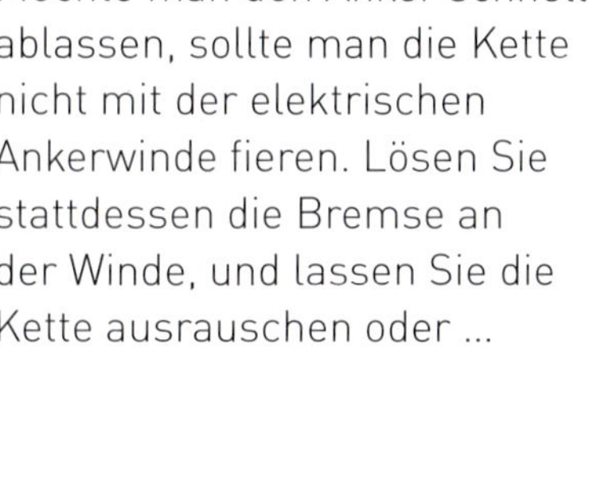

Möchte man den Anker schnell ablassen, sollte man die Kette nicht mit der elektrischen Ankerwinde fieren. Lösen Sie stattdessen die Bremse an der Winde, und lassen Sie die Kette ausrauschen oder ...

Verwahren Sie den Hebel für die Bremse stets griffbereit im Ankerkasten.

1. Lösen Sie die Sicherung am Anker. Vor der Ankerwinde ist die Kette zu sehr gespannt, um sie von der Kettennuss zu heben.

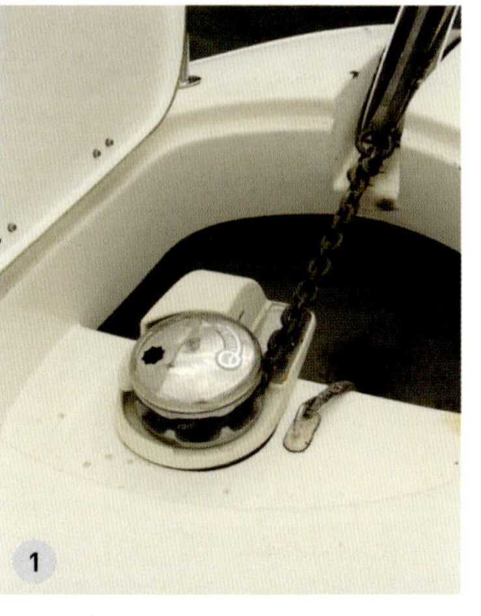

2. Ziehen Sie stattdessen hinter der Ankerwinde mehr Kette aus dem Ankerkasten.

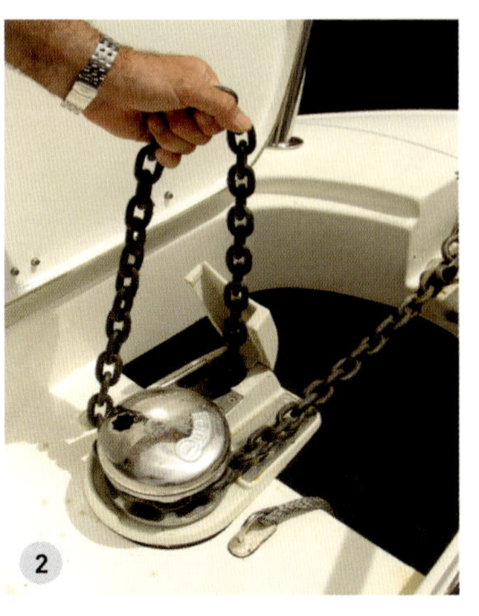

3. Heben Sie die Kette von der Kettennuss, und fieren Sie sie von Hand.

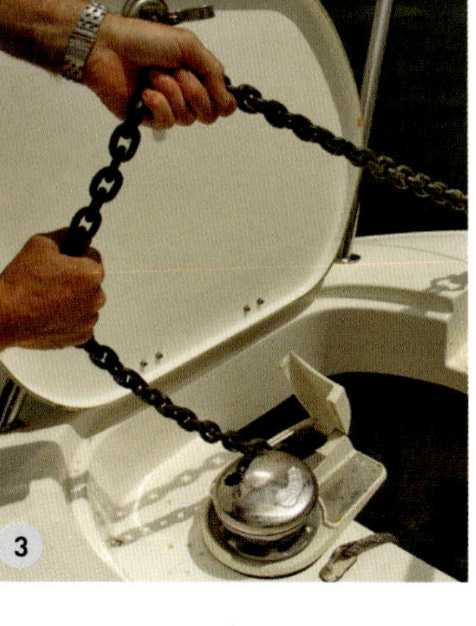

4. Manchmal genügt es, die Oberseite kräftig von Hand zu drehen, um die Bremse zu lösen. (Achtung: Kommen Sie nicht mit den Fingern unter die Kette!)

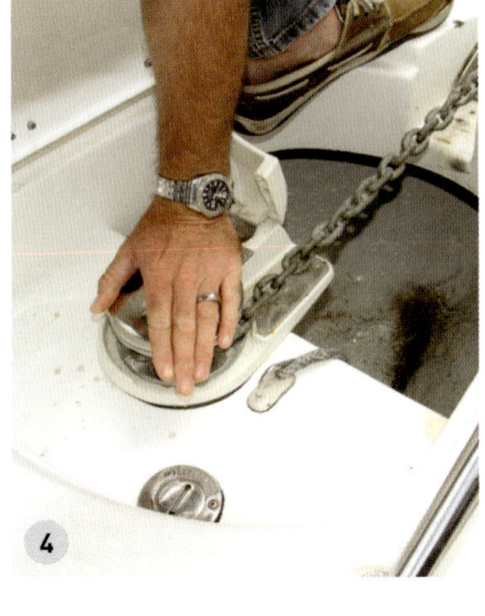

ANKER FEST?

- Fahren Sie mit dem Boot über den Anker.
- Versuchen Sie den Anker von verschiedenen Richtungen aus aufzuholen.
- Binden Sie eine Palstekschlaufe um die Ankerkette. Beschweren Sie die Leine, und lassen Sie sie absinken. Versuchen Sie die Leine über den Schaft des Ankers zu ziehen und den Anker von der anderen Seite an der Leine aufzuholen oder auszubrechen.
- Lässt sich der Anker trotz allem nicht aufholen, markieren Sie die Position mit der MOB-Taste am GPS-Gerät, und befestigen Sie eine Boje an der Kette, bevor Sie die Kette bordseitig lösen. So kann sie leicht wiedergefunden werden, wenn Sie mit einem Taucher-Team zurückkommen.
- Bei unreinem Grund sollte man grundsätzlich nicht ankern. Falls es jedoch in einer Notsituation unumgänglich ist, sollte vorsorglich eine Aufhol- oder Tripleine an der vorderen Öse des Ankers befestigt werden. Am anderen Ende der Leine wird eine Boje befestigt, die die Position des Ankers anzeigt. An der Aufholleine kann der Anker ausgebrochen werden.

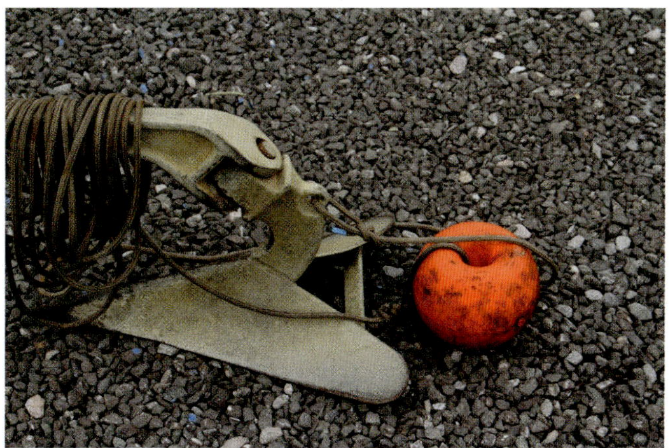

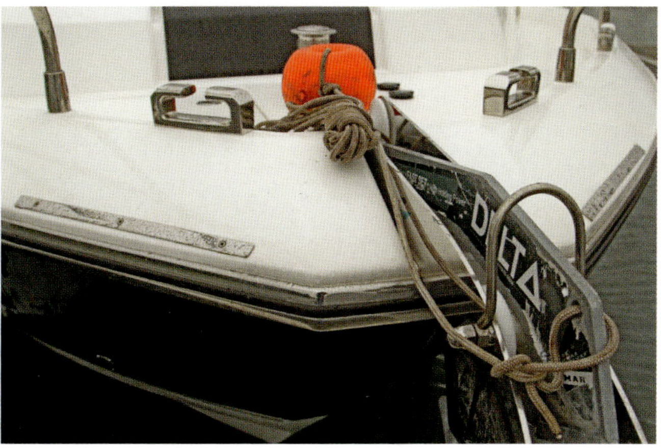

ANKERBEFESTIGUNG NACH DER FISCHER-METHODE

Manche Fischer schäkeln die Kette an der Aufholöse am Anker an und befestigen sie entlang des Ankerschafts mit einer dünnen Leine oder mit Kabelbindern. Kommt der Anker am Grund unklar, fährt man einfach über den Anker, sodass die Verbindung zum Ankerschaft aufbricht und der Anker an der vorderen Öse aufgeholt werden kann.

Um nachts ruhig vor Anker schlafen zu können, würde ich diese Methode jedoch nicht empfehlen.

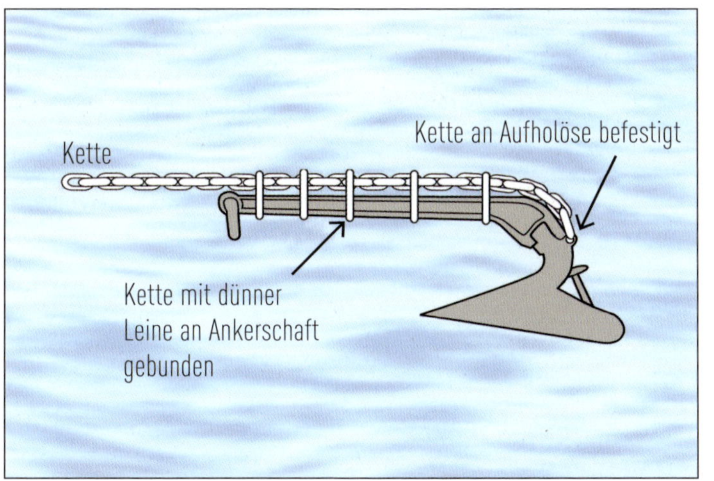

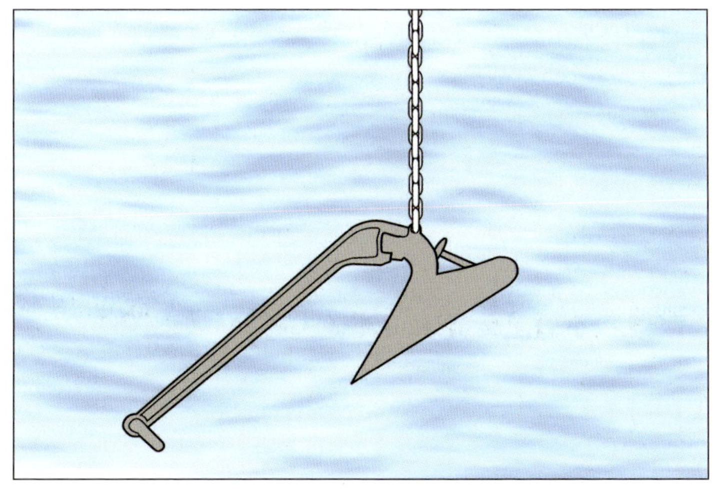

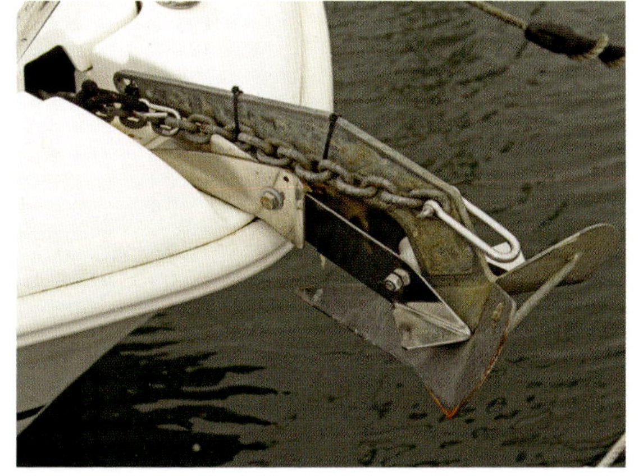

AUFHOLLEINE

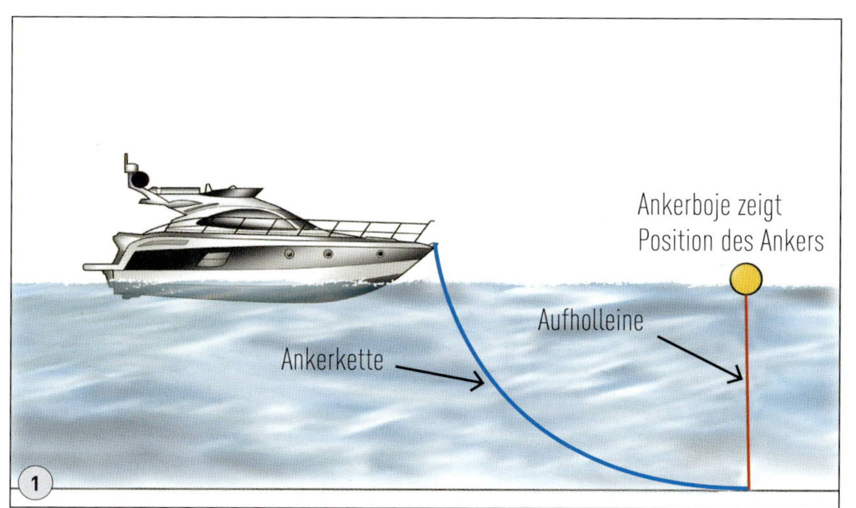

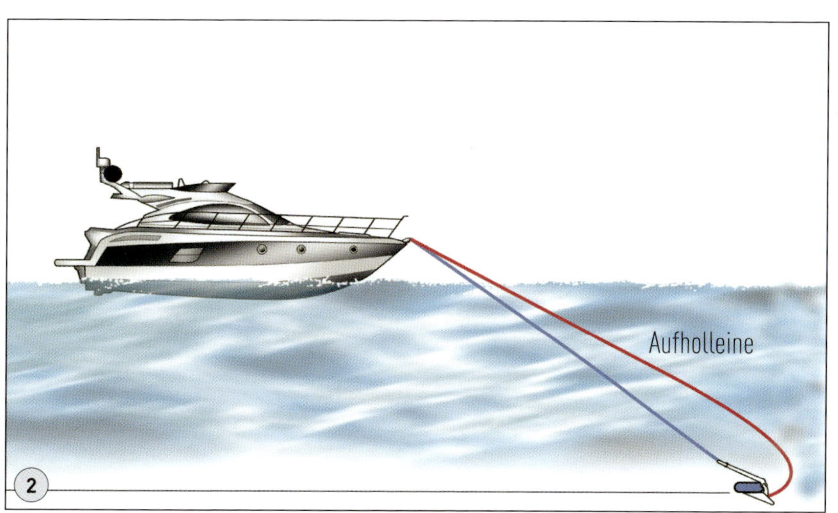

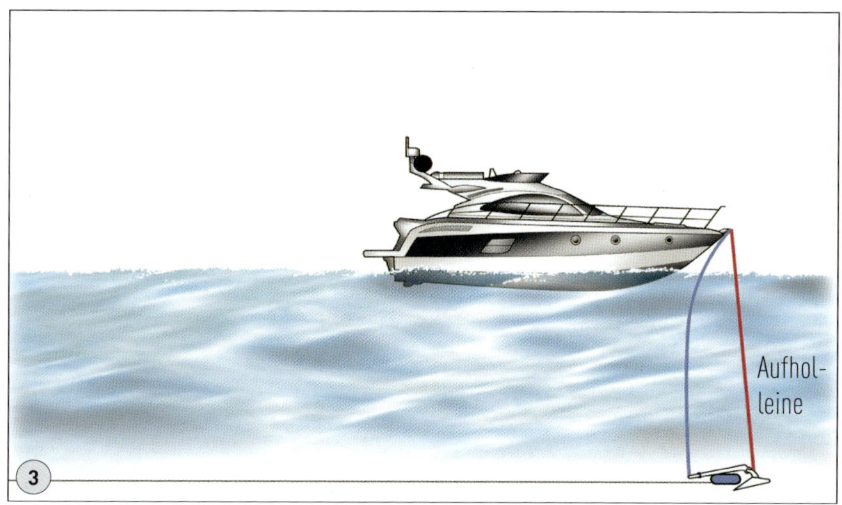

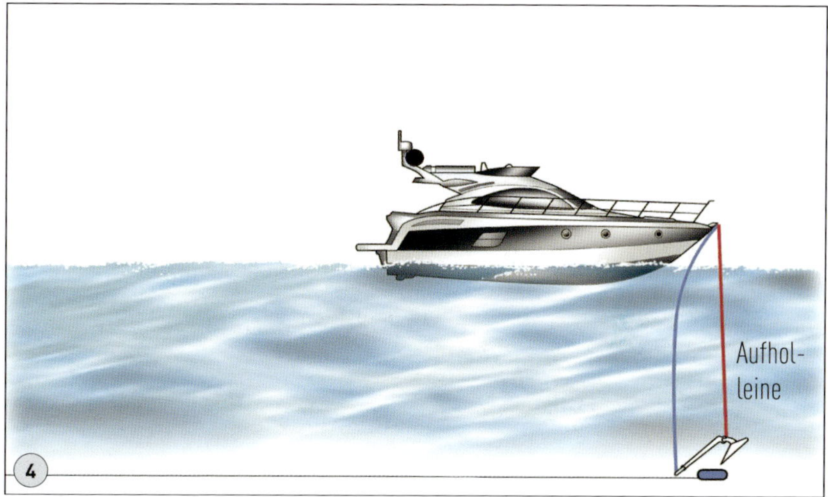

BOJE MIT BELEGLEINE UND SCHWIMMER – HAHNEPOT VOM COCKPIT

Führen Sie eine Hahnepot von einer Bugklampe außenbords nach achtern bis ins Cockpit, und belegen Sie sie an einer Winsch.

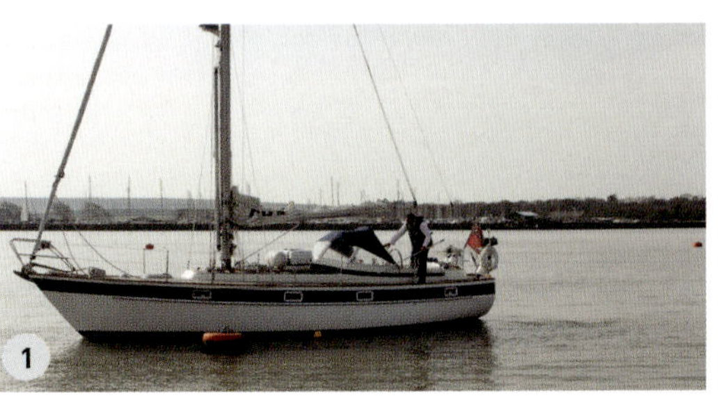

1. Steuern Sie die Boje gegen den Strom an. Stoppen Sie das Boot in Lee der Boje mit der Belegleine auf Höhe des Cockpits.

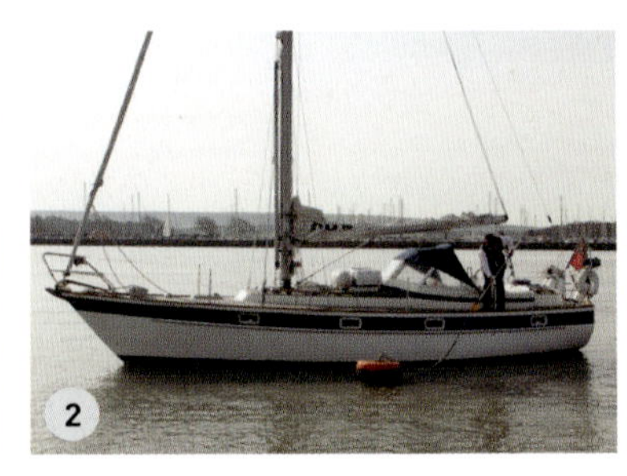

2. Nehmen Sie die Belegleine samt Schwimmer mit dem Bootshaken auf.

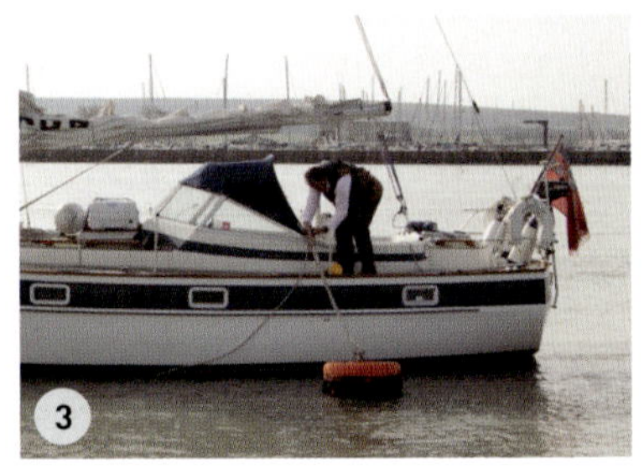

3. Stecken Sie das Ende der Hahnepot durch die Schlaufe der Belegleine, und ...

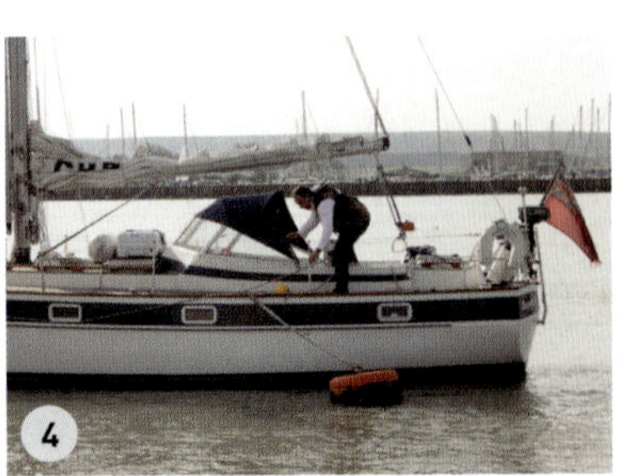

4. ... führen Sie es zu einer Cockpitwinsch.

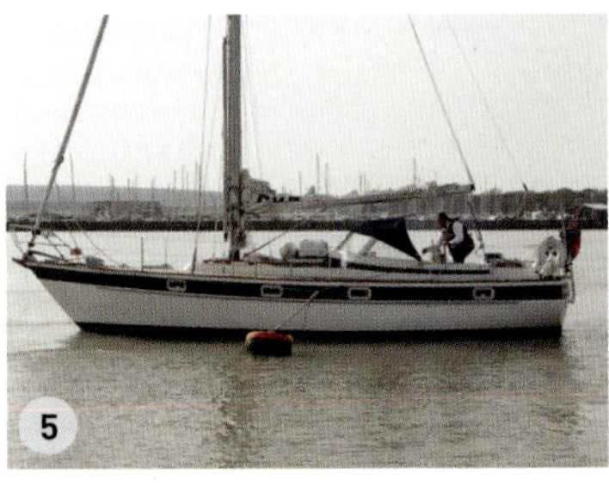

5. Lassen Sie das Boot zurücktreiben.

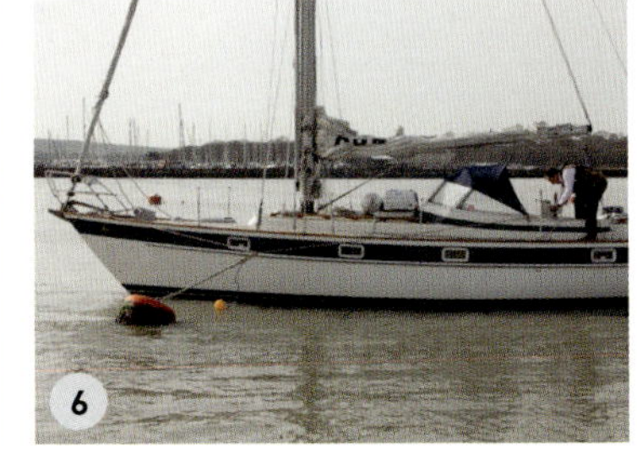

6. Mit etwas Motorschub zurück geht es schneller.

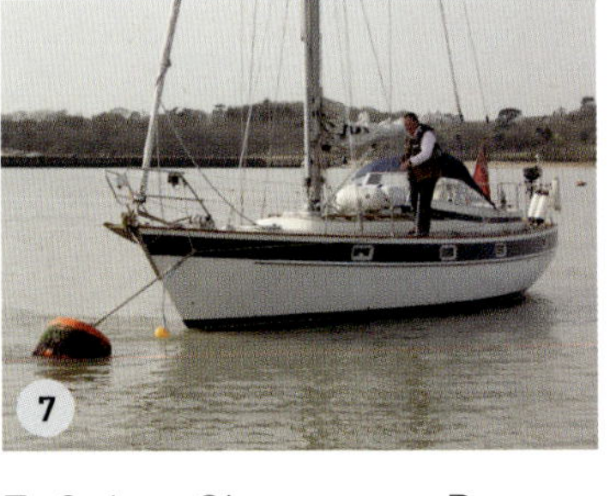

7. Gehen Sie vor zum Bug.

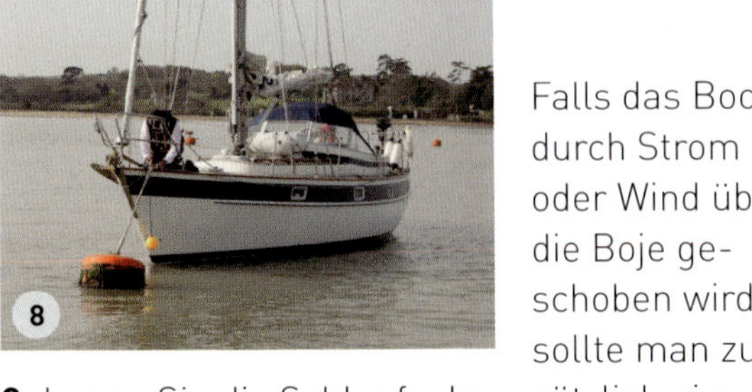

8. Legen Sie die Schlaufe der Belegleine über eine Bugklampe – das Boot ist fest!

Falls das Boot durch Strom oder Wind über die Boje geschoben wird, sollte man zusätzlich einen Heckanker ausbringen.

BOJE MIT BELEGLEINE UND SCHWIMMER – HAHNEPOT MITTSCHIFFS

Führen Sie eine Hahnepot von einer Bugklampe außenbords nach achtern, und bringen Sie sie mittschiffs wieder an Bord.

1. Steuern Sie die Boje gegen den Strom und in Lee an.

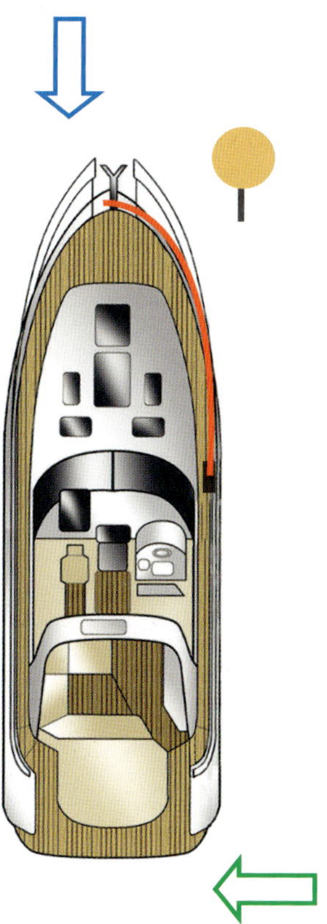

2. Nehmen Sie die Belegleine samt Schwimmer mit dem Bootshaken auf. Stecken Sie das Ende der Hahnepot durch die Schlaufe der Belegleine, und machen Sie es an einer Mittschiffsklampe fest.

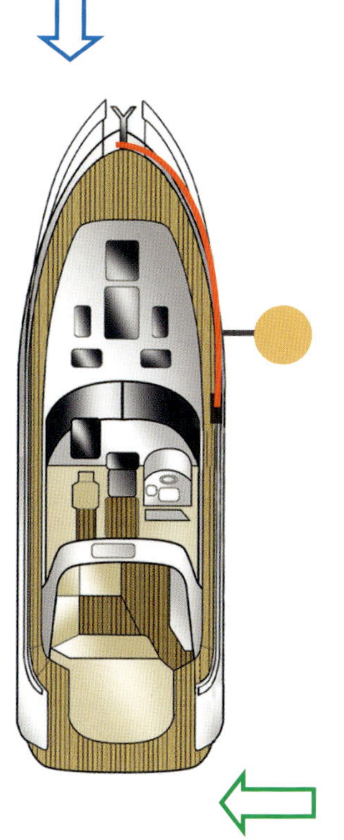

3. Das Boot treibt durch den Strom zurück, und die Boje wandert zum Bug. Um nachzuhelfen, kann man mit dem leeseitigen Antrieb, hier dem Backbord-Antrieb, Schub zurück geben. Dadurch wird das Heck etwas in den Wind gedreht, und die Boje wandert schneller zum Bug. Legen Sie dann die Schlaufe der Belegleine über die Bugklampe.

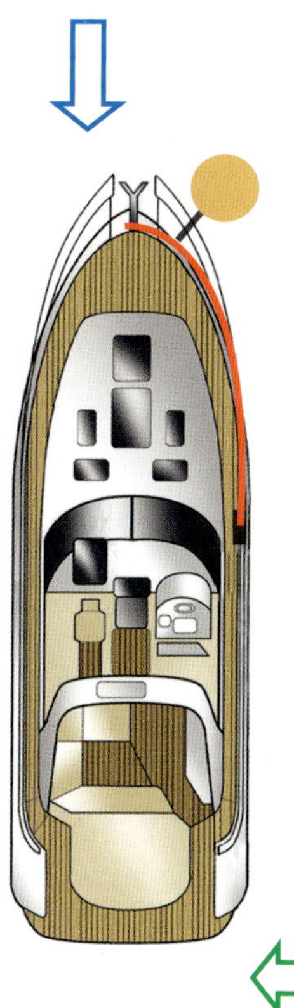

BOJE MIT BELEGLEINE UND SCHWIMMER – HAHNEPOT VOM COCKPIT

Führen Sie eine Hahnepot von einer Bugklampe außenbords nach achtern, und bringen Sie sie am Heck wieder an Bord.

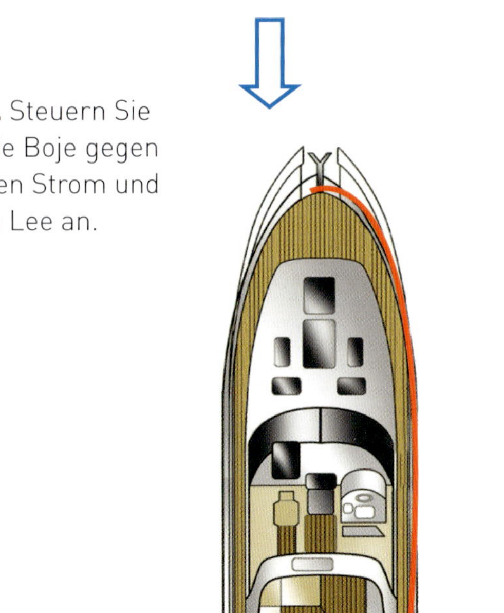

1. Steuern Sie die Boje gegen den Strom und in Lee an.

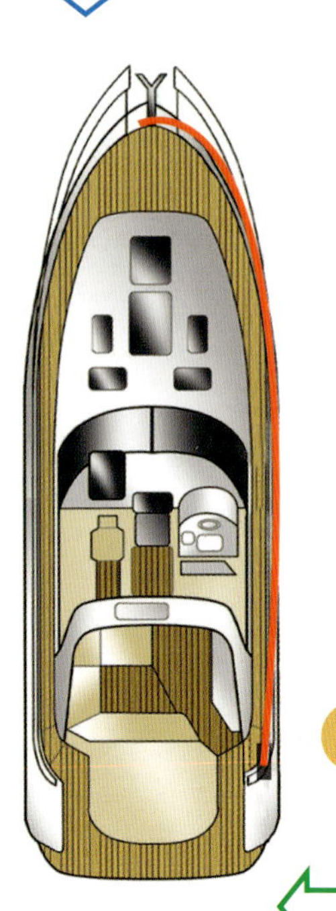

2. Nehmen Sie die Belegleine samt Schwimmer mit dem Bootshaken auf. Stecken Sie das Ende der Hahnepot durch die Schlaufe der Belegleine, und machen Sie es an einer Heckklampe fest.

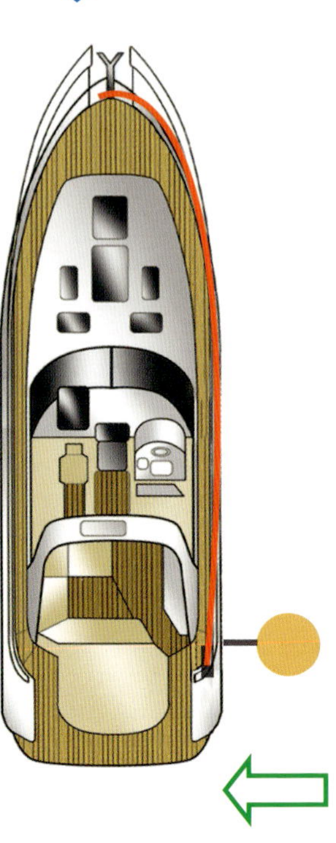

3. Das Boot treibt durch den Strom zurück, und die Boje wandert zum Bug. Um nachzuhelfen, kann man mit dem leeseitigen Antrieb, hier dem Backbord-Antrieb, Schub zurück geben. Dadurch wird das Heck etwas in den Wind gedreht, und die Boje wandert schneller zum Bug. Legen Sie dann die Schlaufe der Belegleine über die Bugklampe.

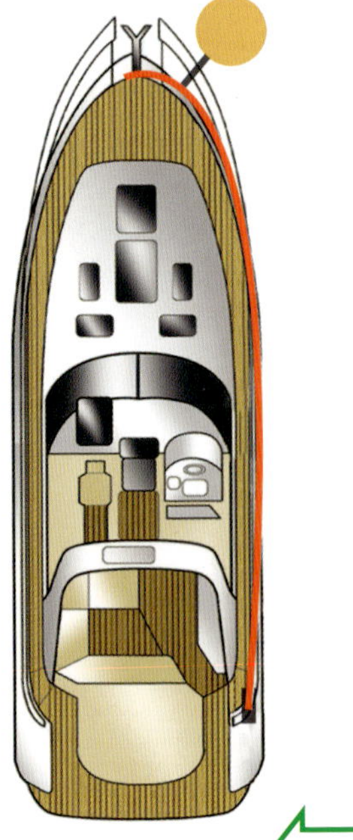

BOJE MIT BELEGLEINE UND SCHWIMMER – HAHNEPOT VOM COCKPIT

Führen Sie eine Hahnepot von einer Bugklampe außenbords nach achtern, bringen Sie sie auf Höhe des Cockpits wieder an Bord, und machen Sie sie an einer Heckklampe fest.

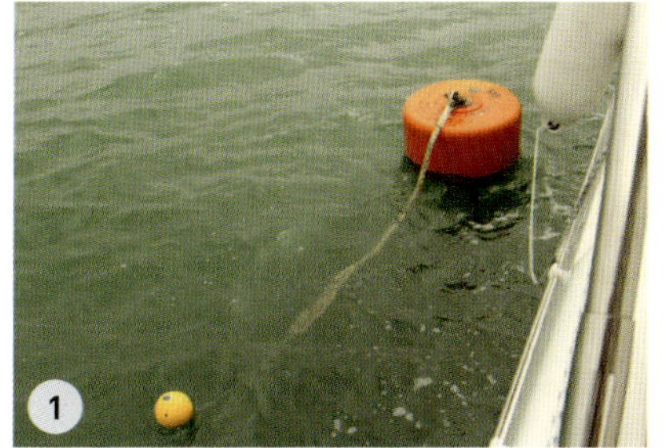

1. Steuern Sie die Boje gegen den Strom in Lee an. Stoppen Sie daneben auf.

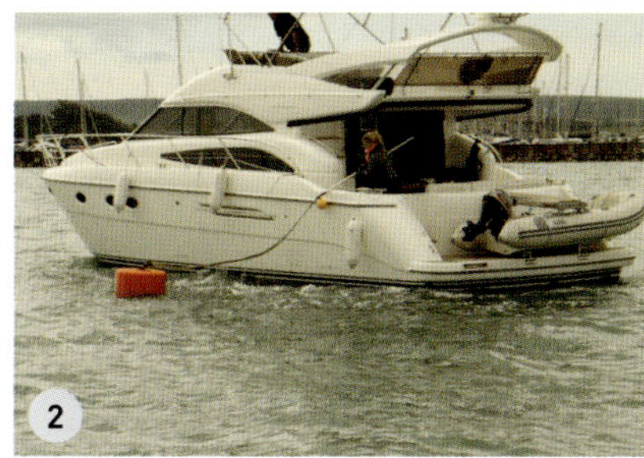

2. Nehmen Sie die Belegleine samt Schwimmer mit dem Bootshaken auf.

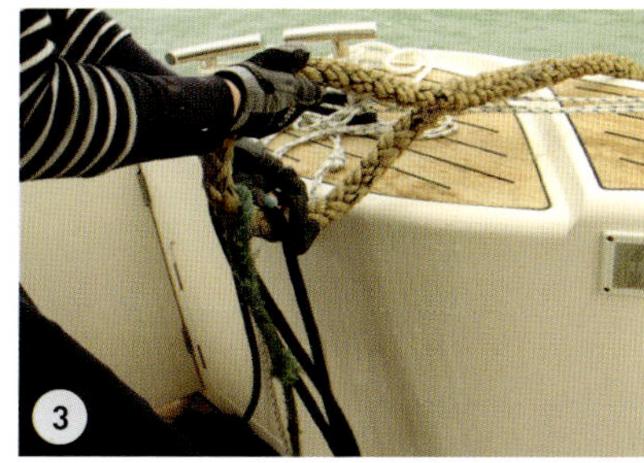

3. Stecken Sie das Ende der Hahnepot durch die Schlaufe der Belegleine.

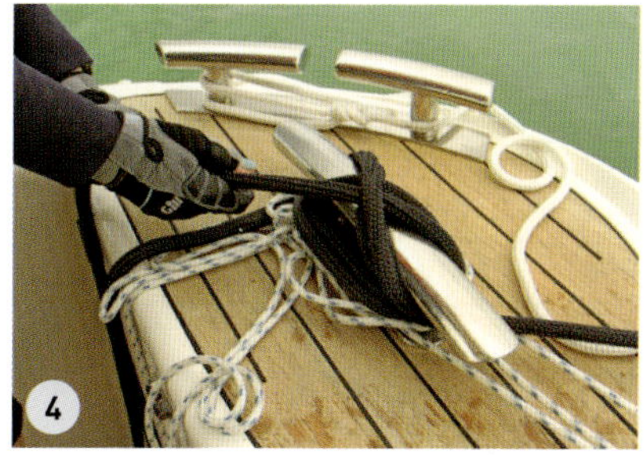

4. Machen Sie die Hahnepot an einer Heckklampe fest.

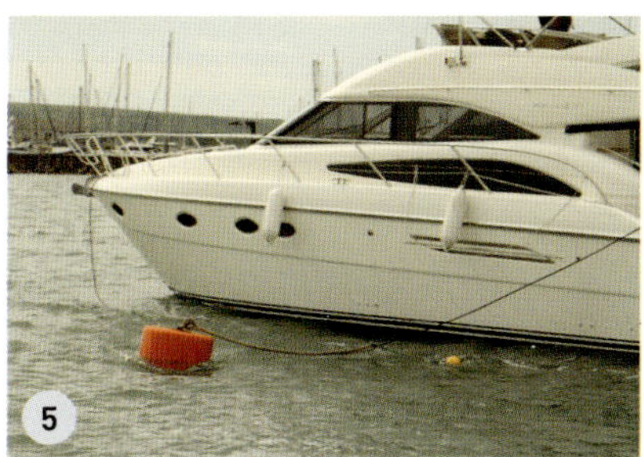

5. Das Boot treibt durch den Strom zurück, und die Boje wandert zum Bug.

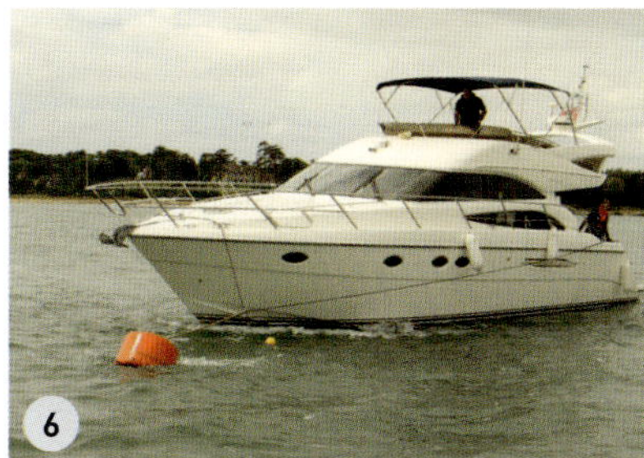

6. Um nachzuhelfen, kann man etwas Schub zurück geben.

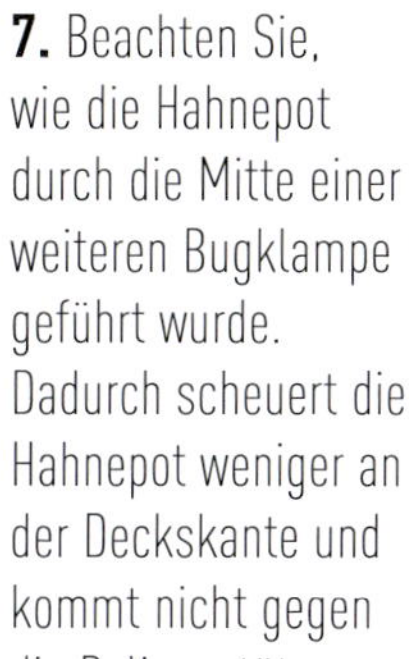

7. Beachten Sie, wie die Hahnepot durch die Mitte einer weiteren Bugklampe geführt wurde. Dadurch scheuert die Hahnepot weniger an der Deckskante und kommt nicht gegen die Relingsstützen.

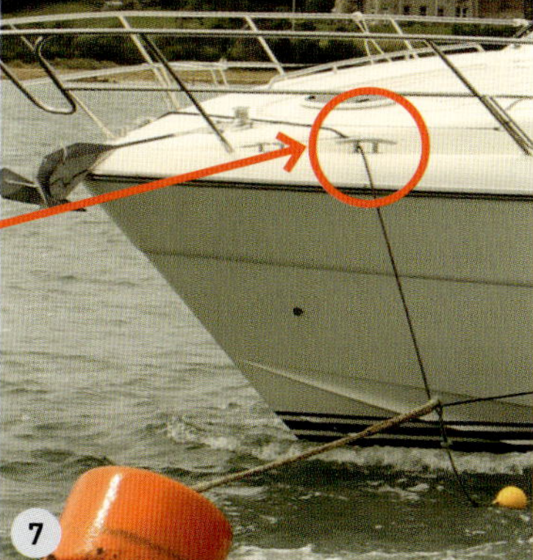

Um festzumachen, legen Sie die Schlaufe der Belegleine über die Bugklampe.

BOJE OHNE BELEGLEINE – LASSO-TECHNIK VOM COCKPIT

Führen Sie eine Hahnepot von einer Bugklampe außenbords nach achtern, bringen Sie sie auf Höhe des Cockpits wieder an Bord, und belegen Sie sie auf einer Winsch.

1. Steuern Sie die Boje gegen den Strom und in Lee an. Stoppen Sie neben der Boje auf.

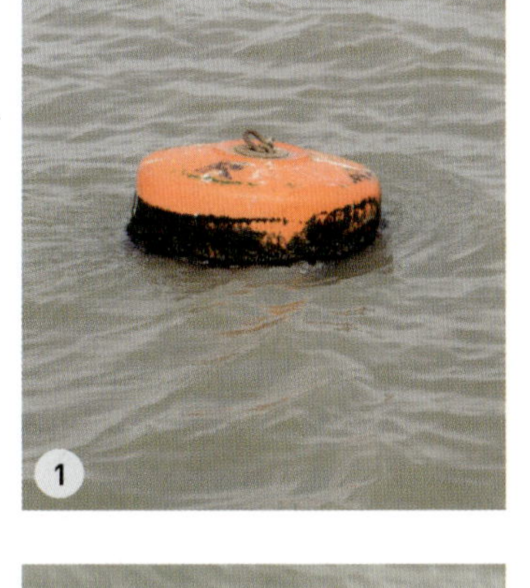

2. Machen Sie das Ende einer Leine an der Bugklampe fest und das andere Ende an einer Cockpitwinsch. Schießen Sie die Leine zu vier Buchten auf. Halten Sie je zwei Buchten in einer Hand.

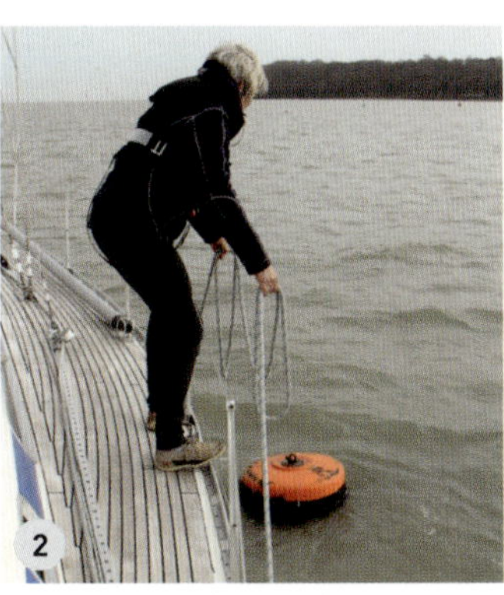

3. Werfen Sie die Leine mit der Lasso-Technik über die Boje.

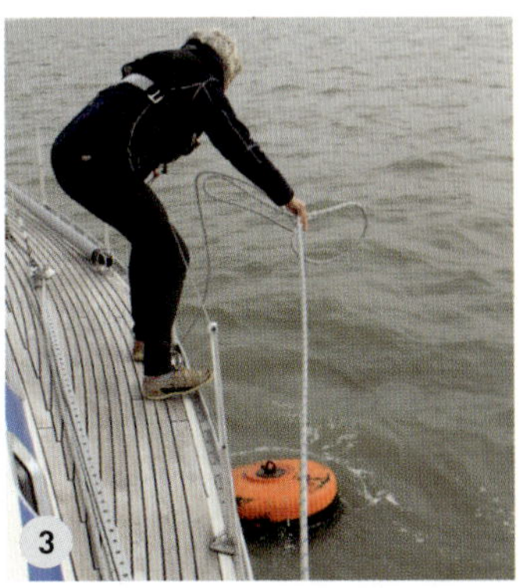

4. Lassen Sie die Leine absinken, bevor Sie sie mit der Winsch einholen.

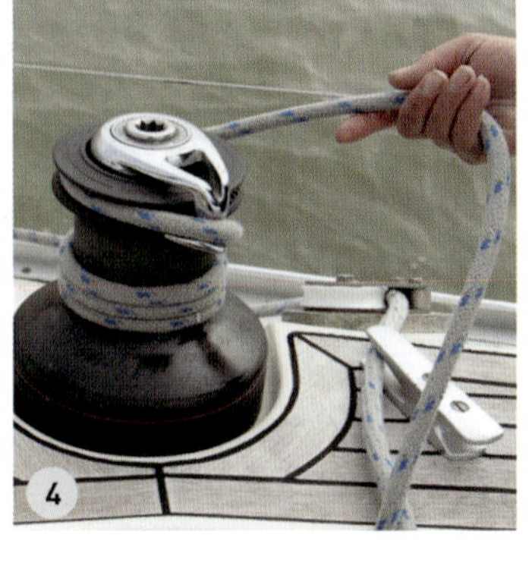

5. Das Boot treibt durch den Strom zurück, und die Boje wandert zum Bug.

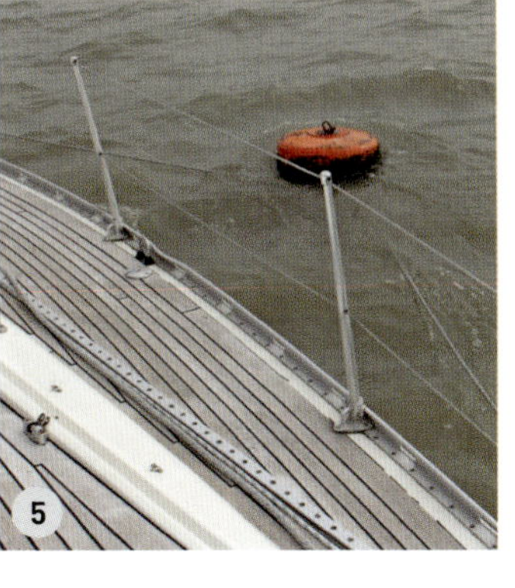

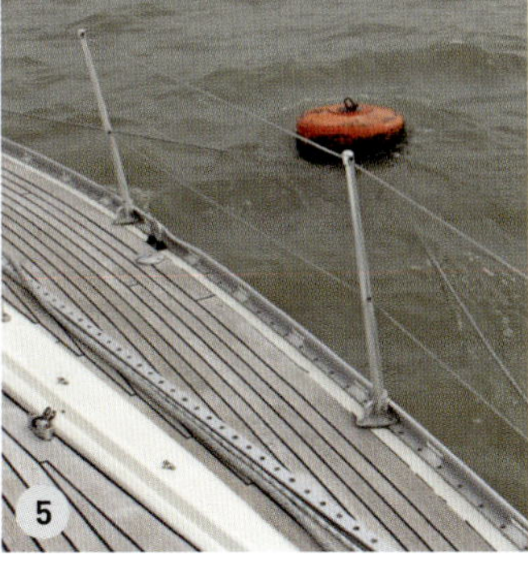

6. Jetzt können Sie einen Festmacher an der Boje anbringen. Oder Sie warten, bis der Hafenmeister kommt, um Ihnen zu helfen und das Liegegeld zu kassieren.

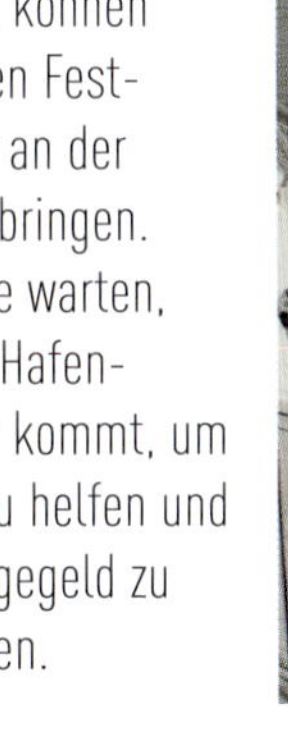

BOJE OHNE BELEGLEINE – LASSO-TECHNIK MITTSCHIFFS

Machen Sie eine Leine an der Bugklampe fest, und führen Sie sie außenbords zurück, um sie mittschiffs über die Boje zu werfen.

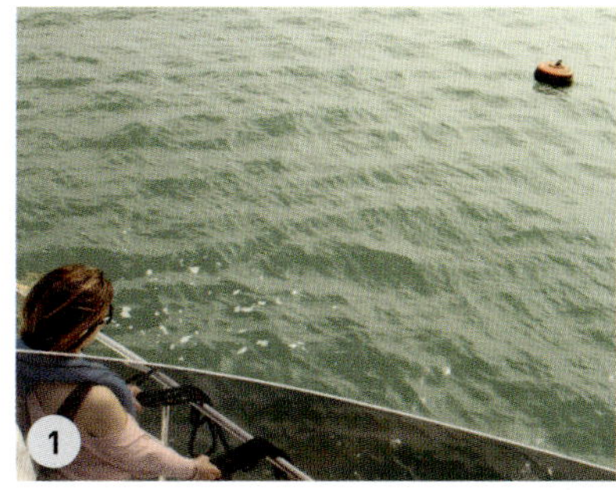

1. Steuern Sie die Boje gegen den Strom in Lee an.

2. Stoppen Sie das Boot neben der Boje auf. Schießen Sie die Leine in kleinen Buchten für den Lasso-Wurf auf.

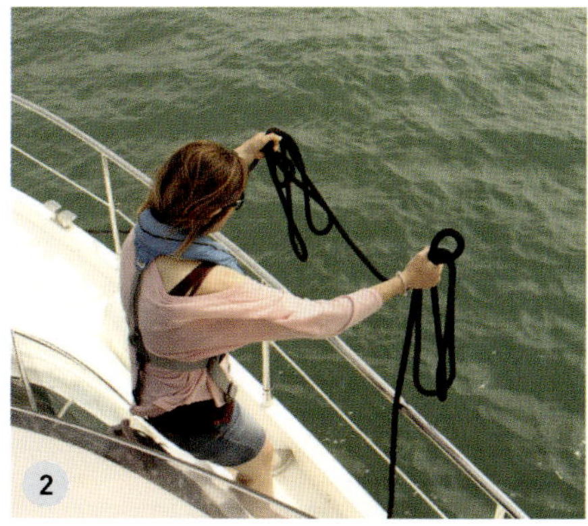

3. Werfen Sie die Leine über die Boje. Halten Sie das lose Ende gut fest.

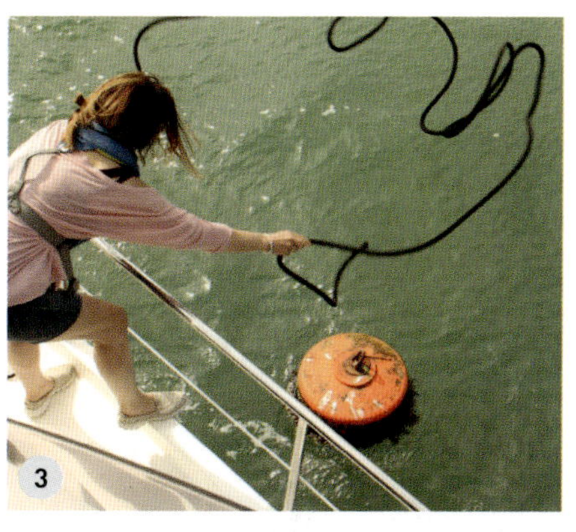

4. Lassen Sie die Leine absinken. Ziehen Sie die Leine nicht zu sehr nach oben. Nur bei seitlichem Zug kann die Leine unterhalb der Boje sicher halten.

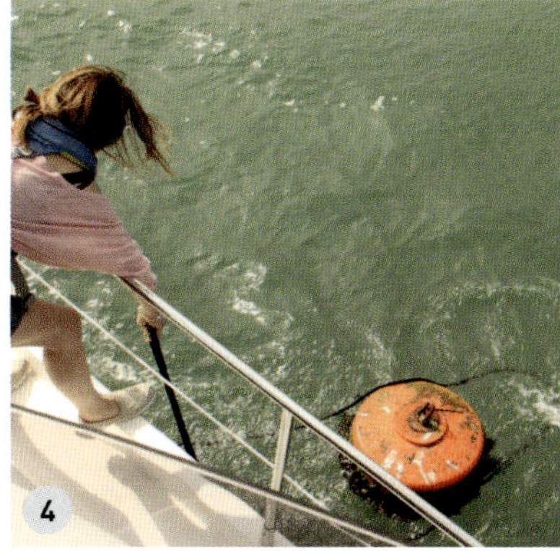

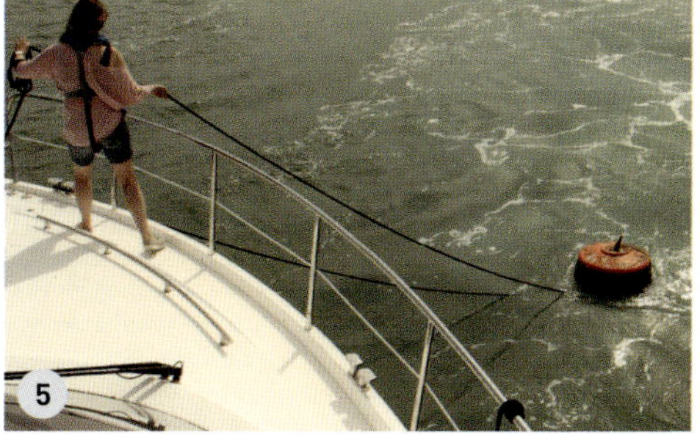

5. Das Boot treibt durch den Strom zurück, und die Boje wandert zum Bug.

6. Jetzt können Sie das Beiboot zu Wasser lassen und einen Festmacher am Ring der Boje anschlagen. Oder Sie warten, bis der Hafenmeister kommt, um Ihnen zu helfen und das Liegegeld zu kassieren.

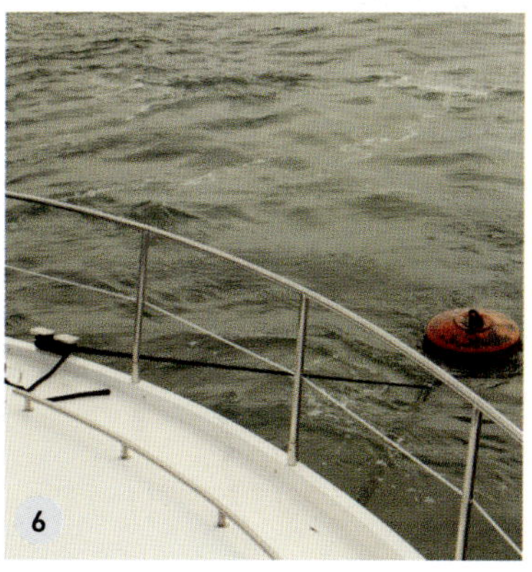

BOJE OHNE BELEGLEINE – LASSO-TECHNIK – STARKER GEZEITENSTROM

Führen Sie eine Hahnepot von einer Bugklampe außenbords nach achtern, bringen Sie sie auf Höhe des Cockpits wieder an Bord, und belegen Sie sie an einer Winsch.

1. Bei starkem Gezeitenstrom hat die Boje ihre eigene Bugwelle. In diesem Fall muss die Leine beschwert werden.

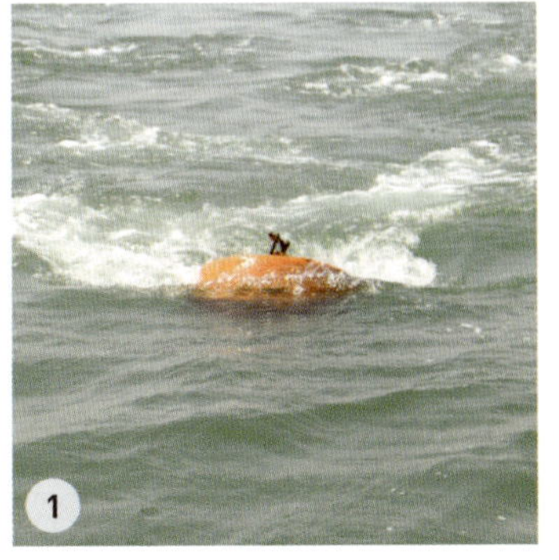

2. Ein ein Meter langes Kettenstück in einem Schlauch ist schwer genug. Machen Sie eine Leine an beiden Enden fest. So entsteht eine geschlossene Schlaufe, bei der kein Ende ungeplant über Bord fallen kann.

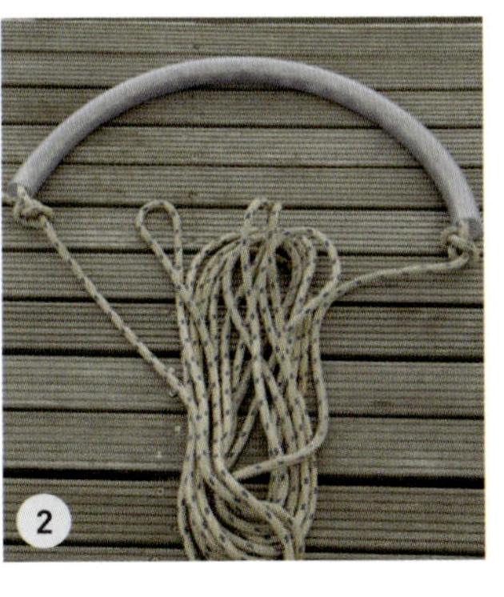

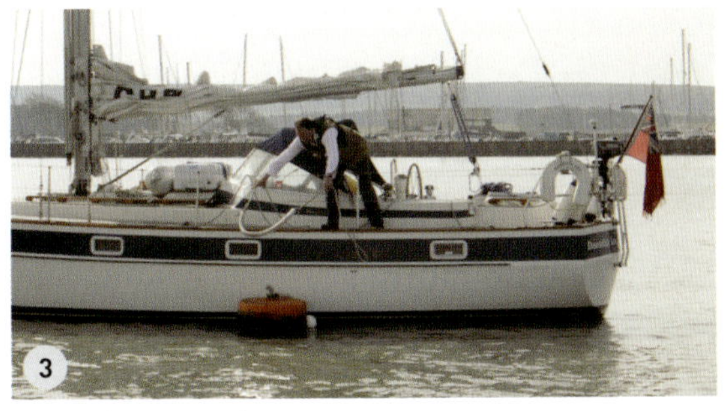

3. Werfen Sie das beschwerte Lasso ...

4. ... über die Boje.

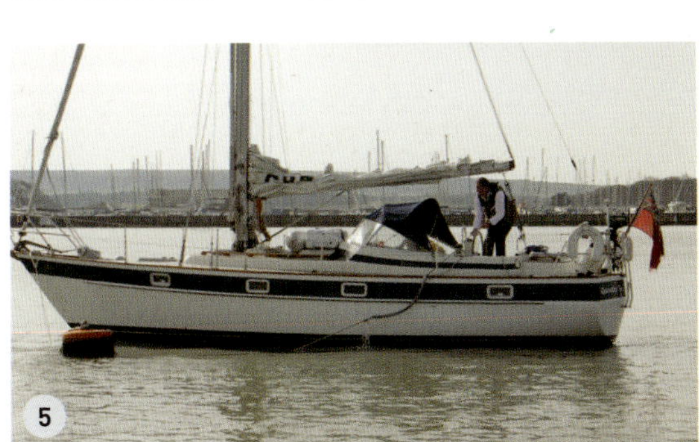

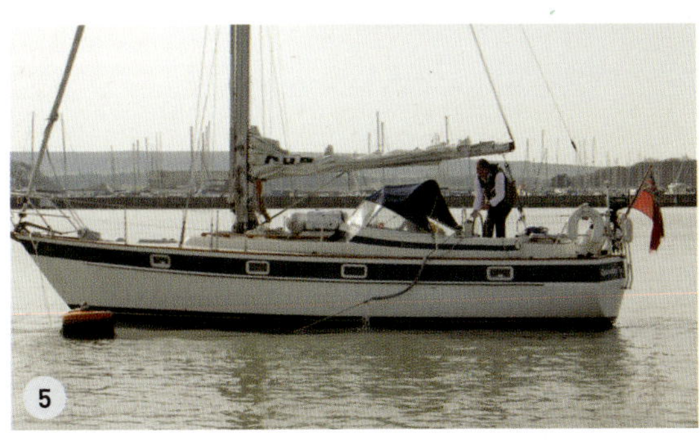

5. Holen Sie die Lose ein, während das Boot durch den Strom zurücktreibt und die Boje zum Bug wandert.

6. Jetzt können Sie einen Festmacher an der Boje anbringen. Oder Sie warten, bis der Hafenmeister kommt, um Ihnen zu helfen und das Liegegeld zu kassieren.

ANSTEUERUNG EINER MURINGBOJE

1. Wind quer zum Gezeitenstrom – steuern Sie die Boje in Stromlee mit dem Heck zum Wind an.

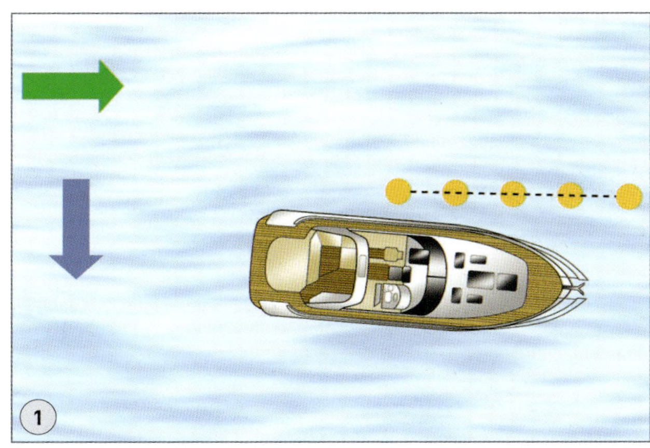

2. Wind schräg mit dem Gezeitenstrom – steuern Sie die Boje in Stromlee mit dem Heck zum Wind an.

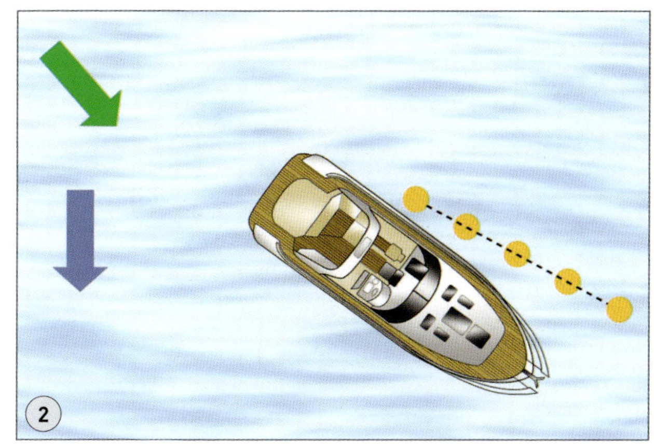

3. Wind schräg gegen den Gezeitenstrom – steuern Sie die Boje in Stromlee mit dem Heck zum Wind an.

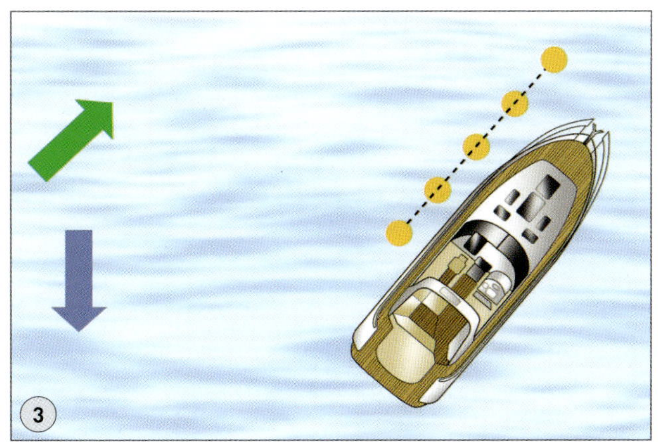

4. Wind und Gezeitenstrom in gleicher Richtung – steuern Sie die Boje in Stromluv mit dem Heck zum Wind an. Dabei muss sorgfältig gesteuert werden.

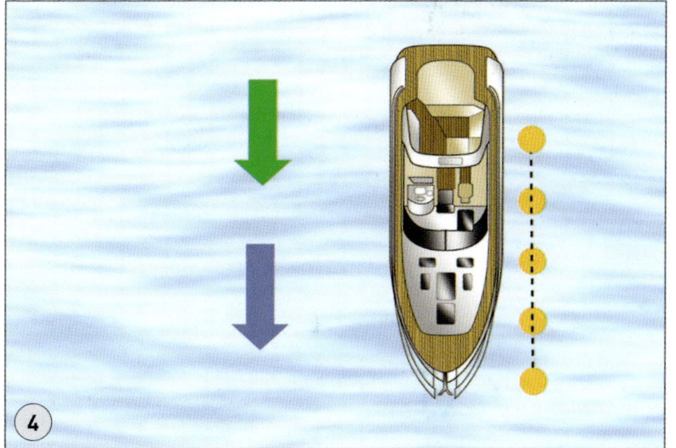

FESTMACHER VON DER BOJE SLIPPEN – AUS DEM COCKPIT

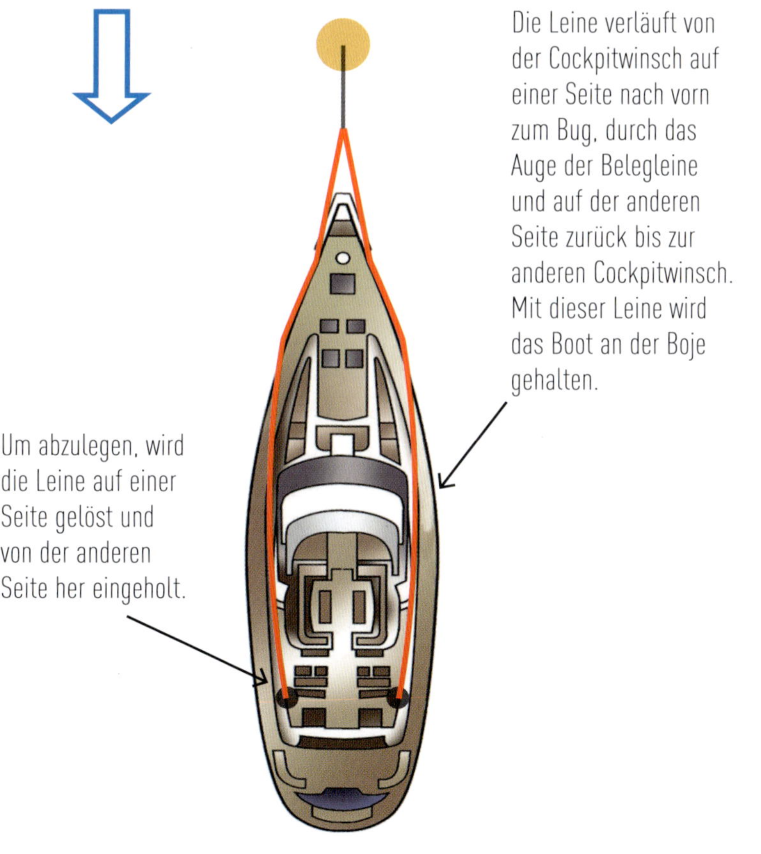

Die Leine verläuft von der Cockpitwinsch auf einer Seite nach vorn zum Bug, durch das Auge der Belegleine und auf der anderen Seite zurück bis zur anderen Cockpitwinsch. Mit dieser Leine wird das Boot an der Boje gehalten.

Um abzulegen, wird die Leine auf einer Seite gelöst und von der anderen Seite her eingeholt.

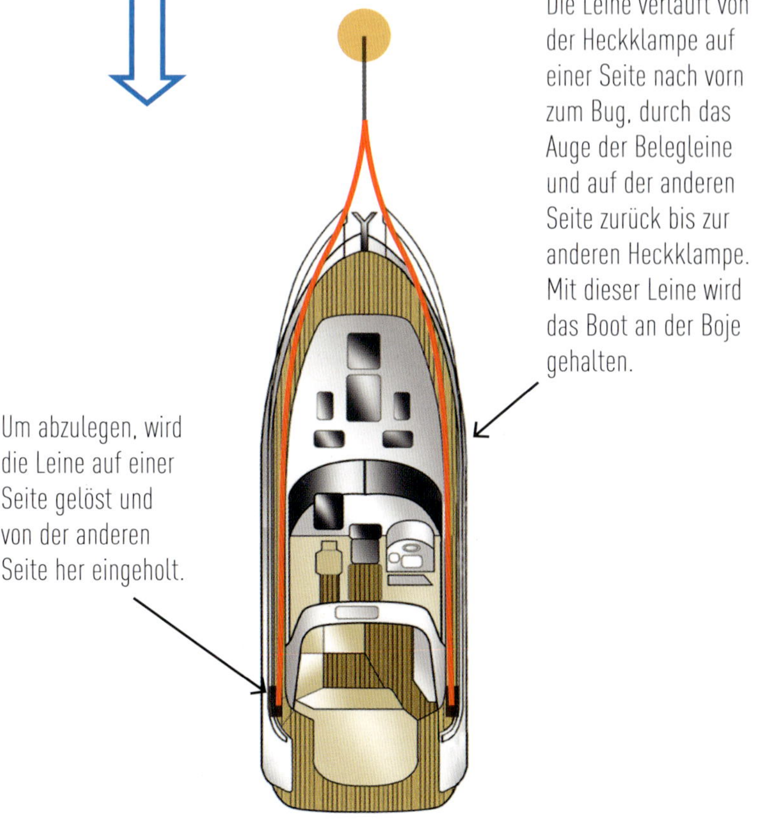

Die Leine verläuft von der Heckklampe auf einer Seite nach vorn zum Bug, durch das Auge der Belegleine und auf der anderen Seite zurück bis zur anderen Heckklampe. Mit dieser Leine wird das Boot an der Boje gehalten.

Um abzulegen, wird die Leine auf einer Seite gelöst und von der anderen Seite her eingeholt.

FESTMACHER VON DER BOJE SLIPPEN – EINHAND

1. Führen Sie eine Leine vom Cockpit auf einer Seite nach vorn zum Bug, durch das Auge der Belegleine und auf der anderen Seite zurück zum Cockpit. Mit dieser Leine wird das Boot an der Boje gehalten.

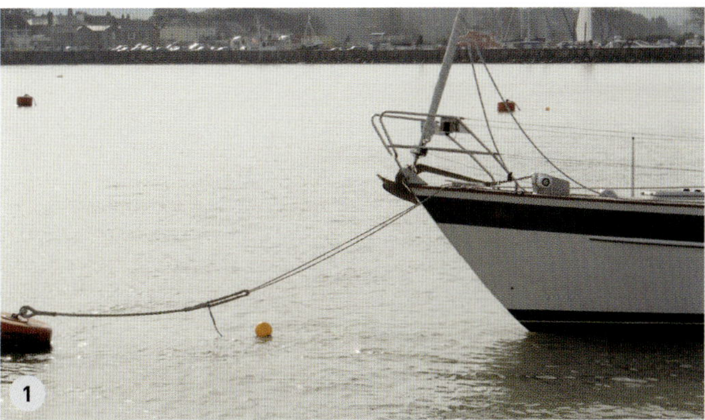

2. Achten Sie darauf, dass die Leine auf Deck innerhalb der Wanten verläuft.

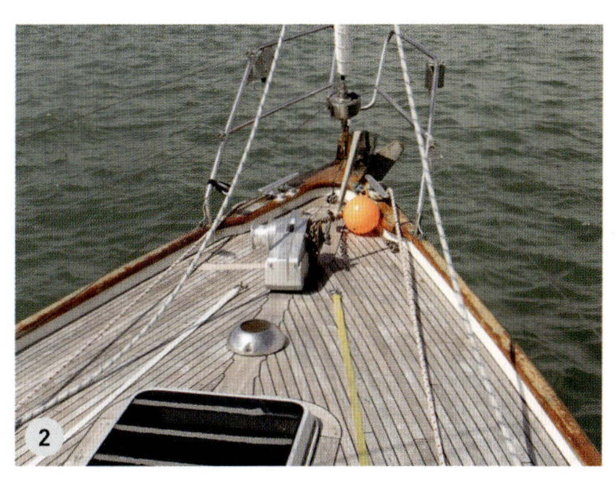

3. Lösen Sie die Leine auf der einen Seite, und holen Sie sie an der anderen Seite ein.

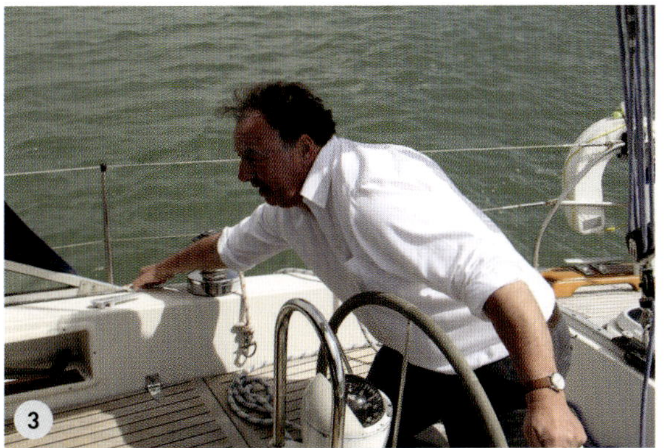

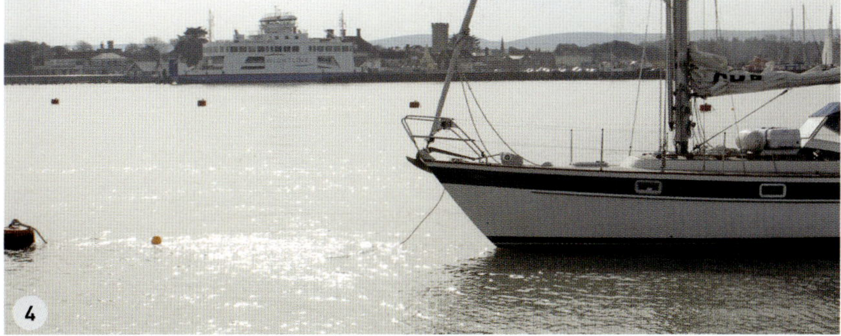

4. Vergewissern Sie sich, dass die Leine vollständig eingeholt ist, bevor Sie losfahren.

PALSTEK UND SLIPKNOTEN

Palstek

1. Bilden Sie mit dem Ende der Leine die Form einer »6« und somit den See.

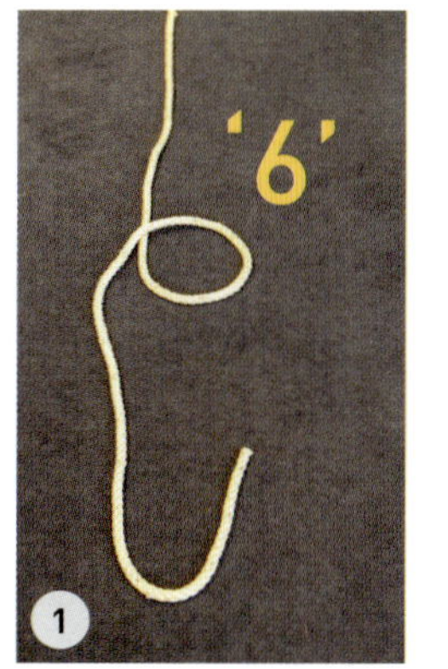

2. Führen Sie dann das lose Ende, die Schlange, von unten durch den See nach oben.

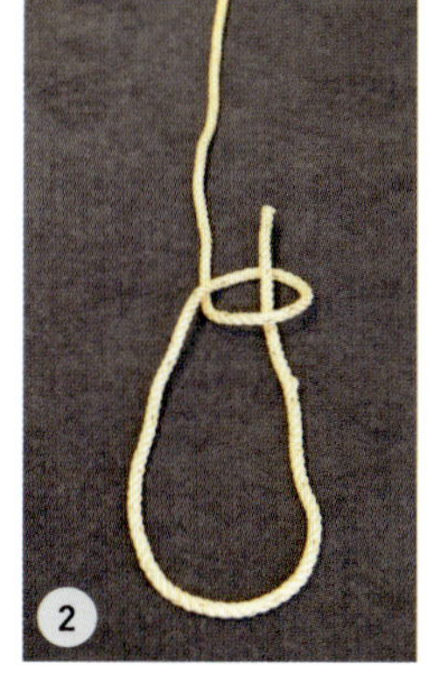

3. Führen Sie das lose Ende um die stehende Part, den Baum, herum …

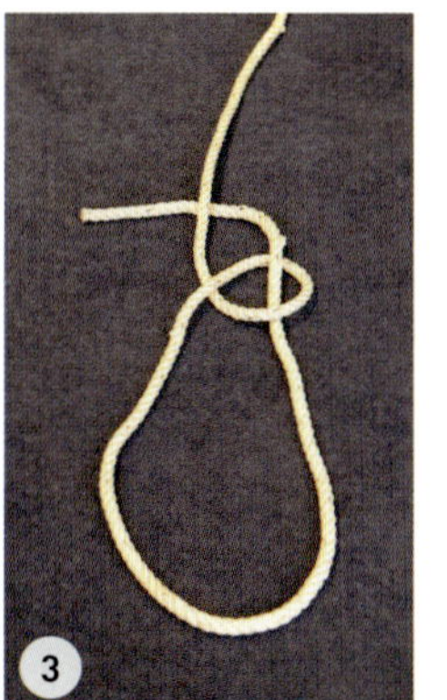

4. … und wieder in den See hinein. Ziehen Sie fest.

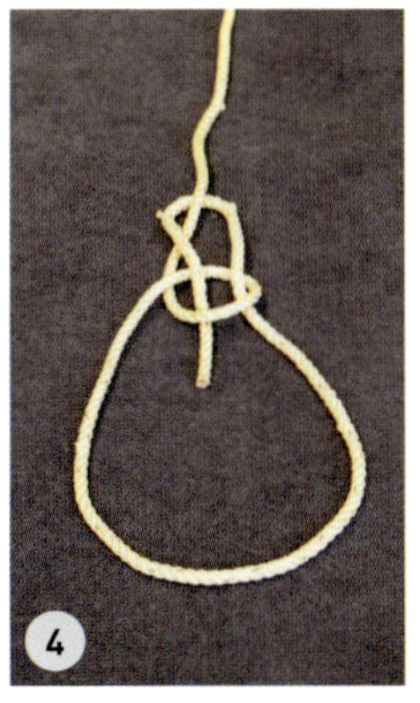

Slipknoten

1. Legen Sie das lose Ende über die stehende Part, um ein Auge zu formen.

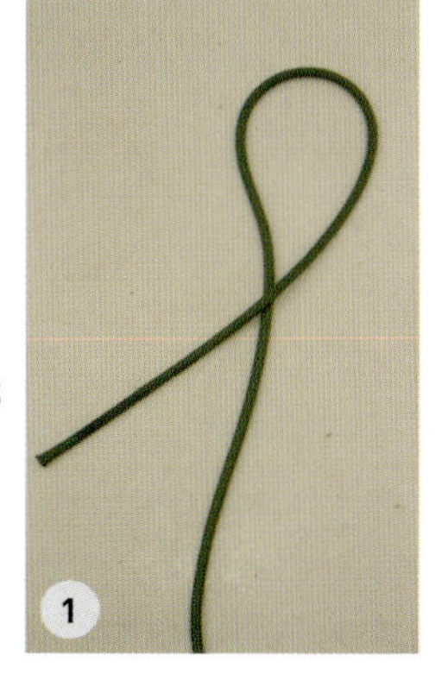

2. Führen Sie eine Bucht aus der stehenden Part durch das Auge.

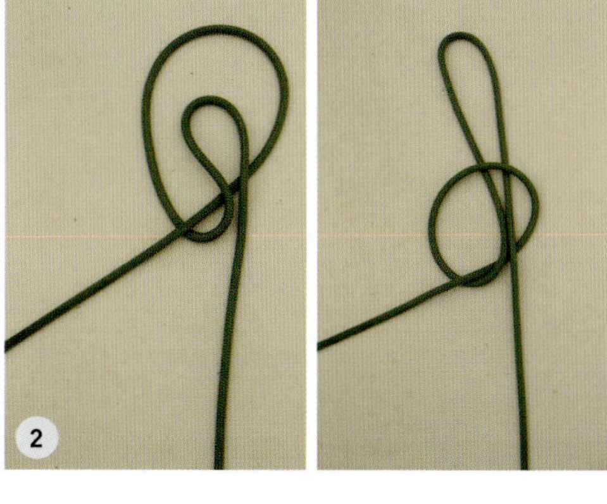

3. Ziehen Sie am losen Ende fest.

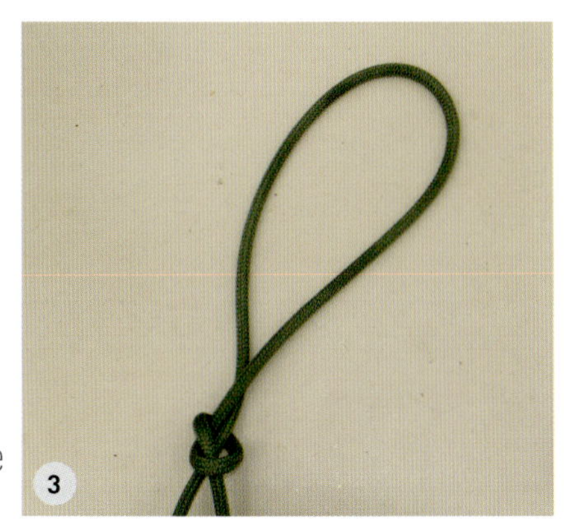

STEKE UND ANSCHLAGKNOTEN

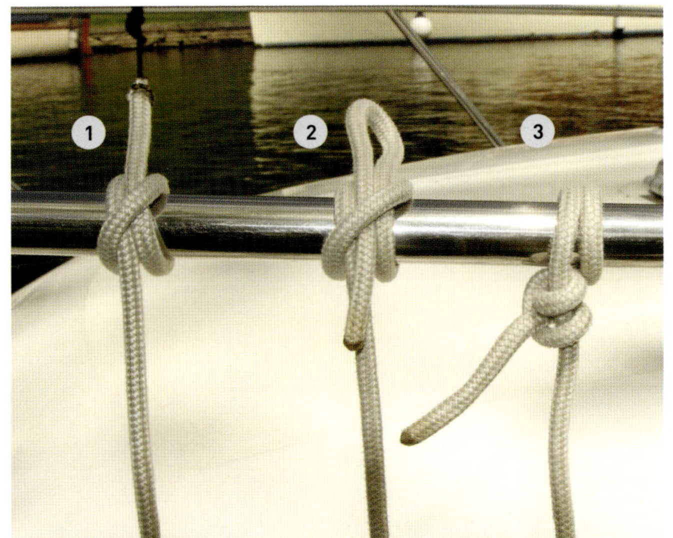

Knoten für die Fender

1. Webleinstek
2. Webleinstek auf Slip
3. Rundtörn mit zwei halben Schlägen

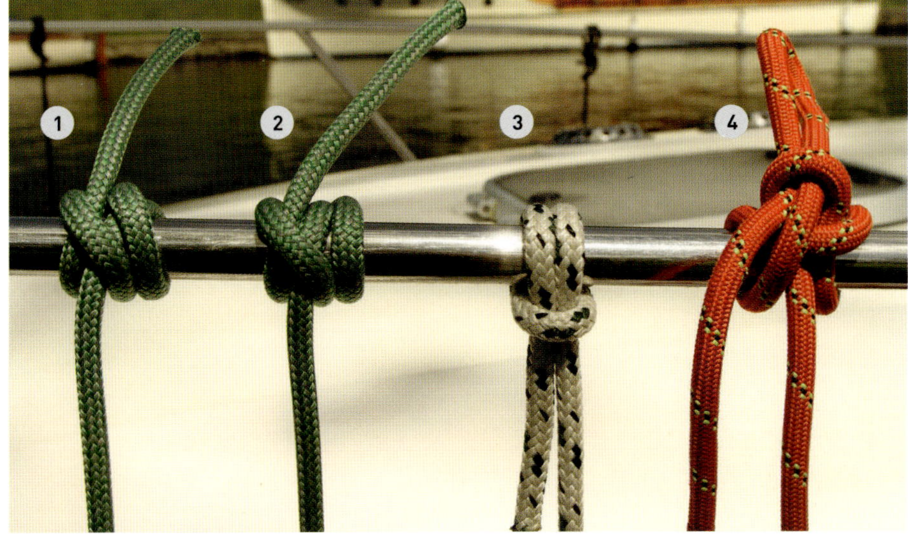

1. Stopperstek *(die zweite Umwicklung kreuzt über die erste Umwicklung)*
2. Rollstek *(erste und zweite Umwicklung liegen parallel)*
3. Kuhstek
4. Straßenräuberstek (siehe Seite 27)

KNOTEN ZUM VERKÜRZEN EINER LEINE

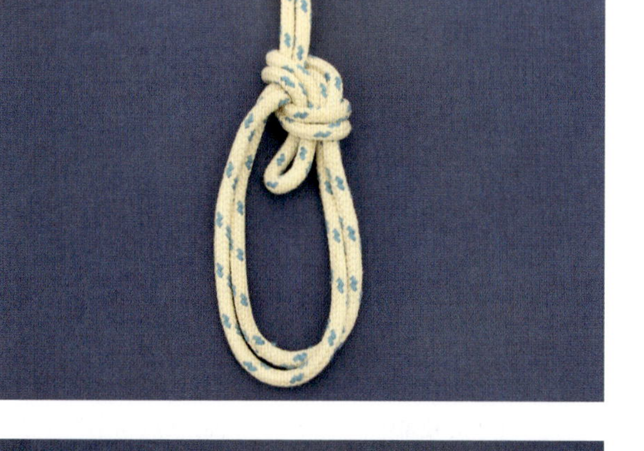
Palstek mit doppelt genommener Leine

Doppelter Palstek

Schmetterlingsknoten

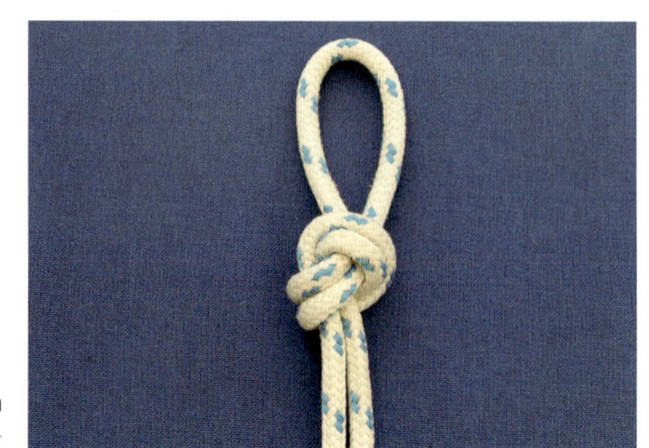
Überhandknoten in der Bucht

AN BORD

Achteraus Bewegung des Bootes oder Objekt hinter dem Boot

Achterlich Richtungsangabe auf mittschiffs bezogen

Voraus Bewegung des Bootes oder Objekt vor dem Boot

Vorlich Richtungsangabe auf mittschiffs bezogen

ANKER

Ankerwinde manuell oder elektrisch angetriebene Winde zum Aufholen und Ablassen des Ankers

Buganker Hauptanker, wird am Bug gefahren

Kettennuss von der Ankerwinde angetriebenes Rad mit entsprechenden Ausformungen, um die Ankerkette formschlüssig zu greifen

Warpanker Anker zum Verholen, kann auch als Zweitanker zum Vermuren eingesetzt werden

FESTMACHER

Auf Slip doppelt geschorene Leine, die um einen Befestigungspunkt herum geführt ist und von einem Ende abgezogen (geslippt) werden kann

Hahnepot umgelenkte Leine, die von zwei auseinanderliegenden Stellen zu einem Befestigungspunkt verläuft

Spring Leine, die zusätzlich zu Bug- und Heckleine ausgebracht wird, um das Boot parallel zum Steg zu halten und eine Verschiebung parallel zum Steg zu vermeiden. Man unterscheidet Vor- und Achterspring.

ANTRIEBSARTEN BEI MOTORBOOTEN

Außenbordmotor Antriebseinheit, die außerhalb des Rumpfes oder in einem Schacht im Rumpf angebracht ist

Saildrive Motor mit Winkelgetriebe, das durch die Rumpfunterseite führt

Wellenantrieb Motor und Getriebe innenbords, der Propeller wird über ein starre Welle angetrieben, die durch den Rumpf außenbords führt

Z-Antrieb oder Außenbord-Antrieb, der Motor ist innenbords, das Winkelgetriebe ist durch den Spiegel des Bootes geführt und kann seitlich geschwenkt werden, um das Boot zu steuern

TAUWERK

Belegen eine Leine an einer Klampe, einem Poller oder einer Winsch festmachen

Loses Ende Seilende, das zum Binden eines Knotens oder zum Festmachen verwendet wird

Stehende Part das beim Binden eines Knotens inaktive Ende einer Leine oder das bereits belegte oder festgemachte Ende

AUSRÜSTUNG

Bojenfänger Hilfsvorrichtung, um eine Leine mit einer langen Stange oder dem Bootshaken um einen Befestigungspunkt herumzuführen oder mit einem Karabiner einzuhängen

Fußblock Umlenkrolle, die seitlich aufgeklappt werden kann, um eine Leine einzulegen, auch Snatch-Block genannt

Karabiner Verbindungselement mit einer federbelasteten Klinke, das an einem Befestigungspunkt eingeschnappt werden kann

WIND

Ausschießen Bezeichnung für rechtsdrehenden Wind (auf der Nordhalbkugel)

Knoten bezeichnet als Angabe von Geschwindigkeit die zurückgelegten Seemeilen pro Stunde

Krimpen Bezeichnung für linksdrehenden Wind (allgemein)

Windangriffsfläche projizierte Fläche des gesamten Überwasserschiffs, auf die der Wind wirken kann

Beaufortskala

Stärke	*Bezeichnung*	*Knoten*
0	Stille	0–1
1	leiser Zug	1–3
2	leichte Brise	4–6
3	schwache Brise	7–10
4	mäßige Brise	11–16
5	frische Brise	17–21
6	starker Wind	22–27
7	steifer Wind	28–33
8	stürmischer Wind	34–40
9	Sturm	41–47
10	schwerer Sturm	48–55
11	orkanartiger Sturm	53–63
12	Orkan	>64 (Es gibt bei Wirbelstürmen noch fünf weitere Windstärken.)

Register